GELD ANLEGEN MIT GUTEM GEWISSEN

Günter Heismann

GELD ANLEGEN MIT GUTEM GEWISSEN

So investieren Sie nachhaltig in den Planeten Erde

CAMPUS VERLAG
FRANKFURT/NEW YORK

ISBN 978-3-593-51475-8 Print
ISBN 978-3-593-44877-0 E-Book (PDF)
ISBN 978-3-593-44878-7 E-Book (EPUB)

Umschlaggestaltung: Guido Klütsch/Köln
Layout und Satz: Oliver Schmitt, Mainz
Gesetzt aus: Minion und URW DIN
Druck und Bindung: Beltz Grafische Betriebe GmbH, Bad Langensalza
Beltz Grafische Betriebe sind ein klimaneutrales Unternehmen
(ID 15985-2104-1001).
Printed in Germany

www.campus.de

Inhalt

TEIL III
INVESTMENTS IN DIE ENERGIEWENDE

TEIL IV
MIT FONDS DIE RISIKEN STREUEN

TEIL V
FAZIT: WARNUNGEN UND EMPFEHLUNGEN

Einleitung

Die Deutschen sind Champions im Sparen. 2020 legten sie rund 400 Milliarden Euro auf die hohe Kante – so viel wie noch nie. Gefördert wurde der Spareifer von der Covid-19-Pandemie, die eine schwere Rezession hervorgerufen hatte. Zum einen mussten im Lockdown zahlreiche Geschäfte, Fitnessstudios und Restaurants geschlossen bleiben; das dämpfte den Konsum. Auf der anderen Seite fürchteten viele Menschen, ihren Arbeitsplatz zu verlieren. Sie hatten gute Gründe, ihr Geld zusammenzuhalten.

So reich wie heute waren die Bürger in Deutschland niemals zuvor. Dank der hohen Ersparnisse im Corona-Jahr stiegen die Geldvermögen der privaten Haushalte laut der Bundesbank auf insgesamt rund 7 Billionen Euro. Das sind 7 000 Milliarden oder 7 Millionen Mal 1 Million. Rund 40 Prozent dieser kaum fassbaren Summe liegen auf den Konten von Banken und Sparkassen. Der Rest besteht im Wesentlichen aus Investments in Anleihen, Aktien und Fonds sowie aus Ansprüchen an Pensionskassen und Lebensversicherungen.

Immer mehr Menschen möchten heute eines gerne wissen: Was geschieht eigentlich mit all diesem Geld? Was machen die Banken mit den 2,8 Billionen Euro, die ihnen Sparer und Kleinanleger anvertraut haben? Werden damit nützliche Dinge finanziert, zum Beispiel Häuser, die möglichst wenig Energie verschwenden? Windparks, die Atommeiler und Kohlekraftwerke ersetzen? Bioläden, die gesunde Nahrungsmittel verkaufen?

Oder spekuliert meine Bank in großem Stil an der Börse? Werden mit meinen Ersparnissen womöglich die Förderung von Braunkohle und Erdöl, die Exporte von Panzern und Bombenflugzeugen oder die Produktion von schädlichem Plastik und giftigen Unkrautvernichtern finanziert? Investiert meine Bank in die Zukunft des Planeten Erde? Oder denken das Geldhaus, seine Chefs und die Eigentümer vor allem an den eigenen Vorteil?

Wer zu seiner Sparkasse oder Volksbank geht, um herauszufinden, was mit seinen Ersparnissen passiert, bekommt in der Regel keine klaren Antworten. Betreten schweigt die freundliche Kundenbetreuerin; vielleicht stammelt sie etwas von Bankgeheimnis. Der Bankkunde darf froh sein, wenn er wegen seiner Naivität nicht belächelt wird.

Es gibt jedoch Banken, die den Kunden klipp und klar sagen können, was sie mit ihrem Geld anstellen. Hierzu gehört die **GLS Gemeinschaftsbank** aus Bochum. Sie veröffentlicht zweimal im Jahr den *Bankspiegel*, ein Magazin, in dem detailliert dargestellt wird, für welche Zwecke die Einlagen der Kunden verwendet werden. Es sind überwiegend soziale und ökologische Projekte, mit denen verantwortungsvolle Anleger sich identifizieren können.

Die GLS belässt es nicht bei allgemeinen Angaben. Hunderte von Betrieben und Institutionen, die das Geldhaus finanziert, werden vorgestellt. Es sind Solarkraftwerke und Windparks, Naturkostläden und chemiefreie Bauernhöfe, Pflegeheime und Montessorischulen. Wer zufällig in der Nähe wohnt, kann mit eigenen Augen überprüfen, was mit seinem Geld geschieht. Möglicherweise finanziert die GLS den Solarpark im Nachbarort, den Biomarkt, in dem der Anleger regelmäßig einkaufen geht oder das Seniorenheim, in dem Verwandte leben.

Diese Transparenz und das durchgehend soziale und ökologische Geschäftsmodell finden Anklang bei Menschen, die ihr Geld verantwortungsvoll anlegen möchten. 2020 konnte die GLS 38 000 neue Kunden gewinnen; gegenüber dem Vorjahr stieg die Zahl der Kontoinhaber um rund 16 Prozent. »Die Kunden wissen es zu schätzen, dass die GLS mitarbeitet an einer grundlegenden ökologischen und sozialen Transformation der Gesellschaft«, sagt Vorstandssprecher Thomas Jorberg.

Tschüss, liebe Skandalbank!

Es sind zwei fundamentale Gründe, die immer mehr Menschen dazu bewegen, ihr Konto zu einer Ökobank wie der GLS zu verlegen. Zum einen wollen sie ihr Geld nicht einer Bank in den Rachen werfen, die sich auf Kosten der Gesellschaft bereichert. Spätestens mit der globalen Finanzkrise, die 2008 ausbrach, wurde deutlich, wie schamlos manche Geldhäuser ihre Kunden über den Tisch ziehen. Sie drehen ihnen immer neue »Finanzinnovationen« an, seien es windige Hypothekenpapiere, hochriskante Zertifikate oder verlustbringende Schiffsfonds.

Zugleich nimmt in der Bevölkerung das Bewusstsein zu, dass entschieden mehr getan werden muss, um Natur, Umwelt und Menschheit vor elementaren Schäden zu bewahren. Der Klimawandel sorgt immer häufiger für extreme Hitze und Unwetter. Wenn die Aufheizung der Erdatmosphäre nicht aufgehalten werden kann, dann wird dieser Planet bald weitgehend unbewohnbar. Zugleich schreitet die Abholzung der Regenwälder voran. In den Ozeanen treiben Milliarden Tonnen Plastikmüll.

Diese globalen Probleme beschäftigen viele Menschen auch dann, wenn es um ganz alltägliche Fragen geht, etwa darum, wo und wie sie ihre Ersparnisse anlegen. Das zeigt eine Erhebung, die der Bankenverband 2020 durchgeführt hat. Auf die Frage, welche Bedeutung nachhaltige Geldanlage für sie habe, antworten knapp zwei Drittel der Teilnehmer, dies sei wichtig oder sogar sehr wichtig. Lediglich 35 Prozent gaben an, es sei nicht wichtig, ob ihr Geld in soziale und umweltverträgliche Projekte investiert werde.

Den traditionellen Banken trauen viele Anleger aber nicht zu, dass diese verantwortungsvoll mit ihrem Geld umgehen. Woche für Woche entscheiden sich Tausende Sparer zu einem Schritt, den die meisten Menschen vielleicht einmal im Leben unternehmen: Sie sagen ihrer alten Bank Lebewohl und tragen ihr Geld zu einem Kreditinstitut, bei dem sie sich darauf verlassen können, dass ihre Ersparnisse nicht zur weiteren Zerstörung unserer Lebensgrundlagen eingesetzt werden.

Neben der GLS sind hierzulande eine Reihe weiterer Banken aktiv, die sich auf ethische und ökologische Geschäftsprinzipien verpflichtet haben. Zu ihnen gehört **Triodos** aus den Niederlanden, die europaweit bereits mehr als 700 000 Kunden hat. »Wir merken, dass das Thema nachhaltiges Banking immer mehr Menschen interessiert. ›Was passiert mit meinem Geld auf dem Konto oder in meinem Depot?‹ Diese Frage wird immer relevanter«, sagt Georg Schürmann, Geschäftsführer der deutschen Triodos-Filiale. Ein Wachstumstreiber für die Bank sei die Umweltbewegung.

Wie stark das Bewusstsein für soziale und ökologische Probleme unter den Bankkunden zugenommen hat, können ebenfalls die Kreditinstitute beobachten, die im Umkreis der christlichen Kirchen entstanden sind. »Unsere Privatanleger möchten ihr Geld mit gutem Gewissen investieren, also in Unternehmen und Staaten, die einen positiven Beitrag zur Bewahrung von Gerechtigkeit, Frieden und Umwelt leisten«, sagt Jutta Hinrichs; sie leitet die Stabsstelle Ethik und Nachhaltigkeit bei der **Pax-Bank** in Köln, einem Kreditinstitut mit katholischen Wurzeln.

Vier Alternativen für nachhaltiges Investment

Doch Sparer, die ihr Geld verantwortungsvoll anlegen wollen, müssen nicht unbedingt die Bank wechseln. Es gibt Alternativen, die ihnen auch offenstehen, wenn sie bei ihrer alten Sparkasse oder Volksbank bleiben. Eine Möglichkeit besteht beispielsweise darin, Green Bonds zu kaufen. Dies sind Anleihen, deren Erlöse ausschließlich für den Klima- und Umweltschutz verwendet werden dürfen. Eine andere Alternative sind Aktien von Unternehmen, die einen positiven Beitrag zur Rettung unseres Planeten leisten, also etwa die Hersteller von Solaranlagen und Windkrafttechnik. Besonders einfach ist es, in einen ethischen, sozialen oder ökologischen Fonds zu investieren.

Diese vier Alternativen werden in diesem Buch vorgestellt. Manch ein Ratgeber, Finanzjournalist oder auch Bankberater verspricht den Anlegern, mit nachhaltigen Investments könnten sie höhere Renditen erzielen, als wenn sie ihr Geld auf althergebrachte Weise anlegen würden. Wissenschaftliche Untersuchungen deuten in der Tat darauf hin, dass sich ökologische und ethische Investments besser auszahlen.

Der Autor bekennt freilich, dass er nicht in der Lage ist, jene Anleihen, Aktien und Fonds ausfindig zu machen, die den Anlegern künftig die höchsten Zinsen, Dividenden und Kursgewinne bescheren werden. Seinen bescheidenen Kenntnissen zufolge können dies auch die allermeisten Experten nicht. In diesem Buch sollen vor allem Hinweise gegeben werden, welche Fehler nachhaltige Anleger nicht begehen sollten, damit ihr sauer Erspartes vor Verlusten geschützt ist.

Ohnehin dürfte die Rendite für die meisten Anleger nicht die höchste Priorität haben. Sie möchten vielmehr sicher sein, dass ihr Geld tatsächlich einen ökologischen und sozialen Nutzen stiftet. Leider ist dies aber nicht garantiert. Nachhaltigkeit ist das neue Zauberwort in der Finanzwelt, das profitable Geschäfte verspricht. Flink stoppeln Banken und Fondshäuser Finanzprodukte zusammen, die als ethisch und ökologisch beworben werden, in Wahrheit aber weder das eine noch das andere sind.

»Der Nachhaltigkeitsbegriff ist im Finanzmarkt nicht geschützt. Es sind viele Trittbrettfahrer unterwegs, deren Nachhaltigkeits- oder Öko-Engagement bei Lichte besehen überschaubar ist«, sagt Albrecht Weisker; er war bis Ende 2020 Manager bei der **Evangelischen Bank**, mit 70 000 Kunden eine der größten deutschen Ethikbanken.

Die EU hat zwar begonnen, einen rechtlichen Rahmen für nachhaltige Investments zu zimmern. Doch es werden wohl noch Milliarden Tonnen Kohlendioxid in die Atmosphäre entweichen, bis die neuen Vorschriften mitsamt aller Ausführungsbestimmungen in Kraft treten. Ursprünglich sollte dies bereits am 1. Januar 2022 geschehen. Der Termin kann jedoch aufgrund gravierender interner Meinungsunterschiede nicht eingehalten werden. So will Frankreich, dass Brüssel auch die Nutzung der Atomkraft als nachhaltig einstuft. Dagegen wenden sich Deutschland und andere Mitgliedstaaten vehement.

Bis solche Differenzen eines Tages geklärt sind, müssen die Anleger also selbst genau prüfen, welche der vielen Angebote und Akteure auf den Finanzmärkten tatsächlich nachhaltig sind. Dies gilt auch für die Umwelt- und Ethikbanken, die in Teil I vorgestellt werden. In der Bundesrepublik sind heute rund ein Dutzend Kreditinstitute aktiv, die sich dazu verpflichtet haben, die Einlagen ihrer Kunden nur auf verantwortungsvolle Weise zu nutzen. Diese Banken haben klare Kriterien formuliert, welchen Firmen sie Kredite geben und wer von ihnen kein Geld bekommt. Tabu sind in der Regel Rüstung, Tabak, Pornografie, Atomkraft und fossile Energien. Auch kontroverse Geschäftspraktiken sind klare Ausschlusskriterien. Hierunter fallen etwa der Raubbau an den natürlichen Ressourcen, die Beschäftigung von Kindern und die Verletzung von Menschenrechten. Diese Richtlinien gelten für alle Länder, in denen Unternehmen produzieren, aus denen sie Rohstoffe beziehen oder in denen sie ihre Produkte verkaufen. Die Kriterien betreffen nicht nur die Vergabe von Krediten, sondern auch Investments in Wertpapiere, also in Aktien und Anleihen der Unternehmen.

Die Ethik- und Umweltbanken haben unterschiedliche weltanschauliche und religiöse Wurzeln. Die **GLS Bank** und **Triodos** wurden beide von Anthroposophen gegründet. Bei der niederländischen Nachhaltigkeitsbank ist dies bis heute deutlich zu spüren. Hingegen hat sich die GLS Bank in vieler Hinsicht von ihren Ursprüngen gelöst. Man müsse kein Anthroposoph sein, um das Konzept und die Ziele der alternativen Bank zu unterstützen, versichert Vorstandssprecher Jorberg.

Acht Nachhaltigkeitsbanken sind im Umkreis der christlichen Kirchen aktiv. Hiervon stehen fünf auch privaten Kunden offen, die einer anderen Konfession oder überhaupt keiner Glaubensgemeinschaft angehören. Dies sind die **Evangelische Bank** aus Kassel sowie die gleichfalls protestantische **KD-Bank** aus Dortmund. Der katholischen Kirche nahe stehen die **BIB** Essen, die **Pax-Bank** aus Köln und die **Steyler Ethik Bank** aus Sankt Augustin bei Bonn.

Konfessionell und weltanschaulich neutral sind die UmweltBank aus Nürnberg und die Ethik-Bank aus Eisenberg in Thüringen. Bei der UmweltBank handelt es sich um eine Aktiengesellschaft, die an der Börse notiert ist. Bei diesem Geldinstitut spielt mithin die Erzielung von Gewinnen eine große Rolle. Bei der GLS, der Ethik-Bank und den meisten Kirchenbanken handelt es sich jedoch um Genossenschaften, die der Gemeinnützigkeit verpflichtet sind.

Der Kunde entscheidet, welche Ziele er unterstützen möchte

Die Geschäftsmodelle der Nachhaltigkeitsbanken unterscheiden sich zum Teil sehr deutlich. Bei der **UmweltBank** stehen die erneuerbaren Energien im Vordergrund. Das Geldhaus aus Nürnberg finanziert vor allem Solaranlagen und Windkraftparks. Dieses Institut kommt also für Anleger infrage, für die der Klimaschutz Vorrang hat. Sie können mit ihrem Geld gezielt dazu beitragen die Aufheizung der Erdatmosphäre zu bremsen.

Die Kirchenbanken kümmern sich hingegen vor allem um karitative und soziale Aufgaben. Sie unterstützen zum Beispiel den Bau von Krankenhäusern, Pflegeheimen und Einrichtungen für Jugendhilfe. Einen breiten Raum nimmt ebenfalls die Wohnungswirtschaft ein; die Kirchenbanken finanzieren jedoch keine Immobilienkonzerne, sondern bevorzugt Genossenschaften und kommunale Wohnungsbaugesellschaften. Wenn Themen wie bezahlbarer Wohnraum, Gesundheit und Hilfe für sozial Benachteiligte am Herzen liegen, ist bei den Kirchenbanken gut aufgehoben.

Die **GLS Bank** aus Bochum hat ein breit gefächertes Geschäftsmodell. Das Spektrum reicht von gesunder Ernährung und nachhaltiger Landwirtschaft über Bildung und Soziales bis zu den erneuerbaren Energien. Die Kunden können selbst entscheiden, welche der verschiedenen Aktivitäten sie mit ihren Ersparnissen unterstützen wollen. Zur Wahl stehen sechs Kategorien. Die GLS setzt offenbar auf den mündigen Anleger, dem das Institut nicht vorschreiben will, wie er sein Geld anzulegen hat.

Allerdings bieten manche Nachhaltigkeitsbanken nur ein schmales Spektrum an Finanzprodukten und Dienstleistungen an. So können die Anleger bei der **UmweltBank** keine Girokonten eröffnen; das Institut ist also nicht als Ersatz für die gewohnte Sparkasse oder Volksbank geeignet. Wer ein Tagesgeld- oder Sparkonto bei der UmweltBank eröffnen möchte, muss seine alte Bankverbindung beibehalten. Hingegen eignen sich andere Institute wie die GLS und die Kirchenbanken durchaus als Hausbank.

Die Checkliste am Ende von Teil I enthält zehn Punkte, die jeder Anleger vor einem Wechsel seiner Bank prüfen sollte. Passt das Institut zu meinen persönlichen Vorstellungen und Überzeugungen? Welche Finanzprodukte und Dienstleistungen werden angeboten? Wird überhaupt überprüft, ob die Bank ihre eigenen ethischen und ökologischen Prinzipien in der Praxis befolgt?

Nicht alle Nachhaltigkeitsbanken bestehen diesen Stresstest mit Bestnoten. Besonders schlecht schneidet die **Ethik-Bank** aus Thüringen ab; sie ist im Grunde kein eigenständiges Kreditinstitut, sondern lediglich ein Online-Angebot der Volksbank Eisenberg. Die Einlagen der Kunden werden nur zum kleineren Teil zur Finanzierung von Ökokrediten verwendet. Den größten Teil investiert die Ethik-Bank in Wertpapiere, bei denen ein sozialer oder ökologischer Bezug zuweilen schwer zu erkennen ist.

Dieses Portfolio enthält Anleihen mehrerer internationaler Großbanken, die in den vergangenen Jahren mit kontroversen Aktivitäten und Geschäftsmethoden aufgefallen sind. Dazu gehört die gezielte Unterstützung von Steuerflucht und die Duldung von Geldwäsche. Die Ethik-Bank hat einen zweistelligen Millionenbetrag in vier australische Großbanken investiert, die massiv die Förderung von Kohle, Öl und Erdgas finanzieren. Da haben offenbar alle Kontrollen versagt.

Bevor ein Anleger zu einem solchen Institut geht, bleibt er besser bei seiner Sparkasse oder Volksbank. Ohnehin bieten immer mehr traditionelle Kreditinstitute ethisch-ökologische Tages- und Sparkonten an. Sie reagieren damit auf die wachsende Nachfrage nach solchen Produkten. Die Grenzen zwischen alternativen und etablierten Banken verschwimmen zusehends.

Green Bonds bremsen nachweisbar den Ausstoß von Kohlendioxid

Unabhängig, bei welcher Bank eine Anlegerin ihr Konto hat, kann sie selbst die nachhaltigen Wertpapiere auswählen, in denen sie ihre Ersparnisse investieren möchte. Dazu gehören die Green Bonds, die in Teil II vorgestellt werden. Hierbei handelt es sich um Anleihen, die speziell dem Klima- und Umweltschutz dienen. Die Erlöse dürfen beispielsweise nur zur Finanzierung von Solarparks, für Elektromobilität oder für die Renaturierung von Ödland verwendet werden. Green Bonds bieten mithin eine ausgezeichnete Möglichkeit, gezielt in ökologische Projekte zu investieren.

In der Bundesrepublik zählen die **KfW-Bank** aus Frankfurt und die **NRW-Bank** aus Düsseldorf zu den größten Emittenten von Klima-Anleihen. Beide Institute sind staatliche Förderbanken, die öffentliche Aufgaben finanzieren. Die KfW-Bank gehört mehrheitlich dem Bund; bei der NRW-Bank ist das Land Nordrhein-Westfalen alleiniger Eigentümer.

Die NRW-Bank hat bislang zehn Green Bonds mit einem Volumen von insgesamt 5 Milliarden Euro begeben. Diese Gelder wurden für Kredite verwendet, mit denen unter anderem die Sanierung der Emscher finanziert wird, des einst am stärksten verschmutzten Flusses in ganz Deutschland. Darüber hinaus fördert das Institut die Anschaffung von Omnibussen, Lkw und Lieferwagen mit Elektroantrieb. Ebenso unterstützt die NRW-Bank den Bau von Windparks und die energetische Ertüchtigung von Krankenhäusern.

Zinsen zahlt die NRW-Bank auf ihre jüngsten Green Bonds freilich keine; da ist sie genauso knickerig wie Volksbanken und Sparkassen. Die Anleger können sich jedoch ausrechnen, wie hoch die ökologische Rendite ist, die sie mit einem Investment erzielen können. Wer für 10 000 Euro Green Bonds der NRW-Bank erwirbt, verhindert damit pro Jahr den Ausstoß von 8 Tonnen Kohlendioxid. Diese Zahlen hat das Wuppertal-Institut für Klima, Umwelt, Energie ermittelt, das die ökologischen Auswirkungen der Klima-Anleihen wissenschaftlich überprüft.

Ähnlich wie die NRW-Bank finanziert die KfW ihre Aufgaben zu einem Gutteil mit Green Bonds. Die bundeseigene Förderbank vergibt pro Jahr Kredite von mehr als 10 Milliarden Euro, mit denen vor allem energiesparende Wohnhäuser und Gewerbeimmobilien gefördert werden. Doch auch für Solaranlagen und Windparks gibt es Geld von der KfW.

Dieses Institut lässt gleichfalls von Wissenschaftlern überprüfen, wie hoch der ökologische Nutzen der geförderten Projekte ist. Im Jahr 2019 konnte mit den Vorhaben, die die KfW mit Klima-Anleihen finanziert hat, der Ausstoß von Kohlendioxid in Deutschland um 12,8 Millionen Tonnen reduziert werden. Das entspricht den Abgasen von 6,6 Millionen Personenwagen. Die Green Bonds der staatlichen Förderbank haben den gleichen Effekt, als wenn in Deutschland jedes siebte Auto aus dem Verkehr gezogen werden würde.

Klima-Anleihen sind an den Finanzmärkten zunehmend populär. Auch kommerzielle Großbanken begeben Green Bonds, desgleichen Industriekonzerne wie der Autohersteller Daimler, der Chemiekonzern BASF und der Energieversorger Eon. Da mag sich mancher Beobachter fragen, ob hier nicht Missbrauch mit einem an sich sehr sinnvollen Finanzinstrument getrieben wird. In der Tat sollten Anleger bei Green Bonds ein paar Punkte beachten, die am Ende von Teil II in einer Checkliste aufgeführt werden.

Eine relativ neue Spielart von Klima-Anleihen sind Social Bonds, auch Social Impact Bonds oder Blue Bonds genannt. Mit diesen Anleihen werden soziale Aufgaben finanziert, also zum Beispiel der Bau von günstigen Mietwohnungen sowie von Kindertagesstätten, Krankenhäusern, Pflegeheimen, Behindertenwerkstätten und anderen karitativen Einrichtungen. Bislang wurden in Deutschland aber nur wenige Social Bonds begeben, die für Kleinanleger infrage kommen. Die Emittenten sind meist Förderbanken der Bundesländer.

Aktien schützen vor Inflation und Kaufkraftverlust

Social Bonds werden freilich ebenso schlecht verzinst wie Klima-Anleihen. Die Tiefzins-Phase, die wir heute erleben, wird voraussichtlich noch viele Jahre anhalten. Zugleich könnten die Inflationsraten, die derzeit ebenfalls sehr moderat sind, in absehbarer Zukunft wieder anziehen. Das bedeutet, dass ein Vermögen, dass in Green Bonds oder anderen Anleihen angelegt wird, im Lauf der Zeit deutlich an Kaufkraft verlieren dürfte.

Wer sich vor einem solchen Wertverlust schützen will, sollte einen Teil seiner Ersparnisse in Aktien anlegen, die aller Erfahrung nach auch in Zukunft positive Renditen bringen dürften. Freilich müssen die Anleger damit rechnen, dass die Kurse jederzeit scharf einbrechen können wie etwa nach dem Ausbruch der Corona-Pandemie im März 2020. Um einen solchen Kursrutsch aufzufangen, müssen Aktien langfristig gehalten werden, also für mindestens fünf bis zehn Jahre.

Niemand sollte in Panik seine Papiere abstoßen, wenn an der Börse mal wieder Unwetter toben; die Wende zum Besseren kommt oft unerwartet rasch. Ungeachtet der anhaltenden Corona-Rezession haben sich die Aktienkurse im Lauf des Jahres 2020 wieder deutlich erholt. Dank der großzügigen Finanzhilfen, die Regierungen und Zentralbanken weltweit zur Ankurbelung der Wirtschaft beschlossen haben, fassten die Börsen rasch wieder Vertrauen.

Eine in jeder Hinsicht fantastische Entwicklung nahm die Aktie von **Tesla**. Der Hersteller von Elektroautos erlebte 2020 einen Kurssprung von mehr als 500 Prozent; im Januar 2021 schoss der Börsenwert zeitweise über die Marke von 800 Milliarden US-Dollar. Das kalifornische Unternehmen gehörte seinerzeit zu den fünf wertvollsten Börsengesellschaften der Welt.

Der rational nicht nachvollziehbare Kursanstieg zeigt zweierlei: Zum einen ist das Thema Nachhaltigkeit längst an der Börse angekommen. Auf der anderen Seite lösen Öko-Werte wie Tesla irrwitzige Spekulationen aus, die es seriösen Anlegern nicht gerade leicht machen, Aktien zu finden, die zwei fundamentale Ziele erfüllen – nämlich die erstens den eigenen sozial-ökologischen Vorstellungen genügen, zweitens aber noch nicht hoffnungslos überteuert sind.

Eine Supernova wie Tesla steht in Gefahr, jederzeit zu explodieren und sich in Sternenstaub aufzulösen. Wie tief einst angehimmelte Stars fallen können, zeigt anschaulich der Öko-DAX. Diesen Index hatte die Deutsche Börse 2007 geschaffen, um den Handel mit Werten aus den erneuerbaren Energien zu beflügeln. Von den zehn Firmen, die der Öko-DAX bei seinem Start umfasste, gingen binnen weniger Jahre die Hälfte in Konkurs. Die Insolvenz anmelden mussten vor allem Solarunternehmen wie **Q-Cells**, **Solon** und **Solarworld**.

Der Niedergang war weitgehend selbst verschuldet. Solange es ihnen gut ging, verteilten die Photovoltaikunternehmen großzügig die erzielten Gewinne an ihre Aktionäre. Hingegen geizten die Vorstände mit Ausgaben für die Forschung und Entwicklung. Das sollte sich rasch rächen. Als asiatische Billigkonkurrenten mit Massenprodukten auf die europäischen Märkte drängten, hatten ihnen die deutschen Solarunternehmen meist keine innovativen Produkte entgegenzusetzen.

Wer hingegen in seinem Geschäftsfeld zu den ökologischen Pionieren gehört, kann an der Börse funkeln. Dies belegt der Natur-Aktien-Index, der dreißig Ökopioniere aus den unterschiedlichsten Branchen und Ländern enthält. Von 2010 bis 2020 hat sich der Index, der von der Hamburger Finanzfirma **Securvita** herausgegeben wird, weitaus strahlender entwickelt als zum Beispiel der DAX.

In reife Technologien und Märkte investieren

Doch wie finden Privatanleger Unternehmen, die sowohl nachhaltig wirtschaften als auch anhaltend Kursgewinne erzielen? Diese doppelte Aufgabe ist nicht leicht. Eine Checkliste am Ende von Teil III zeigt, welche Punkte nachhaltige Aktionäre beachten sollten. Sie müssen sich insbesondere davor hüten, auf den nächsten Hype hereinzufallen. Seit 2020 wird beispielsweise die Trommel gerührt für die Aktien von Wasserstoffunternehmen, von denen selbst Experten zuvor nie etwas gehört haben.

Privatanleger, die mit ihren Investments erneuerbare Energien fördern wollen, sollten sich auf Solarenergie und Windkraft konzentrieren. Hier haben Technologien und Märkte mittlerweile einen gewissen Reifegrad erreicht. Dies erlaubt es, die künftige Entwicklung halbwegs zuverlässig vorherzusehen. Wer heute zu den Marktführern gehört, wird voraussichtlich auch in der absehbaren Zukunft gut im Geschäft sein.

Ein nachhaltiges Aktienportfolio aufzubauen, verlangt freilich einige Vorkenntnisse, über die nicht alle privaten Anleger verfügen dürften. Die Auswahl von Einzeltiteln ist außerdem recht zeitaufwendig, denn die Investoren müssen sich über ihre Unternehmen auf dem Laufenden halten, sich also regelmäßig in Presse, Internet und Finanzportalen über aktuelle Entwicklungen informieren.

Best of Class versus Impact Investing

Wer nicht nur in Windkraft- und Solarunternehmen investieren will, sondern sein Geld breit gestreut in nachhaltige Werte anlegen möchte, sollte sich für einen Ökofonds entscheiden, wie in Teil IV des Buches ausgeführt wird. Er muss jedoch unbedingt beachten, dass diese Finanzprodukte ganz unterschiedlich konstruiert sind. Zwei gegensätzliche Konzepte sind zu unterscheiden – der Best-of-Class-Approach und das Impact Investing.

Beim ersten Ansatz werden in die Fonds grundsätzlich Unternehmen aufgenommen, die in ihrer Branche die – relativ gesehen – geringsten Schäden für Umwelt und Klima verursachen. Das kann zum Beispiel ein Autohersteller sein, dessen Fahrzeuge im Durchschnitt weniger Kohlendioxid in die Luft blasen als die Modelle der Mitbewerber.

Zu den »Klassenbesten« würde auch ein Chemiekonzern gehören, der die Umwelt mit weniger Schadstoffen belastet als die liebe Konkurrenz. Oder ein Energiekonzern, der seinen Strom zu einem höheren Anteil aus erneuerbaren Quellen gewinnt als andere Stromversorger (aber dennoch weiter fleißig Atommeiler und Kohlekraftwerke betreibt).

Weniger schmutzig als andere heißt noch lange nicht: wirklich sauber. Welcher Investor möchte einen Fonds kaufen, in dem die Aktien von BASF, BMW und Eon enthalten sind? Wer es ernst nimmt mit der ethischen, sozialen und ökologischen Geldanlage, sollte sein Erspartes besser in Finanzprodukte anlegen, die Impact Investment betreiben. Hierbei wählen die Fondsmanager Unternehmen aus, die nachweisbar einen positiven Beitrag leisten, um den Treibhauseffekt zu bekämpfen oder auf andere Weise eine nachhaltige Entwicklung zu fördern.

Mit Fonds können private Anleger gezielt bestimmte Nachhaltigkeitsziele fördern, die ihnen ganz besonders am Herzen liegen. Hierzu gehört beispielsweise die Entwicklungspolitik, die heute allzu oft gegenüber dem Klimaschutz zurücktreten muss. Wer ein klein wenig dazu beitragen möchte, mit seinen Ersparnissen Armut, Not und Hunger in der Dritten Welt zu bekämpfen, kann etwa einen Mikrofinanzfonds zeichnen. Solche Fonds vergeben Kredite an Bauern, Handwerker und andere Gewerbetreibende in Entwicklungsländern, die keinen Zugang zu regulären Banken haben. Klein- und Kleinstunternehmer aber sind die wichtigsten Motoren, um die wirtschaftliche Entwicklung in den armen Ländern voranzutreiben.

Kritisch sollten Anleger ETF oder Indexfonds sehen, die von ihren Urhebern als ethisch oder ökologisch deklariert werden. In der Regel orientieren sich solche Fonds an Aktienindizes, die sich zu einem Gutteil aus recht zweifelhaften Werten zusammensetzen. Welche Punkte die Anleger beachten sollten, wird, wie zuvor bei Banken, Anleihen und Aktien, auch bei Fonds in einer abschließenden Checkliste zusammengefasst.

Kritische Aktionäre stellen die Großindustrie zur Rede

Ein ganz wichtiges Kriterium ist: Üben die Fonds entschlossen und wirksam die Rechte der Kunden aus, deren Ersparnisse sie treuhänderisch verwalten? Gehen die Fondsmanager auf die Hauptversammlungen, die alljährlich abgehalten werden? Treten sie dort ans Mikrofon, um dem Vorstand die Leviten zu lesen? Fordern die Investoren, bedenkliche Praktiken wie Geldwäsche, Korruption und Kinderarbeit abzustellen?

Wenn kritische Investoren sich zu Wort melden wollen, dann tun sie das allerdings nicht immer auf den jährlichen Aktionärstreffen. Wirkungsvoller ist es mitunter, Bedenken hinter verschlossenen Türen vorzutragen. Dort muss niemand auf Medien und Öffentlichkeit schielen. Das Management kann einräumen, dass die Kritik an Strategie und Geschäftspolitik des Unternehmens vielleicht nicht ganz unberechtigt ist – ohne befürchten zu müssen, das Gesicht zu verlieren.

In Deutschland hat sich in den vergangenen Jahren eine lockere Gruppe kritischer Aktionäre gebildet, die regelmäßig einige der größten Industriekonzerne zur Rede stellen. Zu diesen Investoren gehören unter anderem Ethikbanken wie die **Evangelische Bank**, die **KD-Bank**, die **Pax-Bank** und die **Steyler Ethik Bank**. Diese Kreditinstitute bieten ihren Kunden nicht nur Fonds an, die in Aktien investieren. Sie halten darüber hinaus ebenfalls direkt Wertpapiere börsennotierter Unternehmen.

Deshalb können die Banken Rechenschaft verlangen von den Börsengesellschaften, an denen sie beteiligt sind. Einen solchen kritischen Dialog haben kirchliche Investoren beispielsweise mit der deutschen Autoindustrie gestartet. Die Ethikbanken wollten wissen, woher die Unternehmen Rohstoffe wie Kautschuk, Kobalt und Lithium beziehen. Mit ihren bohrenden Fragen trugen die kritischen Aktionäre offenbar dazu bei, dass die Autokonzerne zum Teil eingelenkt haben. **BMW** und **Daimler** erklärten 2020, dass sie künftig darauf achten wollen, ob ihre Lieferanten aus den Schwellenländern bei der Förderung konfliktbelasteter Mineralien ökologische und soziale Mindeststandards einhalten.

Fazit: Warnungen und Empfehlungen

Teil V des Buches verfolgt ein doppeltes Ziel. Zum einen wird vor Finanzprodukten gewarnt, die für unerfahrene Privatanleger viel zu riskant sind. Hierzu gehören etwa geschlossene Fonds, die in Windparks und Solarkraftwerke investieren. Untersuchungen der Stiftung Warentest zeigen: Geschlossene Sachwertefonds bescheren den Anlegern in den meisten Fällen nichts als Verluste. Ebenfalls recht riskant sind Genussscheine, Anleihen mit Nachrangabrede und Crowdinvesting.

Nach diesen Warnungen folgen im letzten Kapitel einige Hinweise, wie private Anleger ein nachhaltiges Portfolio aufbauen können. Ein solches Musterdepot sollte auf der einen Seite sichere Komponenten wie Spareinlagen und Green Bonds staatlicher Emittenten enthalten. Diese beiden Anlageklassen sind freilich derzeit vollkommen renditelos: Sie werfen weder Zinsen noch Dividenden ab.

Daher muss ein Öko-Portfolio auch ertragreiche Komponenten enthalten, will der Anleger vermeiden, dass sein Vermögen nach und nach

Kaufkraft einbüßt. Dies sind im Wesentlichen Aktien und Aktienfonds. Freilich bergen Investments an der Börse Gefahren, die jederzeit einen erheblichen Teil des Vermögens vernichten können. Investments, die beides bieten – große Sicherheit und hohe Erträge – gibt es schlichtweg nicht.

TEIL I

DIE ETWAS ANDEREN BANKEN

Kapitel 1

GLS – der Pionier aus dem Ruhrgebiet

Das Jahr 2020 war für die Wirtschaft ein Annus horribilis, eine Zeit nicht abreißender traumatischer Ereignisse. Im Zuge der Pandemie schrumpfte das Sozialprodukt in der Bundesrepublik um fast 5 Prozent. Hunderttausende Einzelhändler, Friseurgeschäfte und Restaurants blieben während des Lockdowns geschlossen. Auch die großzügigen Hilfen des Staates konnten nicht verhindern, dass zahllose Kleinbetriebe zahlungsunfähig wurden. Die Insolvenzen belasteten wiederum die Banken. Sie mussten in ihren Bilanzen Milliarden an Rückstellungen bilden, um Vorsorge zu treffen für die erwartete Konkurswelle.

Doch in der Corona-Krise gab es durchaus auch Gewinner. Zu ihnen zählt die **GLS Gemeinschaftsbank** aus Bochum, die sich auf die Finanzierung von sozialen und ökologischen Projekten spezialisiert hat. Das Institut konnte 2020 rund 38 000 neue Kunden gewinnen; insgesamt 280 000 Menschen hatten Ende des Jahres ein Konto bei dem westfälischen Kreditinstitut. Damit ist das Institut zwar noch keine Großbank. Doch gerade in einer der schwersten Wirtschaftskrisen der vergangenen Jahrzehnte hat sich gezeigt, dass die GLS Bank das attraktivere Geschäftsmodell hat – jedenfalls für Sparer und Kleinanleger, die ihr Geld verantwortungsvoll anlegen wollen.

Die Kunden kommen vor allem aus zwei Gründen zur GLS. »Zum einen haben wir ein durchgängig nachhaltiges Geschäftsmodell. Neben den erneuerbaren Energien unterstützen wir mit der Kreditvergabe zum Beispiel auch den ökologischen Landbau, Biomärkte und den Bau von bezahlbaren Wohnungen«, erläutert Vorstandschef Jorberg. Überdies könnten die Kunden entwicklungspolitische Ziele fördern, indem sie in den Mikrofinanzfonds der Bank investieren.

Ebenso wichtig wie diese ganz konkreten Zwecke dürfte für viele Kleinanleger ein allgemeines, eher abstraktes Ziel sein. »Die Kunden wissen es zu schätzen, dass die GLS mitarbeitet an einer grundlegenden ökologischen und sozialen Transformation der Gesellschaft. Wir bieten eben mehr als nur Geldanlage«, sagt Jorberg selbstbewusst. Das sind große Worte für ein nach wie vor recht kleines Geldhaus. Tatsächlich aber könnte die GLS Bank für die Zukunft des Finanzwesens stehen. Wer dort heute ein Konto eröffnet, trägt damit sein Scherflein dazu bei, dass die Welt morgen vielleicht ein klein wenig besser sein wird.

Renaissance der Genossenschaft

Der David aus Bochum ist in vieler Hinsicht das genaue Gegenteil der Goliaths, die heute noch die Finanzwelt beherrschen. Das zeigt sich bereits an den Standorten. Die meisten deutschen Großbanken haben ihren Hauptsitz in Frankfurt. Dort befinden sich nicht nur die Zentralen der Commerzbank und der Deutschen Bank, also der beiden größten privatwirtschaftlichen Geldhäuser der Bundesrepublik. Auch die DZ Bank, das Spitzeninstitut der deutschen Volks- und Raiffeisenbanken sitzt im vornehmen Westend, desgleichen die DekaBank, die eine zentrale Rolle für die Sparkassen ausübt.

Wie keine andere Branche betonen die Banken in Frankfurt mit ihrer Architektur, welche Bedeutung und welche Macht sie sich anmaßen. Gebieterisch reckt sich der »Tower« der Commerzbank 259 Meter in die Höhe. Die imperiale Geste steht in krassem Gegensatz zu den schlechten Leistungen, mit denen das Management seit Jahren unangenehm auffällt. Ohne milliardenschwere Staatshilfen hätte die Bank die Finanzkrise von 2008 nicht überlebt.

Schauen die Banker in ihren Hochhäusern aus dem Fenster, dann blicken sie unvermeidlich in die Glaspaläste von Konkurrenten, die wenige Dutzend Meter entfernt in den Himmel ragen. Sind die Türme an einem Winternachmittag hell erleuchtet, dann sehen Managerinnen,

Analysten und Sekretärinnen wie in einer übergroßen Puppenstube die Managerinnen, Analysten und Sekretärinnen anderer Banken, die am Bildschirm sitzen, telefonieren oder sich in der Kaffeeküche zu einem Schwätzchen versammeln. Willkommen in der Parallelwelt!

Die GLS Bank hingegen hat ihre Hauptverwaltung in Bochum, in der industriellen Wüstenei des Ruhrgebiets. Stahl und Kohle, einst die beiden Stützen der regionalen Ökonomie, spielen in Bochum längst keine Rolle mehr. Dank der stillgelegten Schlote ist der Himmel über der Ruhr zwar wieder blau. Doch die Spätfolgen der hemmungslosen Industrialisierung sind bis heute zu erkennen. Zerfallende Werkhallen künden vom Niedergang; gelegentlich stürzen Bergwerksstollen tief unter der Erde ein, dann wackeln buchstäblich die Wände. Das Stadtbild wird geprägt von der einfallslosen Architektur der Nachkriegszeit, als das Ruhrgebiet noch das Kraftwerk der deutschen Wirtschaft war.

Vermutlich ist es kein Zufall, dass ausgerechnet dort, wo Mensch und Natur jahrzehntelang so hemmungslos ausgebeutet wurden wie in keiner anderen deutschen Region diesseits von Bitterfeld, 1974 die erste Nachhaltigkeitsbank Deutschlands entstand. Gegründet wurde sie von Wilhelm Ernst Barkhoff, Albert Fink, Rolf Kerler und Gisela Reuther, alle Anhänger der Anthroposophie, der nicht unumstrittenen Weltanschauung, die auf Rudolf Steiner zurückgeht.

Die vier tauften ihre Neuschöpfung auf den Namen »Gemeinschaftsbank für Leihen und Schenken«, heute abgekürzt zu GLS. Mit der neuen Bank wollten die Gründer ein Instrument schaffen, um beispielsweise Waldorfschulen zu finanzieren. Damals verlangten konventionelle Kreditinstitute noch Zinsen, die aus heutiger Sicht astronomisch hoch erscheinen. Um die extravaganten Finanzierungskosten zu senken, schlossen sich Bürger, die der Anthroposophie nahestanden, zusammen, um ihre Ersparnisse gemeinsam für ein Ziel einzusetzen, das ihnen allen am Herzen lag – zum Beispiel eine Reformschule für ihre Kinder.

Genau in gleichem Geist hatten im 19. Jahrhundert Friedrich Wilhelm Raiffeisen und Hermann Schulze-Delitzsch die Raiffeisen- und Volksbanken gegründet. Es waren Selbsthilfeorganisationen für kleine Leute, die bei den Banken seinerzeit häufig kein Geld bekamen. Die

Idee bestand darin, dass sich Bauern, Handwerker und andere Gewerbetreibende gegenseitig mit ihren Ersparnissen unterstützen sollten. Diese Kreditinstitute sind bis heute Genossenschaften, bei denen Kunden und Eigentümer, Sparer und Kreditnehmer großenteils identisch sind.

Völlig neu war das Geschäftsmodell der GLS mithin nicht, es beruht auf einem bewährten Konzept, das angereichert wurde durch neue Vorstellungen zur Nachhaltigkeit. Es muss niemand Jünger von Rudolf Steiner sein, um dieser grünen Kreditgenossenschaft beizutreten. »Ein wesentliches Merkmal der Anthroposophie ist die ganzheitliche Betrachtung, die auch für unsere Geschäfte gilt. Zu dieser Auffassung kann man jedoch auf ganz verschiedenen Wegen gelangen. Man muss keineswegs Anthroposoph sein, um das ganzheitliche Konzept der GLS Bank zu unterstützen«, erläutert Vorstandschef Jorberg.

Im Lauf der Jahre hat sich die GLS Bank ohnehin etwas von ihren anthroposophischen Wurzeln gelöst. Hierzu trugen vor allem die Übernahme von zwei anderen Umwelt- und Ethikbanken bei. 2003 erwarb das Institut die **Ökobank** aus Frankfurt, die aus der Umweltbewegung hervorgegangen war. Aufgrund eines recht unprofessionellen Managements geriet das alternative Geldhaus allerdings finanziell ins Schlingern. Im Jahr 2008 übernahm die GLS zudem die **IntegraBank** aus München, die eine betont christliche Ausrichtung hatte.

Die heutige Gemeinschaftsbank wurzelt mithin in drei recht verschiedenen Traditionen – der Anthroposophie, dem Christentum und der säkularen Umwelt- und Friedensbewegung. So sehr deren Anhänger in vielen Fragen miteinander streiten mögen – in einem Punkt sind sich die Gründer von Integra, GLS und Ökobank einig: Das Finanzsystem bedarf dringend einer Reformation an Haupt und Gliedern.

Auf einen Blick: GLS Gemeinschaftsbank

Rechtsform	Eingetragene Genossenschaft (eG) mit Sitz in Bochum
Eigentümer	83 500 Mitglieder der Genossenschaft
Bilanzsumme	8,03 Milliarden Euro
Zahl der Kunden	280 000
Geschäftsstellen	Hauptstelle in Bochum; Filialen in Berlin, Frankfurt, Freiburg, Hamburg, München und Stuttgart
Angebote für Zahlungsverkehr	Girokonten, Geld- und Kreditkarten, digitale Karten; die Kunden können bei nahezu allen Volks- und Raiffeisenbanken kostenlos Bargeld abheben
Geldanlage (Auswahl)	Tagesgeld, Sparbriefe, eigene Investmentfonds
Kredite für Privatkunden	Ökologische Baufinanzierung mit Einbindung einer KfW-Förderung
Anlageberatung	Die Berater für nachhaltige Investments erhalten regelmäßig eine interne Fortbildung
Transparenz	Die von der GLS finanzierten Projekte werden halbjährlich im Bankspiegel veröffentlicht
Überprüfung	Die Einhaltung der ethischen Anlageprinzipien wird durch einen Anlageausschuss kontrolliert, in dem neben Vertretern der GLS externe Fachleute sitzen. Zudem arbeitet die Bank mit der ökologischen Ratingagentur Imug zusammen.

Quelle: Unternehmensangaben, eigene Recherchen; Stand: Ende 2020

Strenge Prinzipien

Einen ersten kleinen Schritt hierzu tat die GLS: Sie ist eine der ersten Banken in Deutschland, die sich einen ethischen Kodex verordnet hat. In verbindlichen Richtlinien ist festgeschrieben, welche Aktivitäten das Institut betreiben darf und welche nicht.»Für die Verwendung der Kundengelder haben wir strenge ethische, ökologische und soziale Kriterien, die auf unserer Website nachzulesen sind«, sagt GLS-Vorstandssprecher Thomas Jorberg. Klare Ausschlusskriterien seien zum Beispiel Rüstung, Atomkraft, Korruption, die Verletzung von Menschenrechten und gravierende Verstöße gegen geltende Umweltgesetze. Die Bank investiere grundsätzlich nicht in Unternehmen, die solche kontroversen Geschäftsfelder beziehungsweise Geschäftspraktiken aufweisen.

Die ethischen Prinzipien gelten für die beiden zentralen Geschäftsfelder des Instituts: Vergabe von Krediten und Investitionen in Wertpapiere, wie Aktien und Anleihen. Kein Unternehmen bekommt von der GLS Bank Geld, wenn es nicht nachweisbar die strengen Kriterien des Instituts erfüllt. Auch die Staaten, in deren Wertpapiere die Bank investiert, müssen den Anlagekriterien genügen. Ebenso strikte Prinzipien gelten für die Investmentfonds, die die GLS anbietet.

Diese ethischen Leitlinien sind nicht bloß eine Deklamation guter Absichten, sondern wurden tief in den Strukturen der GLS Bank verankert. Das Institut hat einen Anlageausschuss, der die Investmentkriterien mehrmals im Jahr überprüft. Bei dieser Aufgabe verlässt sich die Bank nicht nur auf die Sachkunde und die Erfahrung der eigenen Führungskräfte, die ja in der Regel gelernte Banker sind und keine Experten für Ethik oder Nachhaltigkeit. Neben internen Mitgliedern sitzen im Anlageausschuss auch externe Experten aus Gesellschaft, Wirtschaft und Wissenschaft. Hierzu gehörte Ende 2020 beispielsweise Professor Christian Berg. Der ausgewiesene Nachhaltigkeitsexperte war lange Zeit Manager beim badischen Softwarehaus SAP, dem größten IT-Konzern Europas. Auch die übrigen Mitglieder des Anlageausschusses blicken auf lange und reiche Erfahrungen mit den Themen zurück, die bei der GLS Bank im Fokus stehen.

Der Anlageausschuss legt freilich nicht nur die ethischen Leitlinien fest.»Dieses Gremium überwacht außerdem, ob die Vorgaben in der Praxis auch vom Management beachtet werden«, sagt GLS-Chef Jorberg. Zu diesem Zweck trifft sich der Anlageausschuss regelmäßig mit dem Vorstand. Stellt er fest, dass das Management die eigenen Leitlinien verletzt oder nicht mit der gebotenen Konsequenz umsetzt, sprechen die Ethik-Kontrolleure dies offen aus.

Das Gremium hat freilich keine formellen Kompetenzen: Es kann beispielsweise den Vorstand nicht öffentlich rügen oder gar absetzen, wenn dieser die ethischen Geschäftsgrundlagen missachtet. In einem solchen Fall gibt der Anlageausschuss jedoch klare Ratschläge, was zu tun ist. »Bislang hat die Geschäftsleitung die Empfehlungen des Anlageausschusses im Wesentlichen stets befolgt«, versichert Jorberg. Es habe noch nie grundlegende Konflikte mit dem Vorstand gegeben.

Transparente Kreditvergabe

Auch die Kunden können überprüfen, was die GLS Gemeinschaftsbank mit ihrem Geld macht. In dem Magazin *Bankspiegel* veröffentlicht das Institut zweimal pro Jahr ausgewählte Projekte, die von der Bank mit Krediten unterstützt wurden. Die Vorhaben werden kurz beschrieben; die Empfänger haben zugestimmt, dass Name und Anschrift veröffentlicht werden. Anleger, die in der Umgebung leben, sind also in der Lage, sich mit eigenen Augen davon zu überzeugen, welchen Nutzen ihrer Ersparnisse für Umwelt, Kultur und Gesellschaft stiften.

Besser als abstrakte Prinzipien zeigen anschauliche Beispiele, wofür die GLS steht – und worin sie sich von den konventionellen Kreditinstituten unterscheidet. In der Londoner City, an der Wallstreet in New York und auch im Frankfurter Westend spekulieren Finanzinstitute ungehemmt mit Nahrungsmitteln – mit Weizen, Mais und Sojabohnen ebenso wie mit Kakao, Kaffee und Schweinehälften. Die GLS kümmert sich hingegen um nachhaltige Landwirtschaft, um kleine Bauernhöfe, die nach bewährten Methoden produzieren. In der ersten Jahreshälfte 2020 förderte die Gemeinschaftsbank im Geschäftsfeld Ernährung 42 neue Vorhaben. Kredite wurden unter anderem vergeben an eine Geflügelfarm für Biohühner aus Hessen, ein Naturkostunternehmen in Buxtehude und ein neues Gebäude für eine Landbauschule in Bad Vilbel bei Frankfurt.

Vollmundig verkündet die Deutsche Bank, das Geldhaus werde keine neuen Kohlekraftwerke mehr bauen. Auch in anderen Großbanken raten die PR-Strategen dem Vorstand, zu den Schmutzenergien auf Distanz zu gehen; das mache sich bei den Kunden gut, sagen die Einflüsterer. Tatsächlich aber fließt weiterhin reichlich Geld in die

Förderung, die Verarbeitung und den Vertrieb von Rohöl und Erdgas. So ist aus der Commerzbank inoffiziell zu hören, das Institut finanziere in großem Stil den Handel mit Öl und anderen Rohstoffen.

Die GLS hingegen setzt entschlossen auf die Förderung erneuerbarer Energien. Gemessen am Kreditvolumen ist dies das größte der insgesamt sechs Geschäftsfelder. Im ersten Halbjahr 2020 vergab die Bank Darlehen in Höhe von 89 Millionen Euro. Sie unterstützte unter anderem den Bau einer Photovoltaikanlage im Erzgebirge, ein Solarprojekt in Kiel und einen Anbieter von Windstrom aus Trierweiler in Rheinland-Pfalz.

In den vergangenen Jahrzehnten haben Bundesländer, Kommunen und die Deutsche Bahn Hunderttausende von Wohnungen privatisiert, in denen Arbeiter, Angestellte und kleine Beamte günstig wohnen konnten. Die neuen Eigentümer sind Konzerne wie Deutsche Wohnen, Vonovia und LEG Immobilien, die alle an der Börse notiert sind. Die Finanzinvestoren, die an diesen Unternehmen die Mehrheit halten, haben vor allem eines im Sinn: möglichst hohe Mieten, Gewinne und Dividenden – und Einsparungen bei Reparaturen, Service und Modernisierung.

Derweil geraten bewährte Instrumente außer Kurs, mit denen bezahlbarer Wohnraum für Mieter mit geringem Einkommen geschaffen werden kann – nämlich Wohnbaugenossenschaften und andere Formen von Wohneigentum, die nicht in erster Linie auf die Erzielung von Profit ausgerichtet sind. Die GLS Bank finanziert entschlossen alte und neue Formen nichtkommerzieller Immobilienprojekte. 2020 förderte das Institut mehrere Dutzend genossenschaftliche Wohnbauvorhaben in Hamburg, Berlin und anderen deutschen Städten.

Geld für die sozial Schwachen

Konventionelle Banken haben häufig nur das Wohl und Wehe begüterter Kunden im Auge. Von »High-Net-Worth Individuals« sprechen Insider. Um diese Reichen und Superreichen kümmern sich in den Geldhäusern eigene Abteilungen, die unter dem Rubrum »Private Banking«

firmieren. Zu Diensten stehen die Experten im Allgemeinen jedoch nur Kunden, die über ein liquides Vermögen von mindestens einer halben, besser noch einer ganzen Million Euro verfügen. Gerne darf es auch etwas mehr sein; abgerechnet wird nach der Höhe der betreuten Assets.

Zum Service, den die Banken ihrer wohlhabenden Klientel bieten, gehören diskrete Tipps, wie die Kunden die lästige Steuerlast ein wenig mindern können. Diese Aufgabe übernehmen einschlägig erfahrene Steuerberater, mit denen die Finanzinstitute im Private Banking eng zusammenarbeiten. Im Zuge des Cum-Ex-Skandals kam zutage, dass Banken und Berater wohlhabenden Kunden geholfen haben, dem Staat Steuern in vielfacher Milliardenhöhe vorzuenthalten.

Wen schert es in den Vorstandsetagen im Frankfurter Bankenquartier, die sich buchstäblich turmhoch über den Mietskasernen in Bockenheim oder dem Nordend befinden, wie die gesellschaftlich Benachteiligten in diesem Land ihr Leben fristen müssen? Dies überlassen die Großbanken gerne den kleineren Mitbewerbern. Kümmern müssen sich andere. Die GLS nimmt ihre Verantwortung ernst. Im ersten Halbjahr 2020 stellte die Bank 44 Millionen Euro für soziale Projekte bereit. Kredite erhielten etwa ein Seniorenheim in Tostedt bei Hamburg, ein Hospiz in Berlin und ein Pflegeheim aus Sangerhausen in Sachsen-Anhalt.

Bildung ist das fünfte Arbeitsgebiet der GLS Bank. Unterstützt werden die unterschiedlichsten Aktivitäten – vom Heimatverein bis zur Kindertagesstätte. Im ersten Halbjahr 2020 finanzierte das Kreditinstitut aus dem Ruhrgebiet beispielsweise Studentenwohnungen in Potsdam, ein alternatives Theater aus Berlin und den Umbau eines Gemeindehauses im schwäbischen Reutlingen.

Mittlerweile gehört es auch in der Beletage der Großbanken zum guten Ton, Bekenntnisse zur Nachhaltigkeit abzuliefern. Allzu oft bleibt es allerdings bei Sonntagsreden, Marketing-Gags und einem allenfalls symbolischen Engagement für den Klimaschutz. Den Mühen der Ebene unterziehen sich die hochmögenden Bankmanager meist lieber nicht. Bei den Unternehmen, die sozial und ökologisch vorbildlich wirtschaften, handelt es sich überwiegend um Kleinbetriebe; solche Kreditnehmer sind für die Großbanken oft einfach nicht profitabel genug.

Die GLS Bank betreut hingegen auch kleine und kleinste Unternehmen, die neue ökologische Geschäftsmodelle anbieten. Im Durchschnitt bekommen die Kreditnehmer nicht viel mehr als 1 Million Euro, manche liegen deutlich darunter. Dies zeigen die Zahlen des sechsten und letzten Arbeitsfeldes nachhaltige Wirtschaft; hier finanzierte die GLS im ersten Halbjahr 2020 insgesamt 39 Projekte mit einem Volumen von insgesamt 54 Millionen Euro. Die Mittel verteilen sich auf ein breites Spektrum von Branchen: Die GLS förderte einen Betreiber von Solarschiffen aus Berlin, eine Biobäckerei in Kiel und ein Architektenbüro für nachhaltiges Bauen aus Verden an der Aller.

Taugt die GLS als Hausbank?

Wer sein Geld nicht einer Großbank in den Rachen werfen will, ist gewiss beeindruckt von den zahllosen, vielgestaltigen und nicht selten überraschenden Projekten, die die GLS auf ihrer Website und in ihrer Zeitschrift *Bankspiegel* vorstellt. Es ist ein sehr buntes Spektrum von Zukunftsmodellen, in die die Initiatoren ihr Herzblut investiert haben. Die Kunden der Alternativbank aus dem tristen Ruhrgebiet verfügen augenscheinlich über viel Fantasie.

Doch taugt die Bank, die Inkubator unzähliger ökologischer Innovationen ist, auch ganz praktisch als Dienstleister für Sparer und Anleger? Selbst der idealistischste Kunde benötigt eine leistungsfähige Bank, um die Widrigkeiten des Alltagslebens zu meistern. Bietet die GLS die gleichen Finanzprodukte und Dienstleistungen, die die Menschen von ihrer Sparkasse oder Volksbank kennen? Im Großen und Ganzen kann diese Frage bejaht werden; freilich gibt es ein paar Besonderheiten und Einschränkungen.

Wie jede konventionelle Bank bietet auch die GLS Girokonten an, auf denen Gehalt, BAföG oder Rente verbucht werden und mit denen Mieten, Steuern und Telekomgebühren überwiesen werden können. Im Unterschied zu anderen Instituten müssen die Kunden jedoch nicht gleich Strafzinsen zahlen, wenn ihr Konto mal ins Minus gerutscht ist. Bei der GLS gibt es einen Dispositionskredit zu Zinsen von 0 Prozent, sofern zwei Voraussetzungen erfüllt sind: Die Bank hat die Überziehung des Kontos genehmigt und der Dispo ist nicht höher als 10 000 Euro. Trifft eine dieser beiden Bedingungen nicht zu, werden auch bei der Bochumer Alternativbank Zinsen fällig.

Damit die GLS in der anhaltenden Tiefzinsphase ihre Kosten decken kann, hat sie einen sogenannten »Beitrag« eingeführt, der von jedem Kunden zu entrichten ist. Diese Pauschale, die erstmals 2018 erhoben wurde, beträgt 5 Euro pro Monat. Offenbar akzeptieren die meisten Kunden ohne Murren die etwas ungewöhnliche Gebühr.

Die GLS bietet die üblichen Formen der Geldanlage an, vom Tagesgeld, das jederzeit gekündigt werden kann, bis zu Spareinlagen mit Kündigungsfristen von mehreren Jahren. Anders als bei herkömmlichen Banken können die Kunden entscheiden, für welchen Zweck ihr Geld eingesetzt werden soll. Zur Wahl stehen die oben geschilderten sechs Arbeitsfelder der GLS Bank, also zum Beispiel Ernährung, Bildung oder erneuerbare Energien. Wer diese Möglichkeit wahrnehmen möchte, teilt der Bank bei der Eröffnung eines neuen Kontos einfach mit, wofür sein Guthaben bei der GLS verwendet werden soll.

Für die langfristige Vermögensanlage bietet die Bank verschiedene Investmentfonds an, die zusammen mit Partnern aufgelegt wurden. Der Mikrofinanzfonds dient zum Beispiel der Entwicklungshilfe: Das Fondsmanagement leitet die eingeworbenen Gelder an Selbsthilfeorganisationen aus Entwicklungs- und Schwellenländern weiter. Die Empfänger finanzieren mit diesen Mitteln wiederum Kleinstkredite an Bauern, Handwerker und andere Gewerbetreibende, die keinen Zugang zum regulären Bankensystem haben.

Keine Kredite für Klimakiller

Bei einem Kreditinstitut – das sagt ja schon der Name – können sich die Kunden im Allgemeinen Geld borgen. Allerdings sind die Möglichkeiten hierfür bei der GLS Bank ziemlich eingeschränkt. Es gibt keine Verbraucherdarlehen, mit denen beispielsweise der Kauf von neuen Möbeln, Autos oder Elektrogeräten finanziert werden könnte.

Die Gelder der Kunden sollen grundsätzlich nachhaltig verwendet werden. Und dies wäre nicht der Fall, wenn private Kreditnehmer mit einem GLS-Darlehen einen protzigen SUV kaufen würden, mit einem Benzin- oder Dieselmotor, der massenhaft Kohlendioxid in die Atmosphäre pustet.

Hingegen gibt die Bank sehr gerne Geld für den Bau oder Kauf eines nachhaltigen Wohnhauses, das beispielsweise mit einer Solaranlage ausgerüstet ist oder das dank guter Isolierung einen geringen Verbrauch an fossiler Energie aufweist. Auch der Bund unterstützt klimafreundliche Eigenheime mit zinsgünstigen Krediten und zum Teil Tilgungszuschüssen. Vergeben werden die Förderkredite von der bundeseigenen KfW-Bank. Die Programme können in die Öko-Kredite der GLS eingebunden werden.

Eine Baufinanzierung ist stets eine vertrackte Angelegenheit, dies gilt erst recht, wenn hohe ökologische Anforderungen zu erfüllen sind. Eine intensive und ausführliche Beratung ist unverzichtbar. Doch die können die Kunden der GLS längst nicht immer persönlich in Anspruch nehmen. Die Bank ist zwar bundesweit aktiv; sie hat aber nur in einigen wenigen Metropolen wie Frankfurt, Hamburg oder München Geschäftsstellen. Wer weit entfernt von der nächsten Filiale wohnt, muss am Telefon oder per Internet Kontakt zur GLS aufnehmen, wenn er Fragen zur Baufinanzierung oder nachhaltigen Vermögensanlage hat.

Trotz des dünnen Filialnetzes ist es freilich kein Problem, an Bargeld zu kommen. Die GLS Bank ist dem Bankcard-Servicenetz der Volks- und Raiffeisenbanken angeschlossen; die Kunden können bundesweit an 18 000 Geldautomaten gebührenfrei Geld abheben. Trotz gewisser Einschränkungen taugt die GLS also dazu, an die Stelle der gewohnten Sparkasse oder Volksbank zu treten. »Für die Mehrheit der Neukunden sind wir die Hausbank, die die alte Bankverbindung ersetzt«, sagt Jorberg. Nur der kleinere Teil nutze das Institut lediglich zur Geldanlage.

Für viele Menschen, die daran denken, ihr Konto zur GLS zu verlegen, dürfte es ebenfalls reizvoll sein, dass sie dort nicht nur Kunden sind, sondern auch Teilhaber werden können. Die Bank ist eine Genossenschaft; jeder, der dort ein Konto hat, kann auch Anteile an der Bank zeichnen. Von den rund 280 000 Kunden hatten sich Ende 2020 mehr als 80 000 jeweils mit einem kleinen Anteil am Kapital der GLS Bank beteiligt.

Wer Mitglied der Genossenschaft ist, hat das Recht, an der jährlichen Generalversammlung teilzunehmen. Dort können die Teilhaber ihr Votum abgeben, wenn der Vorstand beispielsweise eine Änderung des Geschäftsmodells einführen möchte. Die »Genossen« müssen ebenfalls gefragt werden, wenn ein Posten im Topmanagement neu besetzt werden soll. Solche Mitwirkungsrechte geben den Kunden das Gefühl, es sei »ihre« Bank, bei der sie ihr Konto haben.

Ähnlich wie die GLS Bank haben sich in Deutschland eine Reihe weiterer Banken auf eine nachhaltige Strategie festgelegt. Allerdings gibt es manche Unterschiede. Nicht alle Institute verfolgen ethische, soziale und ökologische Konzepte in gleicher Weise wie die Bank aus Bochum. Recht ähnlich aufgestellt wie die GLS ist die Triodos Bank, die ebenfalls von Anthroposophen gegründet wurde.

Kapitel 2

Triodos –
People, Planet, Profit

Zeist ist keine allzu große Stadt, der Ort hat knapp 70 000 Einwohner, er liegt wenige Kilometer entfernt von der niederländischen Metropole Utrecht. Östlich der Stadtgrenzen beginnt ein großes Waldgebiet; wegen der guten Luft haben sich in Zeist mehrere Krankenhäuser, Sanatorien und Seniorenheime niedergelassen. Villen und Landhäuser aus dem 19. Jahrhundert prägen viele Stadtviertel. Erbaut haben sie wohlhabende Kaufleute und Unternehmer aus Utrecht.

In dieser Idylle befindet sich der Sitz von Triodos, laut eigenen Angaben die größte Nachhaltigkeitsbank Europas. 1968 trafen sich vier Männer, um eine Revolution in der Finanzwelt zu starten; dies waren der Unternehmensberater Lex Bos, der Bankkaufmann Rudolf Meese sowie die beiden Wirtschaftswissenschaftler Dieter Brüll und Adriaan Deking Dura. Die Vier wollten ein neues Modell schaffen, damit Geld einen Nutzen für die Menschheit, die Kultur und den gesamten Planeten stiften kann. Hieraus ging zwölf Jahre später die Triodos Bank hervor, die seit 2009 auch in Deutschland vertreten ist.

Die Gründer waren, ähnlich wie bei der GLS in Deutschland, alle Anhänger der Anthroposophie. Im Geiste dieser Weltanschauung definierten sie für ihre Bank drei grundlegende Ziele: Das frisch gegründete Kreditinstitut müsse die Wohlfahrt der Menschen, die Erhaltung der Natur und die Erzielung eines angemessenen Gewinns miteinander in Einklang bringen. Eine Bank, die nur Verluste macht, kann auf Dauer weder den Menschen noch der Umwelt dienen.

»People, Planet and Profit« – auf diese simple Formel bringen die niederländischen Geldverbesserer ihr Geschäftsmodell. Die drei in der

Realität nicht immer widerspruchsfreien Ziele spiegeln sich im Namen des anthroposophischen Geldhauses wider: Die dem Altgriechischen entlehnte Bezeichnung Triodos bedeutet »drei Wege«.

Im Unterschied zu den meisten anderen Nachhaltigkeitsbanken ist Triodos international tätig. Neben dem Stammsitz in den Niederlanden gründete die Bank Tochtergesellschaften in Belgien, Deutschland, Großbritannien und Spanien. Europaweit hatte Triodos 2020 rund 720 000 Kunden, in der Bundesrepublik waren es 30 000, rund 10 Prozent mehr als 2019. »Wir merken, dass das Thema nachhaltiges Banking immer mehr Menschen interessiert. ›Was passiert mit meinem Geld auf dem Konto oder in meinem Depot?‹ Diese Frage wird immer relevanter«, sagt Georg Schürmann, Geschäftsleiter von Triodos Deutschland.

Die deutsche Landesgesellschaft, die ihren Sitz in Frankfurt hat, betreibt im Wesentlichen drei Geschäfte: Zum einen vergibt sie Kredite an kleine und mittelgroße Unternehmen. Zudem bietet die Bank privaten Kunden verschiedene Möglichkeiten der Geldanlage an. Ferner vertreibt Triodos in der Bundesrepublik nachhaltige Investmentfonds. Es handelt sich um Aktien-, Anleihen- und Mischfonds, die auf Privatanleger mit unterschiedlich hoher Risikobereitschaft zugeschnitten sind.

Gefördert werden sieben Themenfelder

Ähnlich wie die GLS hat Triodos eine Liste von Ausschlusskriterien festgelegt, die definieren, welche Aktivitäten die Bank nicht finanziert beziehungsweise welche Unternehmen für Investments in Aktien und Anleihen nicht infrage kommen. »Beispiele dafür sind Waffen, Atomkraft, Pornografie, Verletzung von Menschen- und Arbeitsrechten, intensive Landwirtschaft, fossile Energiegewinnung oder Korruption«, erläutert Schürmann.

Überdies sollen die Unternehmen, die Triodos finanziert, einen positiven Beitrag zur Zukunft der Menschheit leisten. Zentral sind hierbei sieben Themenfelder. An erster Stelle nennt die Bank nachhaltige Ernährung und Landwirtschaft, gefolgt von den beiden Gebieten erneuerbare Ressourcen und Kreislaufwirtschaft. Ebenfalls eine hohe

Bedeutung haben nachhaltige Mobilität und Infrastruktur sowie nachhaltige Innovationen. Zu den Themen, die die Bank unterstützen will, zählt sie überdies glückliche und gesunde Menschen sowie soziale Teilhabe und mündige Bürger. »Unternehmen, die in mindestens einem dieser Felder wirtschaften, kommen für Finanzierungen infrage – wenn sie zusätzlich nicht gegen Ausschlusskriterien verstoßen«, sagt Schürmann.

Triodos veröffentlicht auf der Website zahlreiche Beispiele für Vorhaben, die mit Krediten unterstützt werden. So finanziert Triodos Windparks und Solarkraftwerke im ganzen Lande, von der Eifel bis Brandenburg. Ein weiteres wichtiges Geschäftsfeld sind Immobilien. Triodos finanziert etwa den Umbau alter Fabriken, die nun als Wohngebäude oder Kulturzentren genutzt werden.

Ferner unterstützt die Bank Alten- und Pflegeheime. Im Kreditportfolio der Bank befinden sich unter anderem eine Seniorenresidenz im Schwarzwald, ein Pflegeheim im niedersächsischen Alfeld und ein Psychiatrisches Pflegezentrum aus Berlin. Ein weiteres Arbeitsgebiet ist Bildung. Triodos fördert vor allem in freier Trägerschaft betriebene, staatlich anerkannte Schulen, die der Waldorfpädagogik verpflichtet sind.

Kein Geld für ökologische Eigenheime

Viele Sparer und Anleger dürften die Aktivitäten der Anthroposophen-Bank auf den ersten Blick überzeugen. Bevor sie einen Wechsel in Erwägung ziehen, sollten potenzielle Kunden jedoch auch die Schwächen des Instituts in den Blick nehmen. Triodos tritt in der Bundesrepublik als Direktbank auf; sie hat keine stationären Filialen. Bankgeschäfte können also nur am Computer oder per Telefon abgewickelt werden. Zudem müssen die Kunden eine Kreditkarte haben, wenn sie an Geldautomaten anderer Banken kostenfrei Bargeld abheben wollen.

Überdies beschränkt Triodos die Kreditvergabe auf Unternehmen und Selbstständige. Privatleute, die sich Geld borgen möchten, gehen hingegen leer aus. Sie bekommen bei dem niederländischen Institut

Auf einen Blick: Triodos

Rechtsform	Aktiengesellschaft mit Sitz in den Niederlanden; Triodos Deutschland ist eine Zweigniederlassung mit eigener Banklizenz
Eigentümer	Alle Anteile der niederländischen Muttergesellschaft liegen bei der Stiftung Saat
Bilanzsumme	12,1 Milliarden Euro (Ende 2019)
Anzahl der Kunden	Europaweit 720 000, davon 30 000 in Deutschland
Geschäftsstellen	Triodos ist in der Bundesrepublik als Direktbank ohne stationäre Filialen tätig
Angebote für den Zahlungsverkehr	Girokonten, Kreditkarten, digitale Karten; die Kunden können mit einer Kreditkarte an vielen Geldautomaten kostenlos Bargeld abheben
Geldanlage (Auswahl)	Tagesgeld, Festzins, Sparpläne, Fondssparen, eigene Investmentfonds
Kredite	Finanzierung von Unternehmen und Baugenossenschaften, keine Kreditangebote für Privatkunden
Anlageberatung	Triodos hat in Deutschland keine Erlaubnis der Bankaufsicht für Anlageberatung
Transparenz	Das Institut veröffentlicht auf der Website Beispiele für finanzierte Projekte
Überprüfung	Für die Kontrolle der ethischen Anlagerichtlinien ist die niederländische Muttergesellschaft verantwortlich. Triodos arbeitet in Deutschland mit keiner Öko-Ratingagentur zusammen.

Quelle: Unternehmensangaben, eigene Recherchen; Stand: Ende 2020.

weder Konsumentendarlehen noch Kredite für den Bau oder Kauf eines Wohnhauses. Eine Immobilienfinanzierung gibt es nur für größere Projekte; die Untergrenze beträgt 3 Millionen Euro. Triodos bietet zwar, wie erwähnt, hierzulande mehrere Öko-Fonds an. Doch Anleger, die auf eigene Faust in nachhaltige Aktien und Anleihen investieren möchten, bekommen bei Triodos keine Empfehlungen, welche Titel für sie am besten geeignet wären. Denn das Institut betreibt in Deutschland keine Anlageberatung; hierfür ist eine besondere Erlaubnis der Aufsichtsbehörde BaFin erforderlich. Triodos hat die Genehmigung nicht beantragt, da die regulatorischen Anforderungen an die Anlageberatung »extrem hoch« seien, wie ein Firmensprecher auf Anfrage mitteilt.

Ein letztes Problem, das wechselwillige Anleger bedenken sollten, betrifft die Sicherheit der Kundeneinlagen. Triodos ist in Deutschland rechtlich gesehen keine eigenständige Bank, sondern nur eine sogenannte Zweigniederlassung. Sie ist daher nicht dem Einlagensicherungsfonds des Bankenverbandes angeschlossen. Im Falle einer Insolvenz würde lediglich die Einlagensicherung der Niederlande zahlen; deren Haftung ist auf 100 000 Euro pro Kunde begrenzt.

Es gibt also gleich mehrere Gründe, warum nachhaltige Anleger sorgfältig prüfen sollten, ob sie zu Triodos gehen. Das niederländische Institut eignet sich vor allem für die Geldanlage; aus Sicht der meisten Privatkunden dürfte Triodos kein vollwertiger Ersatz für eine Sparkasse oder Volksbank sein. Damit steht das Institut freilich nicht allein da. Die UmweltBank, die auf den folgenden Seiten vorgestellt wird, hat zwar in puncto Nachhaltigkeit eine lupenreine Bilanz. Als Hausbank kommt sie hingegen nicht infrage.

Kapitel 3

UmweltBank – wo Nachhaltigkeit sich lohnt

Sie bezeichnet sich gern als »grünste Bank Deutschlands«. Tatsächlich hat keine Ökobank ein so klares Profil wie die UmweltBank aus Nürnberg. Bei den Mitbewerbern spielen die erneuerbaren Energien zum Teil nur eine Nebenrolle; bei der UmweltBank steht die Förderung von Photovoltaik, Windkraft und Bio-Energie hingegen im Mittelpunkt. Alle Aktivitäten kreisen um ein Thema: den Schutz der Erdatmosphäre vor weiterer Aufheizung.

Wie stark die Geschäfte auf den Klimaschutz ausgerichtet sind, zeigt ein Blick in die Bücher. Ende 2020 hatte die UmweltBank Kredite im Umfang von 3,5 Milliarden Euro ausgereicht. Rund ein Drittel des Volumens entfiel auf die Finanzierung von Solarenergie. Die Nutzung von Wind- und Wasserkraft machte mehr als ein Fünftel aus. Die UmweltBank fördert ebenfalls den Bau von nachhaltigen Wohnhäusern und Gewerbeimmobilien.

Laut eigenen Angaben hat die UmweltBank seit ihrer Gründung Mitte der 1990er Jahre rund 24 000 einzelne Projekte gefördert. Die Vorhaben helfen mit, pro Jahr die Emission von bis zu 1 Million Tonnen Kohlendioxid zu vermeiden. Das entspricht dem CO_2-Ausstoß von mehr als 450 000 Personenwagen. Anleger, die mit ihren Ersparnissen etwas tun möchten, um den Klimawandel aufzuhalten, befinden sich bei der UmweltBank anscheinend in besten Händen.

Oder vielleicht doch nicht? Bei keiner anderen Nachhaltigkeitsbank spielen die Gewinne, die die Institute für ihre Eigentümer erzielen, eine so große Rolle wie bei dem grünen Geldhaus aus Franken. Die UmweltBank ist eine Aktiengesellschaft, die an der Börse notiert wird.

Der Vorstand hat stets fest die Interessen der Anteilseigner im Blick. Das spiegelt sich in den Bilanzen wider. Wie gut es das Geldinstitut versteht, Kapital aus dem Klimaschutz zu schlagen, zeigte sich beispielsweise im Geschäftsjahr 2019. Seinerzeit erzielte die UmweltBank einen Jahresüberschuss von 17 Millionen Euro. Das war mehr als dreimal so viel, wie die erheblich größere **GLS Gemeinschaftsbank** aus Bochum erwirtschaftete. »Nachhaltigkeit darf sich lohnen«, sagt ein Sprecher der UmweltBank. Doch lohnen für wen? Den Löwenanteil des Reingewinns schüttete das Institut an die Aktionäre aus; sie konnten für 2019 eine Dividende von 10 Millionen Euro kassieren.

Ackermanns grüne Epigonen

Die UmweltBank erzielt nicht nur höhere Profite als die meisten anderen Ökobanken. Sie schlägt auch spielend die konventionellen Geldinstitute. Banker messen ihren Erfolg gerne an der Eigenkapitalrendite, dies ist das Verhältnis der Gewinne zu den haftenden Eigenmitteln, mit denen eine Bank ausgerüstet ist. Bei den meisten Kreditinstituten fällt diese Kennziffer ziemlich mager aus. Sparkassen und Volksbanken sind froh, wenn sie auf eine Eigenkapitalrendite von 4, 5 oder bestenfalls 7 Prozent kommen.

Die UmweltBank liegt jedoch turmhoch über diesen kargen Werten. Die Eigenkapitalrendite belief sich 2019 vor Steuern auf gut 16 Prozent. Bei solchen Zahlen werden selbst viele Vorstände in den irisierenden Glaspalästen des Frankfurter Westends vor Neid grün um die Nase. Keine einzige Großbank wirtschaftet hierzulande so profitabel wie das Öko-Institut aus Nürnberg.

Manch einer fühlt sich an Josef Ackermann erinnert, den einstigen Vorstandschef der **Deutschen Bank**. Der Schweizer hatte zu Beginn des Milleniums das Ziel ausgerufen, eine Eigenkapitalrendite von 25 Prozent zu erzielen. Tatsächlich aber konnte die Deutsche Bank nur in besonderen Glücksjahren Gewinne erzielen, die auch nur in die Nähe dieser Vorgabe kamen. Viel häufiger mussten die Vorstände blutrote Zahlen melden. Eine schier endlose Kette von Skandalen, Geldstrafen und Managementfehlern belastete die Erträge der größten deutschen Bank.

Wie glückt es der UmweltBank, solch hohe Profite zu erzielen? Das Öko-Institut verzichtet weitgehend auf Dienstleistungen, die viel Geld kosten, aber nicht unbedingt hohe Gewinne in die Kasse spülen. Die UmweltBank agiert als Direktbank, sie betreibt keine stationären Geschäftsstellen. Das Filialnetz ist aber bei anderen Banken einer der größten Kostentreiber. Überdies führt das Institut grundsätzlich keine Girokonten. Die Abwicklung des Zahlungsverkehrs ist, trotz aller Computer dieser Welt, immer noch recht aufwendig. Geld verdienen lässt sich damit nur schwer. Die UmweltBank ist ganz auf Effizienz getrimmt. Womöglich spielen hier persönliche Erfahrungen des Gründers eine Rolle.

Erfunden hat das erfolgreiche Geschäftsmodell der UmweltBank Horst P. Popp. Er wurde 1958 in Nürnberg geboren, studierte Betriebswirtschaft und ging dann als Trainee nach Frankfurt zur DG Bank, seinerzeit das Spitzeninstitut der deutschen Volks- und Raiffeisenbanken. 1989 wurde Popp Leiter der Kreditabteilung der Raiffeisenbank Nürnberg. Drei Jahre später berief ihn die Ökobank aus Frankfurt in den Vorstand.

Dieses Kreditinstitut, eine der ersten deutschen Nachhaltigkeitsbanken, ging aus der Umweltbewegung hervor; das Management war recht dilettantisch; die Kontrolle der Kosten spielte offenbar keine sonderlich große Rolle. Popp analysierte sorgfältig die Fehler der Ökobank und beschloss, es besser zu machen. 1994 gründete er zusammen mit seiner Frau Sabine die UmweltBank, die drei Jahre später von der Finanzaufsicht eine Lizenz als Vollbank erhielt.

Der Gründer kassierte rund 30 Millionen Euro

In der Tat wird das neue Institut sehr viel professioneller geführt als die Ökobank, die schließlich in Insolvenz ging und 2003 von der GLS übernommen wurde. Ende 2020 hatte die **UmweltBank** rund 120 000 Kunden, die Bilanzsumme betrug 4,9 Milliarden, die Kundeneinlagen belie-

Auf einen Blick: UmweltBank

Rechtsform	Aktiengesellschaft (AG) mit Sitz in Nürnberg
Eigentümer	Die GLS Bank hält 15 Prozent der Anteile; die übrigen Aktien befinden sich in Streubesitz
Bilanzsumme	4,94 Milliarden Euro
Anzahl der Kunden	120 000
Geschäftsstellen	Die Umweltbank ist eine Direktbank ohne stationäre Filialen
Angebote für den Zahlungsverkehr	Es werden keine Girokonten geführt.
Geldanlage (Auswahl)	Tagesgeld, Festgeld, Spareinlagen, Fondssparen, Altersvorsorge, eigene Investmentfonds
Kredite für Privatkunden	Darlehen für Photovoltaik, Elektromobilität und andere nachhaltige Vorhaben, ökologische Baufinanzierung mit Einbindung einer KfW-Förderung
Anlageberatung	Die Bank bietet keine Beratung für einzelne Wertpapiere an
Transparenz	Das Institut informiert auf der Website und im Nachhaltigkeitsbericht über ausgewählte Projekte.
Überprüfung	Ein Umweltrat aus vier unabhängigen Experten kontrolliert die Einhaltung der Anlagerichtlinien; zudem lässt sich die Umweltbank von der Öko-Ratingagentur ISS ESG prüfen.

Quelle: Unternehmensangaben, eigene Recherchen; Stand: Ende 2020

fen sich auf 2,7 Milliarden Euro. Seit 2001 ist das Institut, als erste und bislang einzige deutsche Nachhaltigkeitsbank, an der Börse notiert.

Ungeachtet des anhaltenden Erfolgs gab es in der Führungsetage dem Vernehmen nach hin und wieder Streit. Auch die Aktionäre machten Ärger; 2013 verweigerten sie dem Vorstand auf der Hauptversammlung die Entlastung. Zwei Jahre später gab Horst Popp den Vorstandsvorsitz auf. Schließlich zog sich der Gründer ganz aus der Bank zurück. 2018 veräußerten Popp und seine Frau ihre Beteiligung an der UmweltBank in Höhe von rund 15 Prozent.

Das Aktienpaket wurde von der GLS Gemeinschaftsbank übernommen; sie überwies den Alteigentümern mehr als 30 Millionen Euro – die Familie Popp dürfte ausgesorgt haben. Mit dem Kauf wurde die GLS der weitaus größte Anteilseigner. Die übrigen Aktien liegen in Streubesitz, keiner der anderen Aktionäre hält mehr als 3 Prozent am Kapital der UmweltBank.

Der neue Großaktionär betrachtet sein Engagement als reine Finanzbeteiligung. »Wir nehmen keinen Einfluss auf die Strategie und die Geschäftspolitik der UmweltBank«, erklärt Thomas Jorberg, Chef der GLS Gemeinschaftsbank. Obschon das westfälische Kreditinstitut ein Siebtel des Kapitals hält, ist der Großaktionär nicht im Aufsichtsrat der UmweltBank vertreten.

Dieses oberste Leitungsgremium bekam im Juni 2020 einen neuen Vorsitzenden. Der Vorstand der UmweltBank hatte als neuen Aufsichtsratschef Michael Kemmer vorgeschlagen; er erhielt auf der Hauptversammlung 98 Prozent der anwesenden Stimmen. »Auch wir haben die Wahl von Kemmer mitgetragen«, sagt GLS-Chef Jorberg.

Manche Beobachter fanden die Wahl freilich etwas überraschend. Denn Michael Kemmer scheint so gar nicht zur UmweltBank zu passen, er steht vielmehr für die in zahllose Skandale verwickelten Großbanken, von denen sich die Öko-Institute doch deutlich abheben wollen. Von 2010 bis 2017 war Kemmer Hauptgeschäftsführer des Bundesverbandes deutscher Banken, dem unter anderem die Commerzbank und die Deutsche Bank angehören. Mit anderen Worten: Der neue Aufsichtsratschef der UmweltBank war viele Jahre Cheflobbyist der deutschen Hochfinanz. Zuvor amtierte er als Vorstandsmitglied oder Chef mehrerer Großbanken, darunter der Bayern LB.

Die Ernennung von Kemmer sehen nicht wenige Beobachter in scharfem Kontrast zur Ausrichtung der Nürnberger Ökobank. Das Institut hat sich strenge ethische und ökologische Leitlinien gegeben. Rüstung, Atomkraft und fossile Energien sind klare Ausschlusskriterien für Kreditvergabe und Investments. Die Bank darf zudem keine fragwürdigen Geschäftspraktiken wie Bestechung, Zwangsarbeit oder Verstöße gegen geltendes Umweltrecht unterstützen.

Wie andere Öko-Institute auch, hat die UmweltBank ein eigenes

Gremium, das überwacht, ob die Leitlinien im Tagesgeschäft tatsächlich beachtet werden. Dies ist der Umweltrat, der aus mehreren unabhängigen Fachleuten aus Wissenschaft, Wirtschaft und Gesellschaft besteht. Die Experten verfassen alljährlich einen Umweltbericht, der in den Geschäftsbericht einfließt. Dies ist für kritische Anleger eine Gewähr, dass ihre Gelder tatsächlich für ethische, soziale und ökologische Vorhaben verwendet werden – ungeachtet aller umstrittenen Personalien an der Spitze der UmweltBank.

Kapitel 4

Ethik-Bank – fragwürdige Investments

Einen Mangel an Selbstbewusstsein kann den Gründern niemand vorwerfen. »Ethik-Bank« tauften sie ihr Projekt, das 2002 an den Start ging. Die stolze Bezeichnung signalisiert höchste Ansprüche an die Geschäftspolitik. Tatsächlich aber genügt die **Ethik-Bank** längst nicht immer strengen sozialen und ökologischen Kriterien. Das Institut hat beträchtliche Summen in Großbanken investiert, die massiv die Förderung von Kohle, Öl und Erdgas fördern. Einige dieser Geldhäuser sind überdies in Geldwäsche- und Steuerskandale verstrickt.

Im Grunde handelt es sich noch nicht einmal um eine richtige Bank, die bei den Aufsichtsbehörden als solche registriert wäre. Die Ethik-Bank ist vielmehr eine Marke, eine virtuelle Zweigniederlassung, unter der die **Volksbank Eisenberg** aus Thüringen bundesweit auftritt. Diese Filiale ging aus einer Direktbank hervor, die das Genossenschaftsinstitut bereits in den 1990er Jahren gegründet hatte. Sie war die erste ostdeutsche Bank, die das Internet nutzte, um ihren Kunden zu Diensten zu stehen.

Offenbar fand die virtuelle Zweigstelle anfangs wenig Anklang. Dank der Umfirmierung in Ethik-Bank aber stellte sich der kommerzielle Erfolg ein. Jahr für Jahr kann das Institut rund tausend neue Kunden begrüßen; sie kommen aus ganz Deutschland. Ende 2020 hatten 38 000 Menschen bei der Volksbank Eisenberg und ihrer Ethik-Filiale ein Konto. Die Kundenzahl war fast viermal so hoch wie die Einwohnerschaft der Kleinstadt Eisenberg.

Von dem stürmischen Zulauf ist das Management anscheinend etwas überfordert. Denn nur ein verhältnismäßig kleiner Teil der her-

Auf einen Blick: Ethik-Bank

Rechtsform	Die Ethik-Bank ist kein eigenständiges Kreditinstitut, sondern eine Zweigniederlassung der Volksbank Eisenberg eG mit Sitz in Eisenberg (Thüringen)
Eigentümer	3 450 Mitglieder der Volksbank Eisenberg
Bilanzsumme	442 Millionen Euro
Anzahl der Kunden	38 000
Geschäftsstellen	Die Ethik-Bank ist ein Onlineangebot ohne stationäre Filialen
Angebote für den Zahlungsverkehr	Girokonten, Geld- und Kreditkarten; die Kunden können bei nahezu allen Volksbanken kostenlos Geld abheben
Geldanlage (Auswahl)	Tagesgeld, Festgeld, Sparbriefe, Bausparen
Kredite für Privatkunden	Verbraucherdarlehen, Ökokredite (Photovoltaik, energetische Sanierung), Ökobaukredite (Einbindung einer KfW-Förderung möglich)
Anlageberatung	Keine Anlageberatung für Einzeltitel
Transparenz	Die Ethik-Bank veröffentlicht auf ihrer Website ein anonymisiertes Verzeichnis der Kreditnehmer und eine Liste der Wertpapier-Investments
Überprüfung	Das Institut hat keinen Ethik- oder Umweltrat; formelle Überprüfung der Anlagepolitik durch Wirtschaftsprüfer; im Wertpapier-Research Zusammenarbeit mit der Öko-Ratingagentur Imug

Quelle: Unternehmensangaben, eigene Recherchen; Stand: Ende 2020.

einströmenden Gelder wird tatsächlich für nachhaltige Projekte eingesetzt. Ende 2019 meldete die Ethik-Bank ein Kreditvolumen von gut 130 Millionen Euro. Hiervon entfielen jedoch nur rund ein Drittel auf Ökobaukredite, mit denen nachhaltige Wohnhäuser finanziert werden, und Ökokredite, die beispielsweise zur Anschaffung von Solaranlagen genutzt werden können.

Beim größeren Teil der Kredite ist ein Bezug zu Nachhaltigkeit auf den ersten Blick nicht so recht zu erkennen. Es handelt sich zum einen um Verbraucherdarlehen, die die Kunden nach eigenen Wünschen zum Kauf von Autos, Möbeln oder Elektrogeräten verwenden können. Zum anderen unterstützt die Ethik-Bank Kleinunternehmen mit Investitionskrediten und Betriebsmittelfinanzierungen. Nichts anderes machen die allermeisten Volksbanken und Sparkassen.

Von den konventionellen Regionalbanken unterscheidet sich die Ethik-Bank jedoch in einem entscheidenden Punkt. Dies sind die relativ hohen Summen, die das Institut an den Kapitalmärkten investiert. Ende 2019 hielt die Bank Wertpapiere mit einem Volumen von insgesamt rund 220 Millionen Euro. Das entsprach mehr als der Hälfte der Bilanzsumme, die sich Ende 2019 auf 424 Millionen belief. Auf einen so hohen Anteil dürfte im ganzen Lande kaum eine traditionelle Sparkasse oder Volksbank kommen.

Aufgabe dieser Institute ist es, Kreditnehmer zu unterstützen, also vornehmlich private Bauherren und Mittelständler aus der Region. Die Volksbank Eisenberg und ihre Filiale Ethik-Bank finden jedoch offensichtlich nicht genügend Privatleute und Unternehmen, die sich bei ihnen Geld borgen wollen. Stattdessen werden die eingeworbenen Kundengelder in Wertpapiere angelegt. Die Auswahl der Titel aber lässt keine allzu große Sorgfalt erkennen; offenbar verlässt sich das kleine Team in Eisenberg auf die Angaben externer Partner, die Empfehlungen für die Geldanlage geben.

Australische Kohle im Depot

Das Ergebnis ist monströs, wie aus einer Übersicht hervorgeht, die die Ethik-Bank auf ihrer Website veröffentlicht. Erstaunlich hoch ist die Zahl der Banken, in denen Kundengelder angelegt werden. Von den 94 Positionen, die das Verzeichnis der Ethik-Bank Ende 2020 umfasste, entfielen allein 55 auf Kreditinstitute der unterschiedlichsten Provenienz. Das Institut hat nicht nur en gros Anleihen und Pfandbriefe von Volksbanken, Sparkassen und Landesbanken angekauft. Im Portfolio der Ethik-Bank befanden sich seinerzeit ebenfalls mehrere Großbanken aus Europa, den USA und sogar dem Fernen Osten. Im Anlagenbuch der Volksbank Eisenberg stehen allein vier Großbanken aus Australien, nämlich die Australia and New Zealand Banking Group (ANZ), die Commonwealth Bank of Australia (CBA), die National Australia Bank (NAB) und die Westpac Banking Corporation.

Die Wirtschaft Australiens beruht ganz wesentlich auf der Ausbeutung der reichen Bodenschätze des Landes. Neben Eisenerz und Buntmetallen wird auch in großem Stil Kohle abgebaut. Seit einigen Jahren gewinnt die Förderung von Rohöl und Erdgas zunehmend an Bedeutung. Die Vorkommen befinden sich großenteils vor der Nordostküste Australiens, also im Bereich des Great Barrier Reefs, das aus Tausenden einzelner Korallenriffe besteht. Umweltschützer klagen seit langem, dass die Ölkonzerne die einzigartige Biosphäre gefährden, die von der Unesco als Weltnaturerbe ausgezeichnet wurde.

Mit diesen umstrittenen Projekten wollen viele Banken aus Europa und den USA nichts zu tun haben; sie fürchten um ihre Reputation in der Öffentlichkeit. Hingegen finanzieren die australischen Großbanken hemmungslos die Förderung fossiler Energien. Allein die National Australia Bank hat von 2016 bis 2019 Kredite von umgerechnet 4,5 Milliarden Euro an Unternehmen vergeben, die in der Förderung von Steinkohle, Rohöl oder Erdgas tätig sind.

Drei der australischen Großbanken, nämlich die ANZ, die CBA und die NAB, haben zwar angekündigt, dass sie mittelfristig aus der Finanzierung der Kohlewirtschaft aussteigen wollen. Doch der Ausstieg wird voraussichtlich frühestens im Jahr 2030 vollzogen werden. Bis dahin unterstützt die Ethik-Bank aus Thüringen, für die fossile Energien angeblich ein klares Ausschlusskriterium darstellen, mit Investments von rund 30 Millionen Euro die australischen Kohle-Banken.

Die Geschäfte, die Australiens Kreditwirtschaft betreibt, sind freilich nicht nur ökologisch in höchstem Maße bedenklich, sondern auch in juristischer Hinsicht umstritten. Die australische Großbank Westpac soll jahrelang in fahrlässiger Weise Geldwäsche und Terrorfinanzierung unterstützt haben. Über die Konten der Bank flossen Milliarden in Länder wie Libyen, den Irak und Simbabwe. Zudem ermittelte die

Bankaufsicht Austrac zahllose Überweisungen in südostasiatische Länder, die offenbar in Zusammenhang mit der sexuellen Ausbeutung von Kindern standen.

Im November 2019 wurden die Vorfälle bekannt. Medien sprachen vom größten Finanzskandal in der Geschichte Australiens. Der Chef der Westpac Banking Corporation sowie der Vorsitzende des Verwaltungsrats mussten den Hut nehmen. Im September 2020 erklärte sich die Bank bereit, eine Geldbuße von umgerechnet 800 Millionen Euro zu zahlen, um einen jahrelangen Prozess zu vermeiden.

Beihilfe zur Steuervermeidung

Überdies spielte die Australia und New Zealand Banking Corporation eine nicht ganz unbedeutende Rolle im Skandal um die mittelamerikanische Steueroase Panama. Am 3. April 2016 veröffentlichten zahllose Medien, darunter die *Süddeutsche Zeitung*, der NDR und der WDR, eine Auswertung der sogenannten Panama Papers, einer Unmenge an Dokumenten und E-Mails, die Hacker der Presse zugespielt hatten. Aus den Unterlagen geht hervor, dass die Anwaltskanzlei Mossack Fonseca aus Panama-Stadt zahllosen Menschen dabei geholfen hatte, Geld vor allzu neugierigen Augen zu verstecken.

Die Rechtsanwälte gründeten gemeinsam mit Banken aus Europa, den USA und dem Fernen Osten wie am Fließband Briefkastenfirmen, in die unzählige Politiker, Sportler und andere Prominente investiert haben. Mehr als 7 500 Mal wurde in den Panama Papers die ANZ erwähnt. Die Großbank soll nicht nur in dem mittelamerikanischen Land aktiv gewesen sein, sondern ein globales Netz an Steueroasen aufgebaut haben, zu dem die Kanalinsel Jersey sowie die Cookinseln und Samoa gehörten, zwei Kleinstaaten im Südpazifik.

Der Panama-Skandal taucht im Portfolio der Ethik-Bank ein weiteres Mal auf. Das Institut hat ebenfalls Schuldpapiere der finnischen Großbank Nordea angekauft. Das Geldinstitut wird in den Panama Papers mehr als 10 000 Mal erwähnt. Nordea soll rund 400 Briefkastenfirmen in Panama und den Britischen Jungferninseln gegründet haben, in denen die Kunden ihr Vermögen anlegen konnten. Dies war in vielen Fällen durchaus legal, in anderen aber möglicherweise nicht.

Am 4. April 2016, einen Tag nach Bekanntwerden des Panama-Skandals, startete die Finanzaufsicht Schwedens eine Untersuchung der Aktivitäten von Nordea. Die schwedische Finanzministerin Magdalen Andersson sprach von einer »Straftat, nämlich Steuerhinterziehung, die völlig inakzeptabel« sei. Die Geschäftsleitung räumte ein, dass die Kontrollen nicht immer wirksam genug gewesen seien, um Geldwäsche und Steuerhinterziehung zu verhindern.

Die Anlagepolitik ist wenig glaubwürdig

Die Ethik-Bank hat also in mindestens fünf Fällen in Großbanken investiert, die massiv gegen die Ausschlusskriterien des Instituts verstoßen. »Sollte es vorkommen, dass ein Unternehmen, in das wir investiert haben, nicht mehr unsere Kriterien erfüllt, wird die Investition – im Zweifel auch mit Verlust – sofort zurückgenommen«, äußerte Vorständin Katrin Spindler gegenüber dem Autor. Ungeachtet dieser Versicherung sieht das Institut jedoch keinen Grund zu handeln.

Die Ethik-Bank rechtfertigt ihre fragwürdigen Investments mit dem Argument, es handele sich hierbei um Hypothekenpfandbriefe. »Pfandbriefe sind unter ethisch-ökologischen Aspekten unbedenklich, weil diese zweckgebundene Immobilienkredite und öffentliche Aufgaben finanzieren«, heißt es auf der Website des Instituts. Ähnlich äußerte sich die Ethik-Bank in einer schriftlichen Stellungnahme gegenüber dem Autor. Auf die oben angeführten Vorwürfe gegen die fünf australischen und skandinavischen Banken ging das Institut mit keinem Wort ein.

Auf der Website der Ethik-Bank findet sich eine Negativliste mit Staaten und Unternehmen, die angeblich für das Institut »tabu« sind. Auf dieser Liste stehen auch die drei australischen Großbanken ANZ, CBA und NAB. Es werden in Stichworten die Gründe genannt, warum diese Institute auf der Negativliste stehen. Im Fall der ANZ sind dies Kohlekraftwerke, Menschenrechtsverletzungen und Militärwaffen.

Diese Ausschlusskriterien sollen bei Pfandbriefen plötzlich nicht mehr gelten? Das erscheint gleich aus mehreren Gründen nicht als überzeugend. Zum einen handelt es sich bei den Papieren, die die Ethik-Bank angekauft hat, nicht um deutsche Hypothekenpfandbriefe, sondern um sogenannte Covered Bonds nach australischem Recht, das weit weniger streng ist als die deutsche Gesetzgebung.

Überdies ist eine »Zweckbindung« bei diesen Anleihen nicht ausdrücklich vorgesehen. Covered Bonds sind besicherte Schuldverschreibungen, die die Gläubiger auf zweifache Weise schützen sollen, falls es zu einem Zahlungsausfall kommt. Zum einen werden diese Bonds durch einen Pool an Krediten gedeckt, die die emittierende Bank an private oder gewerbliche Immobilienbesitzer vergeben hat. Macht das Institut Pleite, dann können sich die Anleihegläubiger an diesen Krediten schadlos halten.

Darüber hinaus haften die Banken mit ihren gesamten Vermögenswerten für die Covered Bonds, die sie begeben haben. Zur Deckungsmasse gehören auch die Kredite, die die Institute an Ölgesellschaften und Kohlebergwerke ausgereicht haben. Es gibt also einen unmittelbaren Konnex zwischen den Covered Bonds, die die Ethik-Bank angekauft hat, und den Kohle- und Ölgeschäften der vier australischen Großbanken.

Im Übrigen ist nicht zu erkennen, inwiefern diese Institute mit den Emissionserlösen nachhaltige Zwecke fördern würden. Dies zeigt eine stichprobenhafte Überprüfung der Dokumente, die die Banken zu den Covered Bonds veröffentlicht haben. Nirgends fand der Autor Hinweise, dass die australischen Banken mit den Anleihen beispielsweise energieeffiziente Wohnhäuser oder andere klimafreundliche Gebäude finanzieren.

Auf der Website der Ethik-Bank heißt es hingegen: »Die Unternehmen und Staaten, die Geld von der Ethik-Bank bekommen, müssen sich aktiv für nachhaltige Ziele engagieren.« Das scheint ein eklatanter Widerspruch zur tatsächlichen Anlagepolitik der Ethik-Bank zu sein.

Kapitel 5

Bankiers der Mühseligen und Beladenen

Elektroautos gehört nach Ansicht vieler Experten die Zukunft; sie sollen die Verbrenner von den Straßen verdrängen, die mit Kohlendioxidemissionen die Erdatmosphäre aufheizen. Doch leider sind auch Fahrzeuge mit Batterieantrieb in ökologischer wie sozialer Hinsicht alles andere als ideal. Die Akkus der gängigen Modelle bestehen unter anderem aus Kobalt und Lithium, zwei Mineralien, die auf sehr bedenkliche Weise gewonnen werden.

Kobalt wird vor allem im Kongo produziert, wo sich die weltweit größten Reserven befinden. In den Minen arbeiten zahllose Kinder, die unter entsetzlichen Bedingungen schuften müssen. Giftiger Abraum wird unkontrolliert abgelagert. Die Gewinne aus dem Kobaltexport werden großenteils zur Finanzierung des Bürgerkriegs verwendet, der seit Jahren im Osten des afrikanischen Landes tobt.

Das in den Akkus ebenfalls verwendete Lithium kommt weitgehend aus Südamerika; die international bedeutendsten Reserven finden sich in Bolivien, Chile und Argentinien. Auch in diesen Ländern herrschen in den Bergwerken oft menschenunwürdige Zustände. Überdies werden für die Produktion von Lithium Unmengen an Wasser verbraucht, das dann Bauern und Dorfbewohnern fehlt.

Bisher haben sich die Autokonzerne kaum darum gekümmert, wie die Rohstoffe erzeugt werden, die sie für Personenwagen, Omnibusse und Lastwagen mit Elektroantrieb benötigen. Schließlich haben die Hersteller unmittelbar wenig zu tun mit der Produktion der verwendeten Mineralien. Sie beziehen ihre Akkus von Batterieherstellern, die das benötigte Kobalt und Lithium bei internationalen Handelsgesellschaften einkaufen. Zwischen den Kobaltgruben im Kongo und den deutschen Fabriken, in denen Elektroautos vom Band rollen, besteht eine lange, oft nur schwer zu überblickende Lieferkette.

Kritische Aktionäre fordern die Autoindustrie heraus

Doch auch in den Vorstandsetagen der Autoindustrie hat sich mittlerweile herumgesprochen, wie konfliktbelastet viele Rohstoffe sind, die in den Fahrzeugen verbaut werden. Als einer der ersten Hersteller hat BMW begonnen, die Lieferungen rigoros umzustellen. Seit 2020 kauft der Münchener Autobauer Kobalt und Lithium selbst ein; die Lieferanten sind Bergwerke in Australien und Marokko. Konkurrent Daimler in Stuttgart will künftig ebenfalls stärker darauf achten, woher die Rohstoffe kommen, die der Autokonzern für seine Elektrofahrzeuge benötigt. Kobalt und Lithium sollen nur noch aus Bergwerken bezogen werden, in denen bestimmte soziale und ökologische Mindeststandards eingehalten werden.

Künftig müssen die Lieferanten ein Zertifikat der »Initiative for Responsible Mining Assurance« (IRMA) vorweisen. Dies ist eine Nichtregierungsorganisation aus Kanada, die einen Standard für die Förderung von und den Handel mit mineralischen Rohstoffen erarbeitet hat. Nach jahrelangen Diskussionen mit Menschenrechts- und Umweltschutzorganisationen, Gewerkschaften, betroffenen Kommunen, Minengesellschaften und verarbeitenden Unternehmen hat IRMA 2018 einen Kriterienkatalog für nachhaltigen Bergbau vorgelegt.

Obendrein wollen die Autohersteller die benötigten Kobaltmengen kräftig reduzieren. Bislang bestehen die Batteriezellen zu etwa 12 bis 20 Prozent aus diesem Metall. BMW und Daimler kündigten an, bei neuen Modellen würde der Anteil höchstens 10 Prozent betragen. Bei den Elektroautos von Volkswagen sollen die Akkus künftig zu maximal 5 Prozent aus Kobalt bestehen.

Die Umkehr geschieht allerdings nicht ganz freiwillig. Menschenrechts- und Umweltinitiativen machen seit langem Druck. Auch viele Käufer von Elektroautos wollen wissen, wie nachhaltig ihr Fahrzeug produziert wird. Überdies müssen sich die Vorstände immer häufiger den bohrenden Fragen kritischer Aktionäre stellen, die gerne erfahren möchten, wie die Autokonzerne eine ethisch und ökologisch einwandfreie Rohstoffversorgung sicherstellen wollen.

Zu diesen Investoren, die eher an Nachhaltigkeit als an möglichst hohen Gewinnen interessiert sind, gehört die Pax-Bank aus Köln. Das Kreditinstitut, das der katholischen Kirche nahesteht, ist zwar recht klein. Doch die Bank hat rund 400 Millionen Euro in Aktien investiert; das Institut ist an mehreren Großunternehmen aus dem DAX beteiligt. 2019 startete die Bank einen kritischen Dialog mit der deutschen Autoindustrie. Einbezogen sind nicht nur die Kfz-Hersteller Daimler, BMW und Volkswagen; zu den Gesprächspartnern gehören ebenfalls wichtige Zulieferer wie der Reifenhersteller Continental oder der Chemiekonzern BASF.

Das Generalthema des Dialogs betrifft laut der Pax-Bank »ökologische und menschenrechtliche Risiken in der Wertschöpfungskette der Automobilindustrie«. Im Zentrum stehen dabei drei Rohstoffe, nämlich das bereits erwähnte Lithium, das für Elektroautos benötigt wird, Platin, das als Katalysator in Fahrzeugen mit Brennstoffzellen eingesetzt wird, und Kautschuk, aus dem Autoreifen hergestellt werden. Neben der Pax-Bank ist an der Initiative der Arbeitskreis Kirchlicher Investoren beteiligt, der sich in der Evangelischen Kirche gebildet hat.

Die Pax-Bank und ihre Partner nutzen für solche Gespräche ihre Privilegien als Miteigentümer der Autokonzerne. Jeder Anteilseigner hat die Möglichkeit, um einen Termin beim Management zu bitten. Es gibt zwar kein juristisch verbürgtes Recht auf ein solches Meeting. Doch viele große Börsengesellschaften sind heute bereit, sich die Kritik und die Bedenken der Investoren anzuhören – womöglich können sie damit einen rufschädigenden Skandal in der Öffentlichkeit vermeiden.

Großaktionäre wie die Deutsche Bank, der Versicherungskonzern Allianz oder der New Yorker Vermögensverwalter BlackRock nutzen längst vertrauliche Gespräche mit den Vorständen, um systematisch ihre Interessen gegenüber den Portfolio-Unternehmen durchzusetzen. Im Kern geht es dabei um wirtschaftliche Fragen: Wie entwickeln sich die Umsätze? Hält das Unternehmen an seiner Gewinnprognose fest? Welche Vorteile bringt die geplante Übernahme des Konkurrenten XY?

Persönliche Gespräche mit dem Management nutzen jetzt zunehmend auch nachhaltige Investoren wie die Pax-Bank, bei denen freilich in erster Linie Umwelt und Menschenrechte auf der Agenda stehen und nicht Renditen und Dividenden. Wenn die kritischen Aktionäre in den Führungsetagen von Daimler, BASF oder VW aufkreuzen, stoßen sie beileibe nicht immer auf taube Ohren. »Wir stellen fest, dass gerade kirchlichen Investoren hohe Aufmerksamkeit zuteilwird«, sagt Jutta Hinrichs; sie leitet bei der Pax-Bank die Stabsstelle Ethik und Nachhaltigkeit.

Offenbar konnte das Finanzinstitut im Dialog mit der deutschen Autoindustrie einen ersten Teilerfolg erringen. Gemeinsam mit anderen kritischen Investoren hat die Pax-Bank nicht ganz unwesentlich dazu beigetragen, dass die Hersteller künftig stärker kontrollieren wollen, woher ihre Rohstoffe kommen beziehungsweise den Verbrauch von Konfliktmineralien drastisch einschränken.

Offen für Atheisten und Andersgläubige

Die **Pax-Bank** ist eine der acht Kirchenbanken, die in der Bundesrepublik aktiv sind. Wie die säkularen Ökobanken haben sich die christlichen Kreditinstitute dazu verpflichtet, ihre Geschäfte strikt an ethischen, sozialen und ökologischen Leitlinien auszurichten. Allerdings setzen die Kirchenbanken andere Schwerpunkte. So finanziert die UmweltBank vor allem Solarkraftwerke und Windparks. Zwar fördern auch die konfessionsgebundenen Geldinstitute die erneuerbaren Energien. Im Vordergrund steht jedoch die Gesundheits- und Sozialwirtschaft, also die Finanzierung von Krankenhäusern, Pflegeheimen und bezahlbarem Wohnraum.

Auf einen Blick: Kirchenbanken

Name	Hauptstelle	Filialen	Kundenzahl	Bilanzsumme
Bank für Kirche und Diakonie eG	Dortmund	Berlin, Dresden und Duisburg	35 000	5,81 Milliarden Euro*
Bank im Bistum Essen eG	Essen	Keine	16 000	5,18 Milliarden Euro*
Evangelische Bank eG	Kassel	Keine für Privatkunden	70 000	7,86 Milliarden Euro*
Pax-Bank eG	Köln	Aachen, Berlin, Erfurt, Essen, Mainz und Trier	30 000	2,85 Milliarden Euro*
Steyler Bank GmbH	Sankt Augustin	Keine	10 000	281 Millionen Euro**

*Ende 2019. **Ende 2018. Quelle: Unternehmensangaben, eigene Recherchen; Stand: Ende 2020.

Das größte Kreditinstitut mit kirchlichem Hintergrund ist die Evangelische Bank aus Kassel. Sie hat rund 70 000 Kunden, die bei dem Institut mehr als 6 Milliarden Euro angelegt haben. Ebenfalls einen protestantischen Hintergrund hat die **Bank für Kirche und Diakonie** aus Dortmund, die auch unter dem Kürzel **KD-Bank** auftritt. Sie ging aus verschiedenen Kreditgenossenschaften hervor, die bereits in den 1920er Jahren entstanden. Mitgründer einer dieser Institute war der Theologe Martin Niemöller.

Aus dem Umkreis der Katholischen Kirche kommen gleich sechs Kreditinstitute. Dies sind, neben der Pax-Bank, die **Bank im Bistum Essen (BIB)**, die **Bank für Kirche und Caritas** aus Paderborn, die **DKM Darlehnskasse Münster**, die **LIGA Bank** aus Regensburg und die **Steyler Ethik Bank** aus Sankt Augustin bei Bonn. Die Pax-Bank ist die älteste Kirchenbank Deutschlands. Das Institut entstand aus einer Selbsthilfeorganisation katholischer Priester, die 1917, also mitten im Ersten Weltkrieg, in eine Bank umgewandelt wurde.

Wie die Pax-Bank sind die meisten kirchlichen Kreditinstitute bereits seit vielen Jahrzehnten aktiv. Sie blicken mitunter skeptisch auf Geldhäuser, die sich neuerdings mit den schicken Vokabeln Ethik und Nachhaltigkeit schmücken. Sparkassen und Volksbanken setzen ebenso auf den Trend wie die Commerzbank oder das noble Hamburger Bankhaus Berenberg, erste Adresse für betuchte Bürger, Kaufleute und Unternehmer der Hansestadt.

Nahezu wöchentlich kommt ein neuer Investmentfonds auf den Markt, der als nachhaltig beworben wird. Jeder will dabei sein, niemand möchte die Chance auf gute Geschäfte verpassen. Von den ökologischen Konjunkturrittern wollen sich die kirchennahen Banken ausdrücklich abgrenzen.»Wir nutzen Nachhaltigkeit und Ethik nicht als Marketinginstrument, sondern aus Überzeugung. Aufgrund unserer christlichen Wurzeln setzen wir auf einen konsequenten Nachhaltigkeitsansatz, dessen Leitlinien soziale Gerechtigkeit, der Schutz unserer Umwelt und die Bewahrung des Friedens sind«, betont Armin Senger von der Steyler Ethik Bank.

Diese Werte sind ebenfalls leitend für viele Menschen, die aus der säkularen Umwelt- und Friedensbewegung kommen. Solche Anleger können prinzipiell auch bei den meisten Kirchenbanken Kunde werden.»Alle sind herzlich willkommen, die unsere christlichen Werte teilen«, sagt Susanne Hammans von der KD-Bank.»Die BIB steht jedem offen, der unsere ethischen, sozialen und nachhaltigen Grundsätze teilt«, heißt es bei der Bank im Bistum Essen. Entscheidend sei das gemeinsame Ziel, verantwortungsvoll mit Geld umzugehen, ergänzt Armin Senger von der Steyler Ethik Bank.

Einige Kreditinstitute nehmen freilich nur Privatkunden auf, die aus dem Umkreis der eigenen Glaubensgemeinschaft kommen. Dies sind die Bank für Kirche und Caritas, die LIGA Bank und die DKM Darlehnskasse Münster, die alle der katholischen Kirche nahestehen.»Gemäß Satzung dürfen bei uns nur diejenigen Privatkunde werden, die hauptamtlich bei einer Einrichtung aus Kirche oder Caritas tätig sind«, sagt Ludger Woltering von der DKM.

Die übrigen Kirchenbanken nehmen jedoch mit offenen Armen Kunden auf, die einer anderen oder überhaupt keiner Glaubensgemeinschaft angehören – die katholischen Geldhäuser BIB, Pax-Bank und Steyler Ethik Bank ebenso wie die protestantische KD-Bank und Evangelische Bank (EB). Bisher stammt das Gros der Kunden aus dem christlichen Milieu. »Aber wir stellen uns bewusst breiter auf, was die Zielgruppe und den Adressatenkreis betrifft«, sagt ein Sprecher der EB.

Wieso ein Windkrafthersteller auf die Tabu-Liste kam

Auch Sparer und Anleger, die keiner christlichen Konfession angehören, sehen, dass die kirchlichen Institute ihre ethischen und ökologischen Prinzipien zuweilen etwas ernster nehmen als manche säkulare Ethik-Bank, die ihre Engagements nur nachlässig kontrolliert. Paradigmatisch zeigt dies die **Steyler Ethik Bank**. Sie ist die kleinste Nachhaltigkeitsbank Deutschlands, die Kundschaft zählt gerade einmal 10 000 Köpfe, die Bilanzsumme beläuft sich auf knapp 300 Millionen Euro. Doch die Steyler Ethik Bank prüft sehr genau, wo sie die Gelder der Kunden anlegt.

Wie gewissenhaft das Institut vorgeht, illustriert der Fall Siemens Gamesa Renewable Energies, einer Tochtergesellschaft des Münchener Elektrokonzerns Siemens. Das Unternehmen produziert Turbinen und andere Ausrüstungen für Windkraftanlagen. Das müsste die deutsch-spanische Firma eigentlich zum Liebling nachhaltiger Anleger machen. Tatsächlich aber werfen kritische Investoren dem Unternehmen vor, in schwerwiegender Weise gegen die Menschenrechte zu verstoßen. Im Jahr 2012 lieferte Siemens Gamesa Windkrafttechnik an einen Staatskonzern aus Marokko; die Anlagen wurden jedoch nicht im Lande selbst installiert, sondern in der benachbarten Westsahara.

Marokko hat dieses Territorium völkerrechtswidrig besetzt, nachdem sich die spanische Kolonialmacht 1975 zurückgezogen hatte. Die Befreiungsbewegung Frente Polisario, die einen kleinen Teil des Landes kontrolliert, fordert vehement die Unabhängigkeit der Westsahara. Mehrfach hat die UNO Marokko aufgefordert, eine Volksabstimmung über die Zukunft des Landes abzuhalten. Dies hat die Regierung bisher stets abgelehnt. Maßgeblich waren hierfür offenbar wirtschaftliche

Motive. Die Westsahara besteht zwar zum allergrößten Teil aus Wüste, doch das dünnbesiedelte Land verfügt über die weltweit größten Vorkommen an Phosphaten, die als Düngemittel unverzichtbar sind. Zur Gewinnung dieser Mineralien werden die Windkraftanlagen von Siemens Gamesa eingesetzt; sie erzeugen laut marokkanischen Angaben 95 Prozent des benötigten Stroms.

Im Herbst 2020 wurde bekannt, dass Siemens Gamesa von Marokko offenbar weitere Aufträge für Windkraftanlagen erhalten hat. Die spanische Tochtergesellschaft soll 87 Turbinen mit einer Kapazität von insgesamt 300 Megawatt liefern. Laut Medienberichten sind die Anlagen unter anderem für den Windpark Boujdour in der Westsahara vorgesehen. Das Unternehmen wollte sich hierzu auf Anfrage nicht äußern.

Mit der Lieferung der Windkrafttechnik unterstützt Siemens Gamesa nach Ansicht vieler Beobachter die illegale Annexion der Westsahara. Bereits vor Bekanntwerden der neuen Aufträge zog die Steyler Ethik Bank Konsequenzen. Die Aktie von Siemens ist künftig tabu für Investitionen des Kreditinstituts. Der Konzern hat zwar 2020 die Tochtergesellschaft Siemens Energy an die Börse gebracht, zu der auch Siemens Gamesa gehört, doch indirekt hält Siemens nach wie vor zwei Drittel der Anteile an dem Windkraftunternehmen.

Ethik-Scouts für die Dritte Welt

Die Bank, die so rigoros handelt, hat sehr ungewöhnliche Eigentümer. Das Finanzinstitut gehört zu 100 Prozent den Steyler Missionaren, einem katholischen Orden aus den Niederlanden, der sich die Bewahrung der Schöpfung, den Dialog zwischen den Kulturen und die Bekämpfung von Armut, Not und Hunger auf die Fahne geschrieben hat. Der Orden hat rund 10 000 Missionsschwestern und Mönche, die in 80 Ländern aktiv sind.

Die Steyler Missionare arbeiten oft in entlegenen Gegenden, in die sich sonst kaum Menschen aus den Industrienationen verirren, seien es Geschäftsleute, Touristen oder Journalisten. Mitglieder des Ordens sind mitunter die Ersten, die in ihrer Region einen Fall von Umweltverschmutzung, Bestechung oder Verletzung von Arbeitsrechten beobachten, der auf das Konto eines multinationalen Konzerns geht. Mitarbeiter des Ordens haben beispielsweise festgestellt, dass die Minengesellschaft Anglo American sich keineswegs so vorbildlich verhält, wie das britische Unternehmen von sich behauptet. Die Steyler Missionare sammelten weltweit Indizien dafür, dass der Bergwerkskonzern in der Dritten Welt wiederholt gegen geltendes Arbeits- und Umweltrecht verstoßen hat, so etwa im brasilianischen Bundesstaat Minas Gerais, wo Anglo American eine der größten Eisenerzgruben der Erde betreibt.

Wenn Missionare und Missionsschwestern solche Beobachtungen machen, können sie sich an die Steyler Ethik Bank in Sankt Augustin wenden. Dort werden die Angaben geprüft und ausgewertet. Mitunter führen die Beobachtungen dazu, dass die Bank ein Unternehmen, dessen unethisches Verhalten Ordensmitglieder vor Ort feststellen konnten, von ihren Investments ausschließt.

Damit die Steyler Missionare Skandalen wie bei Anglo American auf die Spur kommen, bildet der Orden sogenannte Ethik-Scouts aus. Interessierte Mönche und Missionsschwestern erhalten eine spezielle Schulung, damit sie besser in der Lage sind, Anzeichen für die Verletzung von Menschenrechten oder Umweltgesetzen zu entdecken. Das Training findet nicht in einem schnieken europäischen Bildungszentrum statt, sondern in Ländern wie Indien, wo die Ethik-Scouts später eingesetzt werden.

Die Steyler Ethik Bank kann also eine besonders überzeugende Antwort auf eine Frage geben, die immer mehr Sparer und Anleger umtreibt: »Was macht die Bank mit meinem Geld?« Wenn Banker und Fondsmanager prüfen, ob ein Unternehmen für ein Investment infrage kommt, verlassen sie sich nicht einfach auf die Angaben der Firma oder andere Berichte, die irgendwo an einem Schreibtisch entstanden sind. Sie werten dann auch die Informationen von Ethik-Scouts aus, die mit eigenen Augen in einem der armen Länder dieser Welt einen gravierenden Verstoß gegen Menschenrechte oder Umweltgesetze festgestellt haben.

Financiers der Gesundheits- und Sozialwirtschaft

Auch andere Kirchenbanken können überzeugende Argumente präsentieren, warum nachhaltige Anleger bei ihnen in guten Händen sind. Die Institute finanzieren Vorhaben, die den Schwächsten unserer Gesellschaft zugutekommen sollen – zum Beispiel alten Menschen, Kranken, Behinderten, hilfsbedürftigen Frauen und Jugendlichen sowie Mietern mit geringem Einkommen.

Beispielhaft zeigt dies die **Evangelische Bank (EB)** aus Kassel. Das Institut finanziert vor allem Organisationen und Unternehmen aus der Gesundheits- und Sozialwirtschaft. Ein Blick in den Geschäftsbericht zeigt, wofür die EB die Gelder, die ihr die Kunden anvertrauen, im Einzelnen verwendet. 2019 vergab die Kirchenbank neue Kredite in Höhe von 585 Millionen Euro. Hiervon floss rund ein Drittel an Privatpersonen. Diese Kunden haben die Gelder hauptsächlich für den Bau oder Kauf eines Eigenheims verwendet beziehungsweise für die Modernisierung eines alten Wohnhauses.

Zwei Drittel der Kredite gingen an kirchliche und karitative Organisationen. Pflege- und Seniorenheime erhielten 2019 Darlehen von 71 Millionen Euro. Einrichtungen, die die Inklusion von Behinderten fördern, wurden mit 27 Millionen unterstützt. Mit 24 Millionen Euro finanzierte die EB Krankenhäuser und Reha-Kliniken. Im Arbeitsgebiet Bildung beliefen sich die Kredite auf 19 Millionen Euro. Für die Träger von Kinder- und Jugendhilfe stellte die Bank 12 Millionen bereit. Darlehen von 39 Millionen wurden für weitere Projekte der Sozialhilfe vergeben. Nicht zuletzt unterstützte die EB die erneuerbaren Energien mit Krediten von 14 Millionen Euro.

Ein wichtiges Geschäftsfeld besteht ebenfalls in der Finanzierung von bezahlbarem Wohnraum. Geld bekommen bevorzugt gemeinnützige Organisationen, also etwa Wohnungsgenossenschaften und Unternehmen in kommunaler oder kirchlicher Trägerschaft. 2019 vergab die Bank langfristige Darlehen von 77 Millionen Euro an Kreditnehmer, die großenteils Wohnraum für Familien und Einzelpersonen mit kleinen Einkommen schaffen wollen. Die EB ist ebenfalls gefragt, wenn eine Kirche renoviert werden muss, das Dach des Pfarrhauses schadhaft ist oder eine Gemeinde einen neuen Kindergarten bauen will. 2019 unterstützte die EB Landeskirchen und Gemeinden mit Darlehen in Höhe von 94 Millionen Euro.

Anders als die Evangelische Bank hat die Pax-Bank einen katholischen Hintergrund; die Geschäftsmodelle gleichen sich freilich wie ein Ei dem anderen. Rund drei Viertel der Darlehen vergibt das Institut an kirchliche und gemeinnützige Einrichtungen. Einen Schwerpunkt bildet die Wohnungswirtschaft, die 2019 für rund 40 Prozent des ausgereichten Kreditvolumens stand. Wie die EB finanziert die Pax-Bank keine Miethaie und keine Immobilienkonzerne. Geld bekommen vornehmlich Kunden, die durch Neubau oder Sanierung bezahlbaren Wohnraum schaffen. Dies können Einzelpersonen sein, aber auch Wohnbaugesellschaften und andere Organisationen, die nicht auf Gewinnerzielung ausgerichtet sind. Gefördert werden vor allem gemeinschaftliche Bau- und Eigentumsformen. Hierzu gehören Mehrgenerationenhäuser, in denen alte und junge Menschen unter einem Dach leben.

Das zweite große Geschäftsfeld ist das Gesundheits- und Sozialwesen. 2020 finanzierte die Pax-Bank die Erweiterung eines katholischen Krankenhauses in Mainz. In Berlin vergab das Institut einen Kredit an die Caritas Krankenhilfe, mit dem ein neues Hospiz in Reinickendorf gebaut wird. Schließlich unterstützte sie im Rheinland einen Neubau für eine Werkstatt für Behinderte.

Jugend und Bildung bilden ein weiteres Arbeitsgebiet. So hat die Pax-Bank beispielsweise eine Solaranlage finanziert, mit der eine Kindertagesstätte in Heidesheim am Rhein ausgerüstet wurde. Wenn die Sonne mit voller Kraft vom Himmel scheint, beträgt die Leistung 57 Kilowatt. Im Durchschnitt kann die Anlage rund 80 Prozent des Strombedarfs der Kita decken.

Die **Bank im Bistum Essen** und die **KD-Bank** finanzieren ebenfalls überwiegend kirchliche und karitative Organisationen. Schwerpunkte sind Gesundheit, Bildung und Hilfe für Bedürftige. Ausgewählte Projekte werden bei den beiden Instituten auf der Website oder im Geschäftsbericht vorgestellt. So kann sich jeder Kunde selbst ein Bild machen, wofür sein Geld verwendet wird. »Wir machen die kirchlichen Finanzkreisläufe transparent«, heißt es bei der KD-Bank.

Unabhängige Experten überwachen die Investments

Die Kirchenbanken haben für ihre Investments alle strikte Richtlinien. Fragwürdige Branchen wie Atomkraft, fossile Energien, Pornografie, Rüstung und Tabak sind klare Ausschlusskriterien für die Vermögensanlage. Auch Geldwäsche, Korruption oder Kinderarbeit werden nicht geduldet. Bei Staatsanleihen bildet die Todesstrafe ein weiteres Ausschlusskriterium. Die katholischen Banken haben überdies Abtreibung und künstliche Empfängnisverhütung auf den Index gesetzt.

Alle Kirchenbanken haben eigene Gremien gebildet, die für die Formulierung und Überprüfung der ethischen Geschäftsprinzipien verantwortlich sind. Bei der **Bank im Bistum Essen** ist dies das sogenannte Nachhaltigkeitskomitee. Die **KD-Bank** hat einen Kundenbeirat, in dem die Nachhaltigkeitsstrategie des Instituts regelmäßig erörtert wird. »Die Einhaltung der im Nachhaltigkeitsfilter der Bank festgelegten Kriterien bei den Eigenanlagen wird jährlich durch einen externen Prüfer überwacht und das Ergebnis im Rahmen der Nachhaltigkeitsberichterstattung kommuniziert«, erläutert Susanne Hammans von der KD-Bank.

In anderen Instituten wie etwa der BIB Essen sind Ethik- oder Nachhaltigkeitsräte für diese Aufgaben zuständig. Damit diese Gremien unabhängig arbeiten können, werden sie meist mit externen Experten besetzt. Der Ethikbeirat der **Pax-Bank** besteht beispielsweise aus acht Fachleuten aus Kirche, Wissenschaft, Wirtschaft und Gesellschaft. Den Vorsitz hat Ursula Nothelle-Wildfeuer, Professorin für Christliche Gesellschaftslehre an der Universität Freiburg. »Der Beirat berät die Pax-Bank in ihrer strategischen Ausrichtung als christlich-nachhaltige Bank und bei ihren ethisch-nachhaltigen Produkten«, erläutert Jutta Hinrichs von der Stabsstelle Ethik und Nachhaltigkeit.

Die **Steyler Ethik Bank** hat sogar zwei Instanzen geschaffen, die für die Themen Ethik und Nachhaltigkeit verantwortlich sind. Zwischen den beiden Gremien besteht eine klare Arbeitsteilung. Ein Ethikausschuss im Beirat der Bank ist zuständig für die Festlegung der ethischen, sozialen und ökologischen Richtlinien. Zweitens hat die Bank einen Ethikanlagerat, der die Leitlinien in der Praxis umsetzt. »Er hat die Entscheidungsgewalt über das Anlage-Universum«, erläutert ein

Banksprecher. Stellt dieses Gremium fest, dass ein bestimmtes Unternehmen massiv gegen die bankinternen Kriterien verstößt, ist die Firma tabu für jedes Investment.

Ohrfeigen für den Vorstand

Doch nicht bei jedem Verstoß gegen die bankinternen Ethikstandards wird eine Aktie sofort verkauft. Ist das Fehlverhalten minderschwer, wählt die **Steyler Ethik Bank** andere Sanktionen, um deutlich zu machen, dass sie das Verhalten des Managements missbilligt. Eine Gelegenheit hierzu bieten die Hauptversammlungen, die Aktiengesellschaften alljährlich abhalten müssen. Dort stimmen die Anteilseigner unter anderem über die Entlastung von Aufsichtsrat und Vorstand ab. Damit geben sie ein Votum ab, ob sie mit der Leistung dieser beiden Führungsgremien im Grundsatz zufrieden sind oder nicht.

Eine solche Abstimmung hat freilich keine rechtlichen Konsequenzen. Selbst wenn auf der Hauptversammlung eine Mehrheit dem Vorstand oder Aufsichtsrat die Entlastung verweigert, muss in der Regel niemand den Hut nehmen. Doch es ist eine schallende Ohrfeige für das Topmanagement, wenn die Aktionäre der Konzernleitung das Vertrauen entziehen. Bei großen Börsengesellschaften berichten Zeitungen, TV-Sender und Internetmedien über die verweigerte Entlastung; der Reputationsverlust ist groß.

Genau aus diesem Grunde behält sich die Steyler Ethik Bank vor, die Entlastung zu verweigern, wenn sie die Führung eines Unternehmens wegen eines ethischen, sozialen oder ökologischen Fehlverhaltens öffentlich tadeln möchte. Um dieses Instrument möglichst wirksam zu nutzen, sucht das Institut die Zusammenarbeit mit Partnern. Bei ausgewählten Aktiengesellschaften üben die Steyler Ethik Bank und die Pax-Bank ihre Stimmrechte künftig gemeinsam aus.

»Voting« heißt die Wahrnehmung der Stimmrechte im Jargon der Finanzexperten. »Voicing« nennen sie das zweite Instrument, mit dem Investoren Einfluss nehmen können auf die Geschäftspolitik und Strategie von Unternehmen. Dies sind direkte Gespräche mit dem

Management, die gewöhnlich hinter verschlossenen Türen stattfinden. Im Gegensatz zum Voting ist das Voicing im Allgemeinen vertraulich; da kann schon mal ein deutliches Wort gesprochen werden. Ein markantes Beispiel ist der oben geschilderte Dialog, den die Pax-Bank und andere kirchliche Investoren mit der Autoindustrie gestartet haben. Auch die Bank für Kirche und Diakonie, die Evangelische Bank und die Steyler Ethik Bank setzen zunehmend auf persönliche Gespräche mit dem Management, um Geschäftspraktiken zu kritisieren, die sie als kontrovers beurteilen.

Beim Dialog mit den Unternehmen bauen einige Kirchenbanken auf Unterstützung durch **Union Investment**. Die Fondsgesellschaft aus Frankfurt ist Teil des genossenschaftlichen Finanzverbundes, zu dem auch die meisten kirchennahen Institute gehören. »Wir engagieren uns gemeinsam mit anderen kirchlichen und diakonischen Investoren und der Union Investment als aktive Aktionäre«, sagt Susanne Hammans von der Bank für Kirche und Diakonie. »Wir sprechen beispielsweise mit Textil- und Sportartikelherstellern über Arbeitsbedingungen und faire Löhne, vor allem bei den Zulieferern aus Afrika und Asien«, erläutert Hammans.

Die **Evangelische Bank** hat im Sommer 2019 sogar eigens eine Strategie beschlossen, wie sie künftig im Dialog mit der Wirtschaft ihre ethischen, sozialen und ökologischen Standpunkte vertreten will. Als meist eher kleiner Aktionär hat das protestantische Institut selbst nur ein geringes Gewicht, das sie in den Diskussionen mit dem Management in die Waagschale werfen kann. Die Bank arbeitet daher eng mit anderen kritischen Aktionären zusammen, um eine möglichst hohe Schlagkraft gegen mächtige Konzerne entfalten zu können.

Gemeinsam mit anderen kirchlichen Investoren sowie Fondsgesellschaften und gemeinnützigen Organisationen hat die Evangelische Bank einen »Engagement-Pool« gebildet. Die Investoren, die sich dieser Allianz angeschlossen haben, kontrollieren zusammen Unternehmensanteile im Wert von mehr als 1,6 Billionen US-Dollar. Dies entspricht, grob gerechnet, den Dimensionen, in denen Finanzkonzerne wie BlackRock aus den USA, die Deutsche Bank oder der norwegische Staatsfonds auftreten.

Im Frühjahr 2020 nahm die internationale Allianz ihre Arbeit auf. Bis Ende des Jahres hat sie 19 Dialoge mit Unternehmen zu den drei Themenfeldern Geldwäsche und Korruption, Umwelt sowie Menschen- und Arbeitsrechte geführt. »Engagement bedeutet für uns die Möglichkeit, aktiv Verbesserungen im Sinne einer klimaverträglichen, ressourcenschonenden und sozialen Wirtschaft anzustoßen«, sagt Thomas Katzenmayer, Vorstandsvorsitzender der Evangelischen Bank. Das protestantische Institut beteiligt sich unter anderem an den Gesprächen, die Kirchenbanken und kritische Aktionäre mit der Autoindustrie in puncto Konfliktmaterialien wie Kobalt und Lithium aufgenommen haben. Ein weiteres Thema, bei dem sich die Kirchenbanken engagieren, ist der Dialog mit den deutschen Stromversorgern, den Union Investment gestartet hat. Die Gespräche drehen sich vor allem um zwei Fragen: Schaffen es die Energiekonzerne, bis 2050 klimaneutral zu werden? Und wie wollen sie den Ausstieg aus der Kohlekraft bewerkstelligen?

Kapitel 6

Ein Modell für die Erneuerung der Volksbanken – und die Transformation des gesamten Finanzsystems

Der Stresstest für Nachhaltigkeitsbanken, der in der folgenden Checkliste vorgestellt wird, lässt ein klares Fazit zu: Die Ethik- und Ökobanken haben ganz überwiegend ein überzeugendes Geschäftsmodell – ungeachtet aller notwendigen Kritik am Service und an der Glaubwürdigkeit einzelner Institute. Dies sehen jedenfalls die Kunden so, die in hellen Scharen ihr Konto zu einer alternativen Bank verlegen. Jahr für Jahr sagen Zehntausende Menschen ihrer Volksbank, Sparkasse oder Großbank Lebewohl.

Zu den grünen Finanzinstituten wechseln vor allem jüngere Bankkunden mit guter Ausbildung und überdurchschnittlichem Einkommen. Lehrer, Professoren, Pfarrer und andere Akademiker sehen in den Ökobanken eine Alternative zum herzlosen Kapitalismus. Bei dieser Klientel handelt es sich für gewöhnlich um Menschen, die in Finanzdingen relativ konservativ sind. Wer zur GLS Bank, zu Triodos oder zur Pax-Bank geht, ist zumeist kein verantwortungsloser Hasardeur, der seinen Kredit nicht zurückzahlt.

Solide Bürger mit gutem Einkommen und sicherer Anstellung sind bei allen Kreditinstituten gern gesehen. Um die Abwanderung der Kunden zu stoppen, setzen auch konventionelle Banken zunehmend auf Nachhaltigkeit. Selbst die Volks- und Raiffeisenbanken, die weithin im Ruf stehen, erzkonservativ zu sein, springen auf den Zug auf. Viele Vorstände der Genossenschaftsinstitute sehen, dass die Ökobanken letztlich an die Ideen der Sozialreformer Friedrich Raiffeisen und Hermann Schulze-Delitzsch anknüpfen, die im 19. Jahrhundert die ersten Raiffeisen- und Volksbanken gründeten.

Im Bundesverband der Volks- und Raiffeisenbanken, der rund 800 Mitglieder hat, bilden die Nachhaltigkeits- und Kirchenbanken zwar nur eine kleine Minderheit. Doch sie genießen hier eine besondere Wertschätzung; dies gilt insbesondere für die GLS Gemeinschaftsbank. »Im genossenschaftlichen Finanzverbund spielen wir, gemeinsam mit anderen Ethik- und Kirchenbanken, eine Vorreiterrolle bei der nachhaltigen Geldanlage«, stellt Vorstandschef Thomas Jorberg fest. Die GLS hat rund ein halbes Jahrhundert Erfahrung mit ethischen, sozialen und ökologischen Bankgeschäften. Das Management kennt die Tücken bei der Umsetzung genau. Dank dieser reichen Erfahrung kann das Institut den Volks- und Raiffeisenbanken helfen, Konzepte zu erarbeiten und einzuführen, die in jeder Hinsicht nachhaltig sind – in wörtlicher Hinsicht wie auch in übertragener finanzieller Bedeutung. »Die GLS Bank unterstützt andere Genossenschaftsbanken bei der Entwicklung von ökologischen Angeboten«, sagt Jorberg.

Die Genossenschaftsbanken bilden, neben den Sparkassen und den privatwirtschaftlichen Kreditinstituten, eine der drei Säulen des deutschen Bankensystems. Lange galten die Volks- und Raiffeisenbanken als erzkonservativ; viele Kritiker warfen ihnen vor, grundsätzlich unfähig zu Reformen zu sein. Die Institute haben ihre Wurzeln meist in Kleinstädten und auf dem flachen Land. Dort weht im Allgemeinen kein revolutionärer Geist.

Doch die Genossenschaftsidee könnte die Basis für die grundlegende Reform des Finanzsystems bilden, die viele Bankenkritiker für unerlässlich halten. Freilich brauchen die verstaubten Konzepte ein wenig frischen Wind. Für die nötige Erneuerung sorgen womöglich die genossenschaftlichen Umwelt- und Kirchenbanken. Ökologisch runderneuert könnten die bewährten Konzepte aus dem 19. Jahrhundert die Blaupause für eine grundlegende Transformation des Finanzsystems in unserem Säkulum liefern.

Checkliste für den Bankenwechsel

Neun Umwelt- und Ethikbanken wurden auf den vorhergehenden Seiten vorgestellt. Welche Institute sind für verantwortungsvolle Anleger zu empfehlen? Die Antwort hängt von vielen Faktoren ab. Nahezu alle Nachhaltigkeitsbanken haben einen konfessionellen oder weltanschaulichen Hintergrund, der nicht jedem gefallen mag. Überdies unterstützen die Geldinstitute unterschiedliche soziale und ökologische Ziele. Nicht immer handeln die Banken hierbei in jeder Hinsicht glaubwürdig.

Zudem sollten die Anleger sich bewusst sein, dass die alternativen Banken oft nicht denselben Service bieten wie konventionelle Kreditinstitute. Sparkassen und Volksbanken offerieren in der Regel alle Dienstleistungen und Finanzprodukte, die Privatanleger benötigen. Hierzu sind manche Ökobanken aus Kostengründen nicht in der Lage; sie kommen daher nicht als Hausbank infrage, die eine Sparkasse oder Volksbank vollständig ersetzen könnte. Wer daran denkt, sein Konto zu einer Nachhaltigkeitsbank zu verlegen, sollte die folgenden zehn Punkte prüfen.

1. Entspricht das neue Institut meinen persönlichen Überzeugungen?

Anders als gewöhnliche Unternehmen weisen die meisten Ökobanken eine mehr oder weniger feste Bindung an eine Glaubensgemeinschaft oder Weltanschauung auf. Zwei der Institute haben protestantische Wurzeln; dies sind die **Bank für Kirche und Diakonie (KD-Bank)** aus

Dortmund sowie die **Evangelische Bank** aus Kassel. Drei weitere Ethik-banken kommen aus dem Umkreis der Römisch-Katholischen Kirche – die **Bank im Bistum Essen**, die **Pax-Bank** aus Köln und die **Steyler Ethik Bank** mit Sitz in Sankt Augustin bei Bonn. Gleich zwei Nachhaltigkeitsbanken wurden von Anthroposophen gegründet, nämlich die **GLS Gemeinschaftsbank** aus Bochum, gemessen an der Kundenzahl das größte Öko-Institut Deutschlands, und die niederländische **Triodos**, nach eigenen Angaben die führende Nachhaltigkeitsbank Europas. Die übrigen zwei Institute – die **Ethik-Bank** aus Thüringen und die **UmweltBank** aus Nürnberg – haben jedoch keine Bindung an eine bestimmte Religion oder Weltanschauung.

Bei den Kirchenbanken kommen auch die Eigentümer aus dem Umkreis der jeweiligen Konfessionen. Die Anteile werden zur Gänze oder zumindest mehrheitlich von Bistümern, Landeskirchen, Gemeinden und Einrichtungen der Caritas oder Diakonie gehalten. Die **Steyler Ethik Bank** gehört zu 100 Prozent dem niederländischen Orden Steyler Missionare. Die Anteilseigner nehmen gezielt Einfluss auf die Geschäftspolitik der Banken. Besonders deutlich wird dies bei den katholischen Finanzinstituten.

Künstliche Empfängnisverhütung und Schwangerschaftsabbruch sind in der Katholischen Kirche nach wie vor nicht zulässig. Entsprechend streng verfahren die **Pax-Bank** und die **Steyler Ethik Bank**. Die beiden Kirchenbanken investieren grundsätzlich nicht in Betreiber von Krankenhäusern, die Schwangerschaftsabbrüche durchführen. Tabu sind ebenfalls Pharmaunternehmen, die Verhütungsmittel produzieren und vertreiben. Diese Ausschlusskriterien dürften nicht wenige Menschen als empörend empfinden. Empfängnisverhütung erscheint den meisten Experten unerlässlich, um das übermäßige Bevölkerungswachstum in vielen armen Ländern unter Kontrolle zu bringen. Überbevölkerung ist, neben mehreren anderen Faktoren, eine wichtige Ursache für Armut, Hunger und Unterentwicklung in der Dritten Welt. Verantwortungsvolle Anleger müssen selbst entscheiden, wie sie zu diesem Punkt stehen. Im Zweifel kommt eine katholische Kirchenbank für sie nicht infrage, so überzeugend das Engagement gerade der Pax-Bank und der Steyler Ethik Bank für die Armen und Unterdrückten in den Entwicklungsländern auch ist.

Weit weniger streng als bei den katholischen Finanzinstituten geht es bei den protestantischen Banken zu; dort erwarten die kirchlichen Eigentümer lediglich, dass die Kunden grundlegende Werte teilen wie Gerechtigkeit, Frieden und die Bewahrung der Schöpfung. Die ethischen Leitlinien, die sich die **Evangelische Bank** und die **KD-Bank** gegeben haben, könnten vermutlich auch die meisten kirchenfernen Bürger unterschreiben.

Im Übrigen stehen die meisten Kirchenbanken auch Menschen offen, die einer anderen Konfession oder überhaupt keiner Religionsgemeinschaft angehören. Ausnahmen sind die **Bank für Kirche und Caritas**, die **Darlehnskasse Münster** und die **LIGA Bank**. Dort können nur Personen Kunden werden, die ein Amt in der Katholischen Kirche bekleiden, also Priester, Nonnen oder Mitarbeiter der Caritas.

Die **GLS Bank**, die von überzeugten Anthroposophen gegründet wurde, verlangt ebenfalls kein Bekenntnis zu den Lehren von Rudolf Steiner. Ein Kernelement dieser Weltanschauung ist die ganzheitliche Betrachtung, die laut Vorstandschef Thomas Jorberg auch für alle geschäftlichen Aktivitäten der GLS gelte. Man müsse allerdings kein Anhänger der Anthroposophie sein, um diese Auffassung zu teilen.

Ein ethisches Grundgerüst scheint für eine Nachhaltigkeitsbank freilich ein gutes Fundament zu sein. Sonst bleiben die mit viel Pathos formulierten ethischen, sozialen und ökologischen Prinzipien mitunter allzu unverbindlich. Das zeigt sich bei der **Ethik-Bank** aus Thüringen sowie vielen konventionellen Finanzhäusern, die jetzt ebenfalls auf den Nachhaltigkeitszug aufspringen. Die Realität hat mit den Marketingversprechen oft wenig zu tun.

2. Welche sozialen und ökologischen Ziele unterstützt die Bank?

Die Nachhaltigkeitsbanken unterscheiden sich nicht nur in ihrer konfessionellen und weltanschaulichen Ausrichtung voneinander. Sie haben überdies recht unterschiedliche geschäftliche Schwerpunkte. Wer zu einem solchen Institut wechseln möchte, sollte zuvor sorgfältig prüfen, ob er sich mit den sozialen und ökologischen Zielen identifizieren kann, an denen sich die Bank orientiert.

Für viele verantwortungsvolle Anleger steht der Klimaschutz an erster Stelle; sie wollen mit ihren Ersparnissen ein klein wenig dazu beitragen, die Aufheizung der Erdatmosphäre zu bremsen. Diese Menschen dürften das Geschäftsmodell der **UmweltBank** besonders attraktiv finden. Das Institut aus Nürnberg fördert gezielt die Nutzung von Solarenergie, Windkraft und anderen alternativen Energien. Ebenfalls auf der Agenda steht die Finanzierung von nachhaltigen Wohnhäusern und Gewerbeimmobilien. Wer sein Geld zur UmweltBank trägt, weiß, wofür seine Ersparnisse verwendet werden.

Weit weniger scharf ausgeprägt ist das Profil der **Ethik-Bank**. Sie bietet zwar ebenfalls Kredite für Solaranlagen, energieeffiziente Häuser und andere nachhaltige Projekte an, tatsächlich entfällt jedoch nur ein relativ kleiner Teil des Kreditportfolios auf Öko-Darlehen. Der weitaus größere Teil besteht aus Verbraucherkrediten und der Finanzierung von Kleinunternehmen; ein Bezug zu Nachhaltigkeit ist in vielen Fällen nicht zu erkennen.

Die Kirchenbanken kümmern sich hingegen um die Mühseligen und Beladenen, die Hilfsbedürftigen, Kranken und sozial Schwachen in diesem Land. Die Institute finanzieren beispielsweise Krankenhäuser, Seniorenheime und Kindergärten. Eine große Rolle spielt ebenfalls bezahlbarer Wohnraum. Kredite werden bevorzugt an gemeinnützige Träger vergeben. Anleger, die mit ihrem Geld Gesundheit und Sozialwesen fördern wollen, sind bei den Kirchenbanken an der richtigen Adresse.

Ein buntes Spektrum bilden die Aktivitäten von **Triodos**. Die niederländische Bank finanziert den Mittelstand und die Immobilienwirtschaft ebenso wie erneuerbare Energien, Bildung und Gesundheitswesen. Nicht wenige Projekte haben einen klaren Bezug zur Anthroposophie, wie die vielen Waldorfschulen im Kreditportfolio von Triodos zeigen. Wer diese nicht unumstrittene Weltanschauung ablehnt, dürfte sich bei den Rudolf-Steiner-Jüngern nicht ganz wohl fühlen.

Breit gefächert sind ebenfalls die Arbeitsgebiete der **GLS Gemeinschaftsbank**. Neben den erneuerbaren Energien ist das Institut auf weiteren Gebieten wie Ernährung, Bildung und Sozialwesen aktiv. Nicht jedem Anleger sind alle Ziele und Projekte, die die GLS fördert, gleich wichtig. Die Bank überlässt daher den Kunden die Entscheidung, welche Arbeitsfelder sie unterstützen möchten. Sie können bei der Eröffnung eines neuen Kontos festlegen, wofür ihr Geld verwendet werden soll. Zur Wahl stehen die sechs Themen erneuerbare Energien, Ernährung, nachhaltige Wirtschaft, Wohnen, Bildung und Kultur sowie Soziales und Gesundheit.

 ### 3. Wird kontrolliert, ob die Geldhäuser ihre Richtlinien beachten?

Alle Nachhaltigkeitsbanken haben sich strenge Richtlinien gegeben, die Investments in kontroverse Branchen untersagen. Hierzu gehören im Allgemeinen Rüstung, Tabak und Pornografie ebenso wie Atomkraft, fossile Energien und Drogen. Auch kontroverse Praktiken wie Korruption, die Verletzung von Menschenrechten und Verstöße gegen geltendes Umweltrecht werden nicht toleriert. Doch werden die ethischen, sozialen und ökologischen Leitlinien, die sich die Banken gegeben haben, in der Praxis auch durchgängig beachtet? Dies ist offenbar nicht immer der Fall, wie die zuweilen fragwürdigen Investments der Ethik-Bank in Großbanken zeigen. Die oben geschilderten Fehlgriffe waren freilich nahezu unvermeidlich, denn das Institut verzichtet weitgehend auf die internen und externen Kontrollen, die anderswo üblich sind.

Nahezu alle anderen Ökobanken haben hingegen Umwelt- oder Ethikräte eingerichtet. Diese Gremien übernehmen eine doppelte Aufgabe. Zum einen unterstützen sie den Vorstand bei der Formulierung der ethischen Leitlinien. Zum anderen überwachen diese Beiräte, ob die Richtlinien in der Alltagspraxis tatsächlich eingehalten werden. Regelmäßig bitten sie das Management zum Gespräch. Die Umwelt- und Ethikräte bestehen meist aus unabhängigen Experten aus Wissenschaft, Wirtschaft und Gesellschaft.

Überdies arbeiten die meisten Nachhaltigkeitsbanken mit ökologischen Ratingagenturen zusammen. Diese Organisationen überprüfen unter anderem, wie ethisch die Unternehmen handeln, deren Wertpapiere eine Ökobank angekauft hat. Anerkannte Öko-Ratingagenturen sind die **Imug** aus Hannover, die **ISS ESG** aus München und der New Yorker Finanzdienstleister **MSCI**. In manchen Fällen nehmen die Prüfer nicht nur einzelne Investments unter die Lupe, sondern bewerten die Nachhaltigkeit der gesamten Bank. Das Ergebnis wird in Noten festgehalten, die anzeigen, wie gut das Institut seine ethischen Prinzipien in der Praxis umsetzt. Einem solchen ökologischen Stresstest unterziehen sich regelmäßig die **UmweltBank** und die **Evangelische Bank**.

Im Übrigen können auch die Kunden selbst prüfen, ob ihre Bank tatsächlich so nachhaltig handelt, wie sie dies verspricht. Nahezu alle Institute veröffentlichen detaillierte Informationen zu ihren geschäftlichen Aktivitäten. Die Angaben finden sich in den Nachhaltigkeitsberichten, die die Umwelt- und Ethikbanken regelmäßig veröffentlichen und die im Internet abgerufen werden können. In diesen Rechenschaftsberichten werden unter anderem die Kriterien erläutert, die für die Vergabe von Krediten ebenso maßgeblich sind wie für die Investments in Wertpapiere. Welche kontroversen Branchen und Geschäftspraktiken schließt die Bank grundsätzlich aus? Welche positiven Kriterien müssen Unternehmen zusätzlich erfüllen, um eine Finanzierung zu bekommen? Wie verläuft der Auswahlprozess? Wie werden die Investments der Bank kontrolliert – beispielsweise von einem Ethikrat oder einer ökologischen Ratingagentur?

Überdies veröffentlichen viele Nachhaltigkeitsbanken Angaben zu einzelnen Projekten, die von den Instituten gefördert werden. Hierzu gehören die **GLS Bank, Triodos**, die **Bank im Bistum Essen**, die **Evangelische Bank**, die **KD-Bank** und die **Pax-Bank**. Die Kunden können sich im Internet darüber informieren, welche Solarparks, Schulen und Krankenhäuser mit ihren Ersparnissen finanziert werden. Meist werden die genaue Bezeichnung sowie die Anschrift der Vorhaben genannt. Wer zufällig in der Nähe lebt, kann die geförderten Projekte bei einem Spaziergang oder einer Fahrradtour persönlich in Augenschein nehmen.

 ## Was geschieht mit den Gewinnen?

Viele verantwortungsvolle Anleger möchten überdies gerne wissen, welche Rolle die Gewinne bei den Ökobanken spielen – und wofür die erzielten Erträge verwendet werden. Profitgier halten die meisten Menschen moralisch für verwerflich. Genau aus diesem Grund wenden sich immer mehr Kunden von den Großbanken ab, die mit Spekulationen an den Finanzmärkten, mit dubiosen Finanzprodukten zum Schaden der Anleger und mit allerlei anderen fragwürdigen Geschäften Geld scheffeln, das letztlich in den Taschen der Aktionäre landet.

Ebenso wie die Deutsche Bank oder die Commerzbank ist auch die **UmweltBank** eine Aktiengesellschaft. Das grüne Geldhaus kann die Börse nur bei Laune halten, indem regelmäßig gute und steigende Gewinne erzielt werden. Das versteht das Institut sogar besser als alle Großbanken dieses Landes; die Rendite auf das Eigenkapital ist drei- bis fünfmal so hoch wie bei den allermeisten anderen deutschen Kreditinstituten. Kompromittiert die Gewinnmaximierung, die bei der UmweltBank augenscheinlich betrieben wird, die ethischen und ökologischen Ziele des Instituts? Hierfür gibt es freilich keine Belege.

Bei den meisten anderen Nachhaltigkeitsbanken handelt es sich hingegen um Genossenschaften, die nicht in erster Linie auf Gewinnerzielung ausgerichtet sind. Sie sollen allerdings die wirtschaftlichen

Interessen ihrer Mitglieder beziehungsweise Kunden fördern. Damit sie dies leisten können, müssen die Institute natürlich rentabel arbeiten, sonst sind sie irgendwann pleite. Doch der Profit ist eben kein Selbstzweck. Auch die genossenschaftlichen Nachhaltigkeitsbanken verstehen augenscheinlich gut zu wirtschaften. Dies gilt insbesondere für die kirchennahen Institute, wie ein Blick in die Bilanzen zeigt. Für das Geschäftsjahr 2019 meldete die **Evangelische Bank** zum Beispiel einen Gewinn nach Steuern von 10 Millionen Euro.

Die Eigentümer dieser Genossenschafsinstitute bestehen freilich nur zum kleinsten Teil aus Privatpersonen. Die Anteile werden größtenteils von Institutionen der Kirche und der Caritas beziehungsweise der Diakonie gehalten. Die ausgeschütteten Gewinne fließen also an gemeinnützige Organisationen, die die Dividenden dazu verwenden, ihre Aktivitäten zu finanzieren – um also zum Beispiel die Gehälter von Ärztinnen, Krankenpflegern und Pfarrerinnen zu zahlen.

Zudem schütten die meisten Kirchenbanken nur den kleineren Teil der Gewinne an die Eigentümer aus; der größere Rest wird einbehalten und in die Gewinnrücklage eingestellt. Auf diese Weise stärken die Ökobanken das haftende Eigenkapital. Gerade in Krisenzeiten ist es wichtig, dass ein Geldinstitut über Finanzpolster verfügt, um für alle wirtschaftlichen Widrigkeiten gewappnet zu sein. »Nur so können wir die Investitionsvorhaben unserer Kunden auch in Zukunft begleiten«, sagt eine Sprecherin der Bank im Bistum Essen.

 **5. Taugt das Geldinstitut als Hausbank?**

Wer zu einer Nachhaltigkeitsbank geht, muss damit rechnen, dass dort vieles anders ist als bei einer Sparkasse oder Volksbank. Dies gilt nicht nur für die Ausrichtung aller Geschäfte an ethischen Richtlinien, auch die Geschäftsmodelle unterscheiden sich deutlich von herkömmlichen Kreditinstituten. Konventionelle Geschäftsbanken, Sparkassen und

Volksbanken sind sogenannte Universalbanken; deren Funktionen lassen sich grob in drei Kategorien einteilen:

- Erstens wickeln Banken für ihre Kunden den unbaren Zahlungsverkehr ab. Löhne und Gehälter werden heute in aller Regel auf ein Girokonto überwiesen. Auch die Miete, Steuern und Telekomgebühren können im Allgemeinen nur bargeldlos gezahlt werden. Jeder Mensch braucht ein Girokonto bei einer Bank, um am Wirtschaftsleben teilnehmen zu können.
- Zudem gewähren Banken ihren Kunden Kredite. Privatleute können sich Geld borgen, um ein Auto zu kaufen, einen Fernseher anzuschaffen oder die defekte Waschmaschine durch ein neues Gerät zu ersetzen. Neben Konsumentendarlehen, mit denen Gebrauchsgüter finanziert werden, sind Baufinanzierungen das wichtigste Kreditprodukt für private Haushalte.
- Drittens schließlich bieten Banken den Kunden die Möglichkeit, ihre Ersparnisse anzulegen, sei es in Form von Tagesgeld, Festgeld oder Sparbriefen. Überdies unterstützen die Institute ihre Kunden bei der Anlage ihres Vermögens in Aktien, Anleihen und Fonds.

Während Sparkassen und Volksbanken normalerweise alle drei Kategorien abdecken, ist dies längst nicht bei allen Öko-Instituten der Fall. Obschon die **UmweltBank** hierzulande einer der wichtigsten Player im Sustainable Banking ist, bietet sie einen Service nicht an, der eigentlich selbstverständlich sein sollte: Das Institut aus Nürnberg führt für seine Kunden keine Girokonten. Die UmweltBank taugt mithin definitiv nicht als Hausbank, die an die Stelle einer herkömmlichen Geschäftsbank, Sparkasse oder Volksbank treten könnte. Freilich ist die UmweltBank eine Ausnahme, alle anderen Ökobanken bieten Girokonten an; dazu gehören auch Girocard und Kreditkarte. Für Jugendliche und junge Erwachsene gibt es häufig Girokonten mit vergünstigten Konditionen. Zudem bieten die meisten Ökobanken Basiskonten an, die auf Guthabenbasis geführt werden. Diese Angebote richten sich an Menschen mit zerrütteten Finanzen, die kein reguläres Girokonto eröffnen können.

Es ist denkbar einfach, das Konto zu einer anderen Bank zu übertragen. Der Gesetzgeber schreibt vor, dass die Kreditinstitute die Kunden beim Kontowechsel unterstützen müssen. Die neue Bank unterrichtet die Zahlungspartner des Kontoinhabers über die geänderte Bankverbindung: Arbeitgeber, Sozialämter und Rentenversicherung werden informiert, auf welches Konto sie künftig Gehalt, Sozialhilfe oder Rente überweisen müssen. Auch Daueraufträge und Lastschriften werden umgestellt. Wenn der Kunde dies wünscht, löst die neue Bank das alte Konto auf; der Betrag wird dem übertragenen Girokonto gutgeschrieben.

 ### 6. Können Privatpersonen Kredite aufnehmen?

Viele Kunden benötigen eine Bank, um größere Anschaffungen zu finanzieren. Wer gerade eine Familie gegründet und eine größere Wohnung bezogen hat, benötigt meist neue Elektrogeräte und Möbel. Häufig reicht das Ersparte nicht, um die Einbauküche oder die Schrankwand fürs Wohnzimmer bar bezahlen zu können. Autos werden heute ohnehin in der Regel auf Pump gekauft; nicht immer bietet die Bank des Herstellers die besten Konditionen.

Verbraucher, die einen Kredit für eine neue Limousine oder eine schicke Sitzgarnitur aufnehmen wollen, können allerdings nicht bei allen Ökobanken auf Unterstützung zählen. Lediglich sechs der neun in diesem Buch vorgestellten Institute bieten Konsumentenkredite an, die die Kunden nach eigenem Gutdünken verwenden können. Dies sind die **Bank im Bistum Essen**, die **Ethik-Bank**, die **Evangelische Bank**, die **KD-Bank**, die **Pax-Bank** und die **Steyler Ethik Bank**.

Der deutsche Marktführer **GLS** und die **Triodos Bank** haben hingegen keine Verbraucherdarlehen im Programm. Bei der GLS Bank können die Kunden die Anschaffung von Gebrauchsgütern unter Umständen günstig mit einem Dispo finanzieren. Wenn die Bank die Überziehung des Kontos genehmigt und der Betrag überdies maximal 10 000 Euro beträgt, müssen die Kunden keine Zinsen zahlen. Die **UmweltBank** hat zwar im November 2020 einen Verbraucherkredit eingeführt. Doch hiermit können die Kunden nicht den Urlaub finanzieren oder einen Pkw kaufen – jedenfalls nicht, wenn das Fahrzeug einen Benzin- oder Dieselmotor hat. Das Geld darf nur für Zwecke ausgegeben werden, die nachweisbar einen ökologischen Nutzen aufweisen, also zum Beispiel ein Elektroauto oder eine private Photovoltaikanlage.

Wichtiger als Konsumentenkredite dürfte für viele Kunden die Frage sein, ob sie bei ihrer Bank den Bau oder Kauf eines Eigenheims finanzieren können. Dies ist in der Tat bei nahezu allen Nachhaltigkeitsbanken der Fall. Die einzige Ausnahme bildet Triodos; bei der niederländischen Bank bekommen hierzulande nur Unternehmen, Selbstständige und gemeinnützige Organisationen einen Kredit. Die Untergrenze für eine Immobilienfinanzierung liegt bei 3 Millionen Euro.

Baugeld gibt es bei den Ökobanken oft nur, wenn das neue Eigenheim bestimmte Anforderungen an den Energieverbrauch erfüllt; dies muss mit entsprechenden Gutachten belegt werden. Auch Solaranlagen, Geothermie-Pumpen und Ähnliches mehr wird von den Öko-Instituten gerne finanziert; allerdings ist auch hier unter Umständen der Nachweis erforderlich, dass die Produkte tatsächlich den Verbrauch fossiler Energien in hinreichendem Umfang senken.

Die Nachhaltigkeitsbanken haben in der Regel eigene Produkte für eine ökologische Baufinanzierung. Sie vermitteln aber gerne auch die Fördermaßnahmen des Bundes. Die staatliche Förderbank **KfW** unterstützt mit verbilligten Krediten und Tilgungszuschüssen den Bau von Energieeffizienzhäusern; je größer die Einsparungen, desto höher fällt die Förderung aus. Im Allgemeinen lassen sich die KfW-Programme mit den eigenen Krediten der Nachhaltigkeitsbanken kombinieren.

7. Welche Angebote für eine nachhaltige Vermögensanlage gibt es?

In einem wichtigen Punkt unterscheiden sich die Ökobanken nicht von herkömmlichen Finanzinstituten: Sie bieten allesamt die gängigen Formen der Geldanlage an. Das Spektrum reicht von Tages- und Festgeld über Sparbriefe und Bausparen bis zu Anlagen, die für vermögenswirksame Leistungen infrage kommen. Auch Sparpläne haben viele Institute im Programm.

Zudem bieten fast alle Ökobanken Fonds für Privatanleger an, die hohen Anforderungen an die Nachhaltigkeit genügen sollen. Die Institute legen diese Fonds allerdings meist nicht selbst auf; dazu sind sie viel zu klein. Daher arbeiten einige Kirchenbanken mit der Frankfurter Fondsgesellschaft **Union Investment** zusammen. Die Ökobanken legen die ethischen, sozialen und ökologischen Kriterien für die Investments fest. Innerhalb dieses Rahmens übernimmt Union Investment die Auswahl der einzelnen Titel. Gemeinsam haben die Partner die sogenannte KCD-Familie aufgelegt, die aus nachhaltigen Aktien-, Anleihe- und Mischfonds besteht. In ähnlicher Weise kooperieren die UmweltBank, die GLS und die Ethik-Bank bei nachhaltigen Fonds mit externen Partnern.

Im Unterschied zu anderen Ökobanken hat Triodos eine eigene Fondsgesellschaft, die **Triodos Investment Management** mit Sitz in den Niederlanden. Die Fondsgesellschaft hat mehrere Dutzend Aktien-, Anleihe- und Mischfonds für Privatanleger aufgelegt, die der unterschiedlichen Risikotragfähigkeit der Investoren Rechnung tragen. Mehrere dieser Fonds werden auch in der Bundesrepublik vertrieben.

Fast alle Ökobanken bieten Wertpapierdepots zur Verwaltung der Fondsanteile an. Auf diesen Konten können meist auch Aktien und Anleihen verwahrt werden. Bei vielen Instituten sind die Wertpapierdepots mit einem »Brokerage- Service« verbunden. Die Kunden können online an der Börse handeln, ohne ihrer Bank jedes Mal eigens einen Auftrag schicken zu müssen. Freilich sind für die Verwaltung der

Wertpapiere Gebühren fällig. Diese Kosten werden den Kunden ganz oder teilweise erlassen, wenn sie sich für einen Fonds entscheiden, der von ihrer Bank empfohlen wird.

Hiervon sollte sich allerdings niemand dazu verleiten lassen, unbesehen die Finanzprodukte zu erwerben, die ihm die Banken verkaufen wollen. Bevor ein Anleger einen Fonds zeichnet, sollte er besser unabhängigen Rat einholen. Die Magazine *Finanztest* und *Warentest* veröffentlichen regelmäßig Analysen nachhaltiger Investmentfonds. Zudem sollten die Kunden darauf achten, dass die Fonds das Gütesiegel einer anerkannten Organisation wie dem **Forum Nachhaltige Geldanlagen (FNG)**, der **Imug** oder der **ISS ESG** tragen.

Neben Fonds bieten manche Ökobanken weitere nachhaltige Wertpapiere an. Hierbei handelt es sich freilich oft um recht fragwürdige Finanzprodukte wie etwa Genussscheine, Zertifikate oder Anleihen mit ewiger Laufzeit. Die weitgehend intransparenten, stark erklärungsbedürftigen Wertpapiere eignen sich im Allgemeinen nicht für unerfahrene Privatanleger. Diese dubiosen Angebote werden in diesem Buch an anderer Stelle ausführlicher analysiert.

 ## 8. Wird kompetente Beratung für nachhaltige Investments angeboten?

Investments sind stets ziemlich kompliziert; dies gilt erst recht, wenn Ersparnisse nachhaltig angelegt werden sollen. Wo bekommen die Anleger zuverlässige Informationen? Welchen Ratschlägen und Empfehlungen ist zu trauen? Und was ist das überhaupt – nachhaltiges Investment? Diese simple Frage können selbst viele Bankberater nicht so recht beantworten.

Ein neues Berufsbild soll den Beratungsnotstand beheben helfen; dies ist der zertifizierte Fachberater für nachhaltige Investments. Hierbei handelt es sich um eine Fortbildung, die Vermögens- und Anlageberatern mittels Fernlehrgängen oder Wochenendkursen vermittelt wird. Freilich sind Lehrinhalte und Prüfungsstoff nicht gesetzlich geregelt.

Im Markt durchgesetzt hat sich der Eco-Anlageberater, ein Lehrgang, den die Dortmunder Firma **Eco-Reporter** offeriert. Die Seminare, die über drei Monate laufen, werden berufsbegleitend durchgeführt; der Anbieter bestätigt den erfolgreichen Abschluss mit einem Zertifikat. Die meisten Umweltbanken setzen mittlerweile speziell geschulte Berater für die ökologische Geldanlage ein, die in der Regel ein Zertifikat von Eco-Reporter vorzeigen können. Hierzu gehören die **Evangelische Bank**, die **KD-Bank**, die **Bank im Bistum Essen**, die **Pax-Bank** und die **Steyler Ethik Bank**. Zertifizierte Experten für nachhaltige Investments sind ein Qualitätsmerkmal; Anleger sollten darauf achten, ob ihre Bank eine solche Beratung anbietet.»Wir bieten ausschließlich nachhaltige Geldanlagen an. Mit jedem neuen Angebot werden die Berater spezifisch geschult«, sagt GLS-Chef Thomas Jorberg.

Einige andere Öko-Institute bieten freilich keine systematische Anlageberatung an.»Wir geben keine Empfehlungen für Investments in Einzeltitel«, heißt es bei der **UmweltBank**. Der Grund seien die hohen regulatorischen Anforderungen, die das europäische Regelwerk MiFID II stelle. Deshalb verzichtet auch **Triodos** darauf, in Deutschland eine Anlageberatung anzubieten. Die Ethik-Bank gibt ebenfalls keine Empfehlungen für einzelne Anleihen oder Aktien.

 **Hat die Bank ein Filialnetz?**

Freilich sind auch zertifizierte Berater keine Garantie, dass die Bank ihren Kunden stets Wertpapiere empfiehlt, die sowohl in ökologischer als auch finanzieller Hinsicht nachhaltig sind. Wer mit den Empfehlungen einer Ökobank hereingefallen ist, verfügt allerdings im Allgemeinen kaum über die Möglichkeit, sich persönlich zu beschweren. Denn das Filialnetz dieser Institute ist meist außerordentlich dünn.

Manche Nachhaltigkeitsbanken betreiben überhaupt keine stationären Geschäftsstellen. Die **Ethik-Bank, Triodos** und die **UmweltBank** agieren auf dem Markt als Direktbanken; Kontakt zu Beratern können die Kunden nur per E-Mail oder Telefon aufnehmen. Andere Institute wie die **Evangelische Bank**, die **Bank im Bistum Essen** und die **Steyler Ethik Bank** bieten Privatanlegern nur am Firmensitz eine Beratung unter vier Augen an.

Etwas kundenfreundlicher ist der Service bei der **Pax-Bank**, die ihren Schwerpunkt im katholischen Rheinland hat. Neben der Hauptstelle in Köln können Privatkunden Filialen in Aachen, Essen, Mainz und Trier aufsuchen, wenn sie sich persönlich beraten lassen wollen. Weitere Geschäftsstellen befinden sich in Berlin und Thüringen. Das dichteste Filialnetz weist die **GLS** auf; neben der Hauptstelle in Bochum hat die Bank Niederlassungen in Berlin, Frankfurt, Freiburg, Hamburg, München und Stuttgart.

Freilich suchen die meisten Bankkunden nur noch selten eine Filiale auf. Viele tun dies vielleicht einmal im Jahr, wenn ihre Kundenbetreuerin pflichtgemäß ein Gespräch anbietet, um gemeinsam das Anlage-Portfolio in Augenschein zu nehmen und die Risikotragfähigkeit des Kunden zu überprüfen. Wer mit dem Smartphone aufgewachsen ist, bevorzugt ohnehin Onlinebanking anstatt mit Überweisungsformularen in die nächste Geschäftsstelle zu spazieren.

Die Ökobanken sehen im Mangel an stationären Filialen daher kein Problem. »Die Eröffnung eines Girokontos ist heute in wenigen Schritten von überall her bequem online und telefonisch möglich«, sagt ein Sprecher der Evangelischen Bank in Kassel. Wer bei dem Institut einen Kredit aufnehmen möchte, kann sich ebenfalls per Telefon oder E-Mail beraten lassen. Künftig ist dies auch per Video möglich.

Doch wie kommen die Kunden an Bargeld, wenn es weit und breit keine Filiale gibt? Die genossenschaftlichen Ökobanken sind dem Bankcard-Servicenetz der Volks- und Raiffeisenbanken angeschlossen. Das Netz umfasst bundesweit 18 000 Geldautomaten. Dort können die Kunden der **Bank im Bistum Essen**, der **Ethik-Bank**, der **Evangelischen Bank**, der **GLS Bank**, der **KD-Bank** und der **Pax-Bank** in der Regel gebührenfrei Geld abheben.

Die **Steyler Ethik Bank** ist Mitglied im CashPool, den mehrere privatwirtschaftliche Banken aufgezogen haben. Das Netz umfasst 3 000 Geldautomaten, an denen die Kunden sich kostenlos mit Bargeld versorgen können. Kontoinhaber der **Triodos Bank** müssen eine Kreditkarte besitzen, wenn sie kostenlos Geldautomaten benutzen wollen. Alternativ erhalten sie Bargeld beim Einkauf in vielen Supermärkten oder in den Filialen der Reisebank.

 ## 10. Sind meine Ersparnisse sicher?

Verantwortungsbewusste Anleger sind mitunter recht vorsichtig. Bang stellt sich mancher die Frage: Ist mein Geld sicher, wenn ich zu einer anderen Bank wechsle? Die Frage ist keineswegs trivial. In den vergangenen Jahrzehnten gerieten gleich zwei alternative Kreditinstitute ins Taumeln: Ende der 1990er Jahre schlitterte die **Ökobank** aus Frankfurt in eine finanzielle Schieflage; sie wurde 2003 von der **GLS** übernommen. 2010 schloss die Bankaufsicht die **Noa Bank** aus Düsseldorf, die erst ein Jahr zuvor gegründet worden war. Ein weiterer solcher Fall ist nicht völlig auszuschließen. Doch die Kunden der allermeisten Nachhaltigkeitsbanken können beruhigt schlafen. Ihr Geld ist auch im Fall einer Insolvenz weitgehend sicher. Zum einen unterliegen Kreditinstitute mit Sitz in der Bundesrepublik generell der gesetzlichen Einlagensicherung; der Staat haftet pro Kunde mit maximal 100 000 Euro, falls eine Bank zahlungsunfähig wird. Überdies gibt es für jedes der drei Bankensysteme in Deutschland – also die Sparkassen, die Volksbanken und die privatwirtschaftlichen Banken – eine zweite Sicherungseinrichtung. Sie deckt jeweils über die gesetzliche Haftungsgrenze hinaus weitere Verluste ab, die den Kunden möglicherweise entstehen, wenn ihre Bank in die Knie geht.

Für die Genossenschaftsbanken ist die Einlagensicherung des Bundesverbandes der Deutschen Volksbanken und Raiffeisenbanken (BVR) zuständig. Sie besteht aus zwei Teilen – der amtlich anerkannten BVR Institutssicherung und der zusätzlichen freiwilligen Sicherungseinrichtung. Die genossenschaftlichen Ökobanken sind alle sowohl der obligatorischen Institutssicherung als auch der freiwilligen Einlagensicherung angeschlossen. Die Haftung ist unbegrenzt.

Die **Steyler Ethik Bank** ist Mitglied im Bundesverband deutscher Banken, der ebenfalls einen Einlagensicherungsfonds aufgelegt hat. Hieraus würden die Kunden entschädigt, falls die Ordensbank aus Sankt Augustin irgendwann einmal Konkurs anmelden müsste. Die **Umwelt-Bank** und **Triodos** sind zwar ebenfalls privatwirtschaftliche Kreditinstitute. Sie haben sich allerdings nicht dem Einlagensicherungsfonds des Bankenverbandes angeschlossen. Sollte die UmweltBank jemals Bankrott machen, würden die Kunden höchstens 100 000 Euro vom deutschen Staat bekommen. Triodos ist über die holländische Muttergesellschaft der europäischen Einlagensicherung angeschlossen; die Kunden würden im Fall der Fälle ebenfalls mit maximal 100 000 Euro entschädigt. Würden die beiden Institute der privaten Einlagensicherung beitreten, wären die Guthaben der Kunden bis zu einem Betrag von mindestens 750 000 Euro geschützt.

Ganz gleich, ob gesetzlich oder privat – die Einlagensicherung bezieht sich stets auf den Kunden, nicht das Konto. Hat ein Anleger mehrere Konten bei einer Bank, gelten die Höchstgrenzen für das gesamte Guthaben. Im Übrigen umfasst die Deckung alle Formen der Geldanlage – vom Tagesgeldkonto bis zu Sparbriefen. Abgesichert sind zum Teil auch Schuldverschreibungen von Banken, die deren Kunden halten.

Sollte ein Institut zahlungsunfähig werden, sind von der Insolvenz nicht die Wertpapierdepots betroffen, die die Bank für ihre Kunden verwaltet. Denn an den Anleihen, Aktien und Fondsanteilen, die der Kontoinhaber gekauft hat, erwirbt das depotführende Institut kein Eigentum. Wenn ihre Bank in die Pleite rauscht, sollte eine Kundin unverzüglich verlangen, dass ihr Wertpapierdepot auf ein anderes Kreditinstitut übertragen wird.

TEIL II

ANLEIHEN FÜR DEN KLIMASCHUTZ

Kapitel 7

Sichtbarer Nutzen
für die Natur

Schnurgerade durchzog der Kanal, gesäumt von Betonwänden, den Norden des Ruhrgebiets. Wenn eine Stadt im Weg lag, verschwand das Gewässer vorübergehend in unterirdischen Röhren, um jenseits der City-Grenzen wieder aufzutauchen. Erneut verpestete dann der Gestank ungeklärter Abwässer die Luft. Nicht ohne Grund nannten Anwohner das Gewässer »Kloake des Ruhrgebiets«.

Besucher, die zum ersten Mal in der Region waren, würden nicht vermuten, dass es sich hier eigentlich um einen Fluss handelt. In der Nähe von Dortmund entspringend, fließt die Emscher in Richtung Westen, um schließlich nach gut 80 Kilometern bei Dinslaken in den Rhein zu münden. Noch Mitte des 19. Jahrhunderts bildete der Fluss aufgrund seines geringen Gefälles weitausgreifende Mäander, zwischen denen Auen zum Spaziergang einluden. Zu Beginn des 20. Jahrhunderts wurde die Emscher jedoch weitgehend begradigt. Sie sollte das Revier möglichst zügig von den wachsenden Mengen an Abwässern befreien, die in Hochöfen und Walzwerken, in Kohlegruben und Chemiefabriken anfielen, aber auch in den Haushalten der Millionen von Menschen, die im Ruhrgebiet lebten – bis heute eine der größten Agglomerationen Deutschlands.

Bereits in den 1880er Jahren klagten Anwohner, die Emscher habe sich in einen schlammigen Morast verwandelt. Doch erst ein Jahrhundert später begann die Sanierung des Flusses. Seit 1991 wird ein zentrales Abwassersystem aufgebaut, das die Emscher von allem Unrat und Dreck befreien soll. Die Abwässer werden von Kanälen aufgenommen, die parallel zum Fluss unterirdisch verlaufen und in vier Klärwerken gereinigt werden. Gleichzeitig wird die Emscher, soweit dies möglich ist, in ihren ursprünglichen Zustand zurückversetzt. Die Betonwände werden herausgerissen und durch sanfte Ufer ersetzt, die mit Gras und Pflanzen bewachsen sind. Einige Abschnitte des Flusses sind bereits renaturiert, so etwa rund um Dortmund. Radwanderwege säumen nun den Fluss, dessen Wasser nicht mehr zum Himmel stinkt.

Bis die Emscher und ihre Nebenflüsse vollständig saniert sind, geht noch viel Zeit ins Land. »Das ist ein Projekt für mehrere Generationen«, sagt Frank Richter. Er arbeitet bei der NRW-Bank in Düsseldorf, die hilft, die immensen Kosten für die Emscher-Sanierung zu finanzieren. Am Ende wird das Vorhaben voraussichtlich mehr als 5 Milliarden Euro verschlingen.

Die UNO würdigte die Emscher-Renaturierung als »Beispiel für ein partizipatives ökologisches Großprojekt«. In der Tat können sich die Bürger auf vielfältige Weise an dem Vorhaben beteiligen, für das die Emschergenossenschaft verantwortlich zeichnet, ein Zweckverband von Kommunen des Ruhrgebiets. Die Partizipation betrifft nicht nur die Möglichkeit, Eingaben und Vorschläge zu einzelnen Sanierungsprojekten zu machen. Die Bürger können ebenfalls helfen, die enormen Kosten der Renaturierung zu schultern. Dies ist möglich, indem Anwohner Green Bonds der **NRW-Bank** erwerben. Das sind Anleihen, deren Erlöse ausschließlich für den Umwelt- und Klimaschutz verwendet werden dürfen. Die NRW-Bank, die sich zu 100 Prozent in Besitz des Landes Nordrhein-Westfalen befindet, gehört in Deutschland zu den größten Emittenten von Green Bonds.

In den vergangenen Jahren hat die staatliche Förderbank zehn Umwelt- und Klima-Anleihen begeben, die jeweils ein Volumen von 500 Millionen Euro aufwiesen. Die Erlöse aus den Emissionen verwendet die NRW-Bank zu einem Gutteil für die Emscher-Sanierung. So wurde der Green Bond, der Anfang 2020 auf den Markt kam, zu knapp einem Drittel für Kredite an die Emschergenossenschaft verwendet.

Die Anleihen können nicht nur institutionelle Investoren zeichnen, also zum Beispiel Banken, Versicherer oder Fondsgesellschaften. Die Green Bonds der NRW-Bank sind ebenfalls gut geeignet für private Anleger. Während viele andere Anleihen nur für Investoren infrage kommen, die mindestens 100 000 Euro investieren wollen, sind die Klima-Bonds der NRW-Bank grundsätzlich für Kleinanleger denkbar. Die Stückelung (also der Mindestanlagebetrag) beträgt lediglich 1 000 Euro. Überdies können sich die Sparer mit eigenen Augen davon überzeugen, welchen ökologischen und sozialen Nutzen ihr Investment stiftet. Wer wissen möchte, wie sein Geld wirkt und im Ruhrgebiet lebt, braucht sich bloß auf sein Fahrrad zu setzen und über die Radwanderwege entlang der bereits sanierten Flussabschnitte zu fahren.

Freilich müssen die Anleger eine bittere Pille schlucken: Bei den jüngsten Green Bonds der NRW-Bank gibt es keine Zinsen. Doch auch die Banken zahlen den Sparern in der Regel allenfalls noch Zinsen von 0,1 oder 0,2 Prozent. Da sollten sich private Anleger sagen: Bevor mein Geld auf dem Giro- oder Sparkonto vergammelt (und ich nicht weiß, was die Bank damit anstellt), kaufe ich lieber Green Bonds. Da bekomme ich wenigstens eine virtuelle grüne Rendite.

Aus der Nische in den Mainstream

Bis vor wenigen Jahren waren Green Bonds, mit denen gezielt Projekte für den Klimaschutz finanziert werden, ein Nischenprodukt. Jetzt jedoch erleben die Öko-Anleihen ihren Durchbruch. 2020 kamen laut dem Finanzdienstleister Bloomberg weltweit Green Bonds im Volumen von rund 205 Milliarden Euro auf den Markt. Dies entspricht einem Zuwachs von knapp 13 Prozent gegenüber dem Vorjahr, als sich das Volumen auf 182 Milliarden Euro belief.

Klima-Anleihen wurden zunächst vor allem von Förderbanken begeben. Pionier war die **Weltbank** in Washington, die eine zentrale Rolle bei der Finanzierung von Entwicklungshilfe einnimmt. Das Institut, eine Sonderorganisation der UNO, brachte bereits im Jahr 2000 einen Green Bond auf den Markt. In Europa gehört die **Europäische Investitionsbank (EIB)** zu den wichtigsten Emittenten. Die Förderbank der EU finanziert damit Vorhaben in strukturschwachen Regionen der Europäischen Union.

Nach staatlichen und überstaatlichen Förderbanken treten nun

Regierungen zunehmend als Emittenten auf den Plan. In den vergangenen Jahren brachten unter anderem Frankreich, Irland und China Green Bonds heraus, mit denen diese Länder einen Teil der Staatsausgaben finanzieren. 2019 begaben die Niederlande eine Klima-Anleihe, die ein Volumen von 6 Milliarden Euro aufwies. Dies war seinerzeit eine der weltweit größten Emissionen eines Green Bonds.

Im September 2020 begab schließlich auch die Bundesregierung ihren ersten Green Bond. Er hatte ein Volumen von 6,5 Milliarden Euro. Die Nachfrage war überwältigend groß. Nicht nur professionelle Investoren, sondern auch Kleinanleger zeichneten den Bond, der in beliebig kleinen Stückelungen gehandelt werden kann. »An den Finanzmärkten nimmt das Bewusstsein zu, dass der Klimawandel gebremst werden muss«, sagt Petra Wehlert, Leiterin der Abteilung Kapitalmärkte bei der **KfW-Bankengruppe** in Frankfurt, der zentralen Förderbank des Bundes. Die Investoren würden die Emittenten geradezu dazu drängen, Green Bonds herauszubringen, hat die Bankerin beobachtet. »Auch wir haben erlebt, dass die Nachfrage zuweilen höher ist als wir vorhergesehen haben«, sagt Wehlert. Im Sommer 2020 platzierte die KfW ihren bislang größten Green Bond, der zunächst ein Volumen von 3 Milliarden Euro hatte. »Aufgrund des überaus großen Interesses der Investoren haben wir den Bond kurzerhand um eine auf 4 Milliarden Euro aufgestockt«, berichtet Wehlert.

Kohle ist Gift für die Bilanzen

Doch warum sind Finanzinvestoren plötzlich so versessen auf Green Bonds? Dort haben doch schließlich kühl kalkulierende Kaufleute das Sagen. Wieso liegt denen plötzlich der Klimaschutz am Herzen? Die Erklärung ist ganz simpel. Was ökologisch nicht nachhaltig ist, ist es meist auch finanziell nicht. Wer investiert schon in Kohlegruben und fossile Kraftwerke, wenn in den meisten großen Industrie- und Schwellenländern die Energiewende ausgerufen wurde?

Nicht nur in der Bundesrepublik und anderen europäischen Ländern werden Kohlekraftwerke Schritt für Schritt vom Netz genommen.

Auch in den USA wurden die ersten Kohlemeiler abgerissen. Unmittelbar nach seinem Amtsantritt im Januar 2021 kündigte der neue amerikanische Präsident Joseph Biden an, die USA würden wieder dem Pariser Abkommen zum Klimaschutz beitreten. Sein Vorgänger Donald Trump hatte abrupt den Austritt erklärt.

Angesichts dieser Entwicklungen sehen selbst Finanzinvestoren, die nichts anderes im Blick haben als Gewinne, Dividenden und Renditen, in Kohle und Erdöl pures Gift für die Bilanzen. Die Aktien amerikanischer Minengesellschaften, die Kohlebergwerke betreiben, haben schon vor vielen Jahren zum Sinkflug angesetzt. **Eon**, einer der größten deutschen Energieversorger, hat seine Kohle- und Gaskraftwerke in eine Tochtergesellschaft ausgegliedert, die umgehend an die Börse gebracht wurde. Im Zentrum soll künftig die Stromerzeugung aus erneuerbaren Energien stehen, versichert der Vorstand ein ums andere Mal.

Der Essener Energiekonzern wollte sich mit der strategischen Spitzkehre bei mächtigen Investoren beliebt machen. Einer der größten Aktionäre von Eon ist der norwegische Staatsfonds. Er darf, so hat es das norwegische Parlament beschlossen, nur noch sehr eingeschränkt in Unternehmen investieren, die ihr Geld zu einem Gutteil mit der Förderung oder der Verstromung von Kohle verdienen.

Andere Finanzkonzerne folgen dem Beispiel. Selbst **BlackRock**, der größte Asset-Manager der Welt und für viele Inbegriff der Wallstreet, sieht es gerne, wenn seine zahllosen Portfolio-Gesellschaften einen grünen Kurs einschlagen. Sie müssten stärker auf Nachhaltigkeit achten, fordert BlackRock-Chef Larry Fink. Seine Rechnung ist ganz einfach: Unternehmen, die verschwenderisch mit den natürlichen Ressourcen umgehen, verstehen es auch sonst meist nicht gut zu wirtschaften.

Christine Lagarde will Green Bonds fördern

Die Investoren greifen nach allem, worauf das Etikett »Green Bond« klebt. Wie groß das Interesse ist, ließ sich bei der ersten grünen Bundesanleihe beobachten, die im September 2020 begeben wurde. Bundesfinanzminister Olaf Scholz hatte sich einen kleinen Trick ausgedacht, um den Finanzmärkten auf den Zahn zu fühlen. Neben dem Green Bond begab der Bund zugleich eine ganz normale Staatsanleihe.

Die Konditionen des grünen und des grauen Bonds, also vor allem Zinsen und Laufzeiten, waren völlig identisch. Rein finanzmathematisch hätte das Interesse der Investoren an den Papieren gleich hoch sein müssen. Tatsächlich aber war der Green Bond deutlich begehrter. Dies zeigte sich in den Kursen, nachdem an den Börsen der Handel aufgenommen worden war. Der Green Bond wurde messbar höher bewertet als sein grauer Zwilling. Der Unterschied war zwar nicht riesengroß, aber auch nicht zu vernachlässigen.

Prompt brachte Finanzminister Scholz nach der Premiere mehrere weitere grüne Bundesanleihen mit einem Gesamtwert in zweistelliger Milliardenhöhe auf den Markt. Der Politiker wird dabei auch nach Frankfurt geschielt haben. Christine Lagarde, Präsidentin der Europäischen Zentralbank, hatte einige Wochen zuvor angedeutet, die Notenbank könne bevorzugt Green Bonds ankaufen. Um das europäische Finanzsystem in den Zeiten von Corona zu kräftigen, hat die EZB ein neues Programm zum Ankauf von Staatsanleihen gestartet, das ein Volumen von 1,85 Billionen Euro aufweist. Der nächste Green Bond der Bundesregierung stößt also mit großer Sicherheit auf eine mehr als ausreichende Nachfrage.

Auch in der privaten Wirtschaft wurden die Signale gehört. Die Commerzbank, die Deutsche Bank, der Autohersteller Daimler, der Chemiekonzern BASF sowie die Stromversorger EnBWund RWE sind ebenfalls auf den Zug aufgesprungen. Zuweilen scheint es den Emittenten allerdings eher um Marketing denn um Klimaschutz zu gehen, wie wir weiter unten noch sehen werden. Jeder neue Green Bond wird in der Wirtschaftspresse beklatscht; das hilft, ein lädiertes Image aufzupolieren. In der allgemeinen Begeisterung fragen nur wenige Beobachter, wie es bei diesen Großbanken und Industriekonzernen wirklich um die Nachhaltigkeit steht.

Als uneingeschränkt seriös gelten können hierzulande nur wenige Emittenten. Hierzu gehören die **KfW**- und die **NRW-Bank**, die bereits seit mehreren Jahren regelmäßig Green Bonds auf den Markt bringen. Es wäre nicht die schlechteste Idee, wenn sich nachhaltige Anleger an diese zwei Förderbanken halten, wenn sie in Klima-Anleihen investieren wollen. Im Folgenden werden die Geschäftsmodelle der beiden Institute vorgestellt.

Mit 10 000 Euro acht Tonnen Kohlendioxid vermeiden

Die Linie 133 führt durch einige der schöneren Stadtteile Kölns. Die Busse starten am Breslauer Platz auf der Rückseite des Hauptbahnhofs und fahren dann zunächst durch den Süden der Altstadt, vorbei an unzähligen Kneipen, Cafés und Restaurants. Später verläuft die Strecke entlang des Rheins, vorbei am Schokoladenmuseum, den imposanten Kranhäusern und dem Rheinauhafen. Endstation ist der Südfriedhof in Köln-Zollstock.

Exakt 26 Minuten dauert die Fahrt, wenn der Verkehr auf den Straßen mal zügig läuft. Während dieser Zeit blasen die Omnibusse kein einziges Gramm Kohlendioxid in die Luft, keinerlei Rußteilchen und nicht ein einziges Molekül Stickoxid. Die rot und weiß lackierten Gelenkbusse, die die sieben Kilometer lange Strecke befahren, haben ausnahmslos einen Elektroantrieb.

Die Fahrzeuge mit ihrem eleganten Design bilden die Avantgarde einer kleinen Revolution im Kölner Nahverkehr. Bis 2030 wollen die kommunalen Verkehrsbetriebe alle Linienbusse mit Dieselmotor in den Ruhestand schicken. Dann sollen in der ganzen Stadt nur mehr Busse mit vollkommen emissionsfreiem Antrieb verkehren. So hat das Unternehmen im Frühjahr 2020 mehr als fünfzig Linienbusse mit Batterieantrieb bestellt.

Die Kölner Verkehrsbetriebe erhielten für das klimaschonende Projekt zwar großzügige Beihilfen der Bundesregierung und des Landes Nordrhein-Westfalen, doch die Zuschüsse reichten nicht aus, um die Anschaffung der Elektrobusse finanzieren zu können. Einen Gutteil des Kaufpreises von rund 35 Millionen Euro steuerte die **NRW-Bank** mit einem Darlehen bei; es handelte sich um einen Förderkredit mit Zinsen nahe null. Das Geld für die Busfinanzierung beschaffte sich die NRW-Bank wiederum mit einem Green Bond.

Green Bonds für Privatanleger (Auswahl)*

Emittent	ISIN	Volumen	Zinsen	Fälligkeit
Berlin Hyp**	DE000BHY0GX9	500 Millionen Euro	0,010 Prozent	2.9.2030
Bund***	DE0001141828	25 Milliarden Euro	0,000 Prozent	10.10.2025
Daimler AG	DE000A289QR9	1 Milliarde Euro	0,750 Prozent	10.09.2030
Deutsche Bank AG	DE000DL19VD6	500 Millionen Euro	1,375 Prozent	10.06.2026
Eon SE	XS2152899584	750 Millionen Euro	1,000 Prozent	07.10.2025
KfW-Bank	XS2209794408	3 Milliarden Euro	0,000 Prozent	15.09.2028
NRW-Bank	DE000NWB0AL1	500 Millionen Euro	0,000 Prozent	03.02.2031

*Mit Ausnahme der Bundesobligation beträgt der Mindestanlagebetrag bei allen Anleihen jeweils 1 000 Euro; die Emissionswährung ist Euro; es bestehen keine Nachrangabreden. **Als besicherter Pfandbrief begeben. ***Handelbar in Einheiten von 0,01 Euro. Quelle: Unternehmensangaben, eigene Recherchen.

Die Förderung von Elektromobilität bildet heute eines der wichtigsten Geschäftsfelder der NRW-Bank. Unter dem Schlagwort »Clean Transport« finanziert das Institut nicht nur die Anschaffung von kommunalen Linienbussen mit klimafreundlichem Antrieb. Auch Handwerker, Industriebetriebe und andere kommerzielle Unternehmen können vergünstigte Kredite bekommen, wenn sie umweltschonende Lkw und Lieferwagen anschaffen wollen. Zudem finanziert das Institut Ladestationen für Elektrofahrzeuge.

Überdies fördert die NRW-Bank die Erzeugung von Strom aus erneuerbaren Energien. Bis zum Jahr 2020 hat das Institut den Bau von rund zwei Dutzend Windkraftparks in Nordrhein-Westfalen finanziert. Viele dieser Anlagen sind als sogenannte Bürgerparks konzipiert. Dies bedeutet, dass sich Anwohner an den Projekten finanziell beteiligen können; sie bekommen im Gegenzug einen Anteil an den Gewinnen ausgeschüttet. Mit dieser Regelung wollen die Initiatoren die Akzeptanz von Windparks in der Bevölkerung erhöhen, die ja unter einer erheblichen Lärmbelastung leiden muss.

Doch welchen Nutzen bringen die Maßnahmen, die die NRW-Bank mit Förderkrediten unterstützt und die Privatanleger mit ihren Ersparnissen finanzieren helfen? Mutmaßungen führen hier nicht weiter, harte Fakten sind gefragt. Die NRW-Bank lässt von unabhängigen Wissenschaftlern überprüfen, welchen Beitrag ihre Programme zur Bekämpfung des Treibhauseffekts liefern. Beauftragt ist damit das Wuppertal-Institut für Klima, Umwelt, Energie, einst geleitet von Ernst-Ulrich von Weizsäcker, einem der profiliertesten Klima-Experten Deutschlands.

Die Ergebnisse der Überprüfung sind beeindruckend. Nehmen wir an, ein privater Anleger habe in den Green Bond investiert, den die NRW-Bank 2017 begeben hat. Mit den Projekten, die das Förderinstitut mit dieser Anleihe finanziert hat, können Jahr für Jahr die Emission von 400 000 Tonnen Kohlendioxid vermieden werden, wie das Wuppertal-Institut ermittelt hat. Ein Kleinanleger, der 10 000 Euro in diesen Green Bond investiert hat, hilft damit, Jahr für Jahr den Ausstoß von 8 Tonnen Kohlendioxid zu vermeiden. »Dies entspricht grob gerechnet den CO_2-Emissionen, die pro Jahr von einer durchschnittlich großen Wohnung mit einer konventionellen Ölheizung verursacht werden«, erläutert Frank Richter von der NRW-Bank.

Viele Menschen würden hierzulande gern ein Häuschen bauen oder kaufen, das nach allen Regeln des Klimaschutzes konzipiert ist. Sämtliche Energie, die zum Heizen, Kochen und Duschen benötigt wird, würde in diesem Eigenheim aus erneuerbaren Quellen stammen. Die Belastungen der Erdatmosphäre mit Kohlendioxid wären gleich null. In einem solchen Haus darf eine Familie mit gutem Gewissen leben. Doch leider haben sich Immobilien in den vergangenen Jahren arg verteuert. In einer Großstadt wie Hamburg kostet ein klimaneutrales Einfamilienhaus leicht 500 000 bis 1 Million Euro. Das übersteigt die Möglichkeiten eines Durchschnittsverdieners. Nachhaltige Anleger können aber einen gleichwertigen Beitrag zum Klimaschutz leisten, indem sie eine verhältnismäßig geringe Summe in Green Bonds der NRW-Bank oder anderer Emittenten anlegen.

Deutschlands größter Emittent von grünen Anleihen

Die NRW-Bank hat zwar als erstes Finanzinstitut in Deutschland eine Klima-Anleihe aufgelegt. Der bedeutendste Emittent von Green Bonds ist jedoch die **KfW-Bankengruppe**. Von 2014 bis 2020 hat das Kreditinstitut mit Sitz in Frankfurt rund fünfzig Klima-Anleihen begeben; die Bonds hatten ein Volumen von insgesamt etwa 30 Milliarden Euro. Damit ist das Geldhaus eigenen Angaben zufolge einer der weltweit größten Emittenten von Green Bonds.

Die KfW ist das zentrale Förderinstitut des Bundes, der 80 Prozent des Kapitals hält; die übrigen 20 Prozent liegen bei mehreren Bundeslandern. Wenn die Regierung in Berlin bestimmte Ziele finanziell unterstützen will, dann wird mit der Umsetzung in den meisten Fällen die KfW beauftragt. Das Institut wurde nach dem Zweiten Weltkrieg als Kreditanstalt für Wiederaufbau gegründet; damals bestand die wichtigste Aufgabe in der Finanzierung des Wohnungsbaus. Für Millionen von Menschen, deren Häuser zerbombt worden waren, musste eine neue Unterkunft geschaffen werden. Noch heute unterstützt die KfW Kommunen, die günstigen Wohnraum für Familien mit tendenziell unterdurchschnittlichem Einkommen schaffen wollen. Längst aber kümmert sich die Förderbank auch um andere Aufgaben, die im öffentlichen Interesse liegen. Sie unterstützt zum Beispiel junge Studierende mit Förderkrediten. Über die Tochtergesellschaft **DEG** läuft ein Gutteil der Hilfsmittel, mit denen die Bundesrepublik die Entwicklung in den armen Ländern fördern möchte.

Einen besonders breiten Raum nehmen Förderprogramme für kleine und mittelgroße Unternehmen ein; sie bekommen bei der KfW vergünstigte Kredite für Investitionen sowie laufende Ausgaben. Ebenfalls unterstützt werden Start-ups, insbesondere aus technologieorientierten Branchen. Über die KfW laufen überdies die Corona-Hilfen, mit denen der Bund Einzelhändlern, Restaurants und anderen mittelständischen Unternehmen helfen will, die während des Lockdowns schließen mussten, deshalb keine Einnahmen hatten und dann von Insolvenz bedroht waren.

Längst bilden allerdings Umwelt- und Klimaschutz das größte Geschäftsfeld der KfW-Bankengruppe. Sie hat sich verpflichtet, für diese Ziele mindestens 35 Prozent der gesamten Fördermittel einzusetzen. Tatsächlich liegen die Anteile in manchen Jahren erheblich höher; keine andere Institution steckt in Deutschland so viel Geld in die Rettung unseres Planeten wie die Förderbank der Bundesregierung. Im Jahr 2019 investierte die KfW insgesamt 18,9 Milliarden Euro in Projekte rund um die Energiewende. Hiervon bestanden allein 11,2 Milliarden aus Krediten für energieeffizientes Bauen und Sanieren; dieser Förderschwerpunkt umfasst vor allem den privaten Wohnungsbau. Am 1. Juli 2021 trat die neue Bundesförderung für effiziente Gebäude (BEG) in Kraft; für die Förderprogramme der KfW gelten nun neue Richtlinien für zinsgünstige Darlehen und Tilgungszuschüsse.

Fördergelder können jedoch nicht nur Privatleute bekommen. Die **KfW** finanziert ebenfalls gewerbliche Projekte und Unternehmen, die einen Beitrag zum Klimaschutz leisten. Ein Beispiel ist der Windpark Dietzen II in Brandenburg, der eine geplante Leistung von 34 Megawatt hat. Gegenüber einem kleinen Kohlekraftwerk mit gleicher Kapazität sinken die Kohlendioxidemissionen um rund 18 000 Tonnen pro Jahr. Gut 22 Millionen Euro verschlang der Bau des Windparks; hiervon steuerte die KfW den Löwenanteil bei. Überdies unterstützt die Förderbank kleine und mittlere Unternehmen, die energiesparende Maschinen oder Lastwagen anschaffen wollen.

Garantien für Klima-Anleihen

Solche Projekte finanziert die KfW, ebenso wie die Programme für private Kunden, ganz überwiegend mit Anleihen, zu denen auch Green Bonds gehören. Im Gegensatz zu Sparkassen, Volksbanken und vielen anderen Kreditinstituten betreibt die KfW kein Einlagengeschäft; das

Gleiche gilt für die **NRW-Bank**. Die beiden Förderbanken haben keine privaten oder gewerblichen Kunden, die Guthaben auf Girokonten, Sparbüchern oder Festgeldkonten halten. Solche Einlagen verwenden andere Banken, um ihr Kreditgeschäft zu finanzieren. Die KfW muss sich die benötigten Mittel hingegen mit Anleihen beschaffen, die sie am Kapitalmarkt platziert. Hierbei wird sie indirekt vom Bund unterstützt; der Staat haftet uneingeschränkt für alle Schulden seiner Förderbank. Dank dieser Garantien braucht die KfW den Investoren, die eine Anleihe der Bank zeichnen wollen, lediglich sehr geringe Zinsen zu bieten. Diese sind nur leicht höher als bei Bundesanleihen, wo die Zinsen zuweilen sogar negativ sind.

Die staatlichen Bürgschaften erstrecken sich auch auf die Green Bonds, die die KfW begibt. (Bei der NRW-Bank haftet das Land Nordrhein-Westfalen.) Den Anlegern, die eine Klima-Anleihe zeichnen, gibt die KfW eine weitere Garantie: Die Mittel werden getrennt verwaltet; die Investoren müssen also nicht befürchten, dass ihr Geld für einen ganz anderen Zweck verwendet wird.

Eine feste Zweckbindung sehen im Übrigen die Green Bond Principles vor, auf die sich die KfW ebenso verpflichtet hat wie andere Emittenten von Klima-Anleihen. Dies sind Grundsätze, auf die sich internationale Banken und Investoren verständigt haben. Die Green Bond Principles sind zwar nicht rechtlich bindend, die institutionellen Investoren achten aber darauf, dass sich die Emittenten an diese Prinzipien halten. Die allgemein anerkannten Grundsätze für Klima-Anleihen sehen ebenfalls vor, dass die Emittenten regelmäßig »Impact Reports« veröffentlichen. Diese Rechenschaftsberichte enthalten detaillierte Angaben, wofür ein Emittent die Erlöse aus einem Green Bond verwendet hat. Interessenten können diese Reports per Internet einsehen.

Die KfW gibt den Anlegern eine weitere Zusage: Die Gelder, die die Förderbank mit ihren Green Bonds erlöst, werden nicht lange auf irgendwelchen Konten geparkt, sondern alsbald für die vorgesehenen Zwecke verwendet. Innerhalb eines Jahres würden die Einnahmen zur Refinanzierung von Klimaschutzprogrammen eingesetzt, versichert die Förderbank.

Aufgrund der hohen Nachfrage nach ihren Green Bonds schwimmt die KfW im Geld. Sie hat daher die Aufgaben, die mit den Klima-Anleihen finanziert werden, ausgeweitet. »Bis Mitte 2019 wurde mit den Erlösen aus unseren Green Bonds ausschließlich das KfW-Standardprogramm für erneuerbare Energien finanziert«, erläutert Petra Wehlert, die Leiterin der Abteilung Kapitalmärkte. Im Mittelpunkt dieser Maßnahmen stehen Solarenergie und Windkraft. Jetzt werden mit den Green Bonds zusätzlich auch die Kreditprogramme der KfW für energieeffizienten Wohnungsbau finanziert.

Als wenn jedes siebte Auto aus dem Verkehr gezogen würde

Das Förderinstitut lässt, ebenso wie die **NRW-Bank**, von unabhängigen Wissenschaftlern überprüfen, welche Auswirkungen die Programme, die mit Green Bonds finanziert werden, auf den Schutz der Erdatmosphäre haben. Zuständig ist hierfür das Zentrum für Sonnenenergie- und Wasserstoff-Forschung Baden-Württemberg (ZSW) mit Sitz in Stuttgart. Die Forscher kamen zu beeindruckenden Ergebnissen. Mit den Solaranlagen und Energiesparhäusern, die die **KfW** bislang via Green Bonds gefördert hat, können rein rechnerisch rund fünf Millionen Haushalte in Deutschland mit klimafreundlichem Strom versorgt werden. Das sind 12 Prozent aller privaten Haushalte in der Bundesrepublik, deren Gesamtzahl vom Statistischen Bundesamt mit 41,5 Millionen angegeben wird.

»Dank der Projekte, die mit den Anleihen finanziert werden, kann der Ausstoß von Kohlendioxid pro Jahr um 12,8 Millionen Tonnen reduziert werden«, sagt die KfW-Managerin Petra Wehler. »Das entspricht den CO_2-Emissionen, die 6,6 Millionen Autos mit einem Verbrennungsmotor erzeugen.« 6,6 Millionen Personenwagen – das sind 14 Prozent aller Fahrzeuge mit Verbrennungsmotor, die über Deutschlands Straßen brausen. Die Green Bonds der KfW haben also, statistisch gesehen, für den Klimaschutz den gleichen Effekt, als wenn in der Bundesrepublik jedes siebte Auto aus dem Verkehr gezogen würde.

Green Bonds sind für die KfW ebenso wie für die NRW-Bank längst integraler Bestandteil des Geschäftsmodells. Die beiden Förderinstitute werden auch in Zukunft regelmäßig neue Klima-Anleihen herausbringen, in die Sparer investieren können. Angesichts der hohen Einsparungen an Kohlendioxid, die von wissenschaftlichen Instituten bestätigt werden, können die Anleger sicher sein, dass sie mit einem Investment in diese Papiere etwas für den Schutz der Erdatmosphäre tun.

Angesichts des anhaltenden Booms bei Öko-Anleihen bringen nun auch andere Unternehmen Green Bonds auf den Markt, bei denen es Zweifel an der Nachhaltigkeit gibt. Dies betrifft zwar nicht unmittelbar die einzelnen Projekte, die mit den Erlösen finanziert werden, doch Strategien und Geschäftsmodelle der Emittenten sind zuweilen alles andere als ethisch oder ökologisch. Die Klima-Anleihen, die im Folgenden kurz vorgestellt werden, dürften für verantwortungsvolle Anleger zumeist wenig empfehlenswert sein.

Kapitel 8

Trau, schau, wem!

Es war eine doppelte Premiere. Im September 2020 begab die **Daimler AG** einen Green Bond, der zugleich die erste Klima-Anleihe des Unternehmens wie auch der deutschen Autoindustrie war. Die Emission spülte 1 Milliarde Euro in die Firmenkasse. Die Erlöse sollen mindestens zur Hälfte dazu verwendet werden, neue Modelle mit Batterieantrieb zu entwickeln. Überdies plant Daimler, mit den eingeworbenen Geldern die Produktionsprozesse zu verbessern, sodass bei der Fertigung der Elektroautos möglichst wenig Kohlendioxid und andere Schadstoffe entstehen, die Umwelt und Klima belasten.

Der Stuttgarter Autohersteller gab ein Gutachten in Auftrag, um sich bestätigen zu lassen, dass der Green Bond tatsächlich die Nachhaltigkeit fördern werde. Beauftragt wurde hiermit eine angesehene Organisation, nämlich das norwegische Klimaforschungsinstitut Cicero. Dessen Tochtergesellschaft Cicero Shades of Green gilt als weltweit führender Spezialist für die ökologische Bewertung von Green Bonds; auch die KfW lässt ihre Klima-Anleihen von dem Institut aus Oslo überprüfen.

Die Norweger haben offenbar Humor; die Bezeichnung ihrer Organisation erinnert an den internationalen Bestseller *Fifty Shades of Grey*. Allerdings unterscheidet Cicero keine fünfzig, sondern nur vier Farbschattierungen: Mit Dark Green werden Anleihen bezeichnet, die in besonders hohem Ausmaß dazu geeignet sind, den Klimaschutz zu verbessern. Nach Dunkelgrün folgen in absteigender Reifenfolge die Bewertungen Medium Green und Light Green. Anleihen, die keinen nachweisbaren ökologischen Nutzen aufweisen, werden von Cicero als Non-Shaded eingestuft, also sozusagen als farblos.

Die Bewertung des Daimler-Bonds umfasst 18 Seiten. Cicero kommt zu einem klaren Urteil: Die Klima-Anleihe vom September 2020 wird als »Dark Green« klassifiziert, erhält also die Spitzennote. Der Daimler-Vorstand, der diese »Second Opinion« in Auftrag gab, darf sich also geschmeichelt fühlen. Doch sollten Anleger den Green Bond des Autoherstellers nun kaufen?

Ein Ablass für Luxuslimousinen

Kritiker geben zu bedenken, dass Daimler nicht gerade zu den Pionieren der Elektromobilität gehört. Konkurrenten wie BMW, Toyota und andere asiatische Autohersteller sind den Schwaben nach Ansicht vieler Beobachter davongefahren. Wie Cicero in der »Green Finance Second Opinion« festhält, entfielen bei Daimler 2019 auf Personenwagen mit Elektroantrieb gerade einmal 0,9 Prozent der gesamten produzierten Stückzahlen; das ist ein verschwindend geringer Anteil.

Obendrein ist der Stuttgarter Autohersteller stark in der automobilen Luxusklasse vertreten. Daimlers Topmodelle sind die S-Klasse und die Maybach-Limousinen, die mit besonders starken Motoren ausgerüstet werden. Die Abgaswerte liegen zu einem Gutteil über den gesetzlichen Normen; sie werden freilich kompensiert durch die verhältnismäßig niedrigen Emissionen der kleineren Modelle der A- und B-Klasse. Denn in den Augen der Behörden zählen nur die Durchschnittswerte der gesamten Fahrzeugflotte; dabei werden die einzelnen Modelle mit den abgesetzten Stückzahlen gewichtet. Genau aus diesem Grund ist Porsche mit seinen PS-starken CO_2-Schleudern bereits vor vielen Jahren in die Arme des Volkswagen-Konzerns geflüchtet. Wer einen Golf oder Polo von VW kauft, ermöglicht damit, dass Porsche seine Sportwagen, SUVs und Limousinen verkaufen darf, die ökologisch gesehen eigentlich zum Alteisen gehören.

Auch Elektrofahrzeuge senken, über die gesamte Modellpalette gerechnet, die durchschnittlichen Emissionen von Kohlendioxid. Wer sich für einen Mercedes mit Batterieantrieb entscheidet, erlaubt es sozusagen dem Fahrer einer S-Klasse-Limousine straffrei über die

Autobahn zu brausen – und zugleich erheblich mehr Kohlendioxid in die Atmosphäre zu pusten, als im Durchschnitt erlaubt sind.

Experten erwarten, dass die EU die zulässigen Abgaswerte in Zukunft weiter absenken wird. Umso größer wird die Differenz zwischen den Grenzwerten und den tatsächlichen Emissionen der Luxuslimousinen. Bei den Modellen der S-Klasse sind die Gewinnmargen aber erheblich höher als bei den kleineren Modellen. Würde Daimler die Produktion einstellen, würden die zuletzt ohnehin recht dürftigen Gewinne vom Fahrtwind verwirbelt werden. Es dürfte also ein Element der langfristigen Strategie von Daimler sein, Fahrzeuge mit Zero Emission auf den Markt zu bringen, die die durchschnittlichen CO_2-Emissionen der Mercedes-Flotte aus der regulatorischen Gefahrenzone bringen. Zwar hat Daimler angekündigt, langfristig die Produktion von Pkw mit Benzin- und Dieselmotoren einzustellen. Künftig will das Unternehmen nur noch Autos mit Elektroantrieb herstellen. Doch wann der Ausstieg aus der Verbrennertechnologie vollzogen sein wird, ist noch nicht ganz klar. Womöglich ist dies bereits Anfang der 2030er Jahre der Fall, vielleicht aber auch erst 2039.

Wer einen Green Bond von Daimler kauft, unterstützt damit indirekt noch mindestens ein Jahrzehnt lang den Bau von Luxuslimousinen mit sehr hohen Kohlendioxidemissionen. Im Übrigen ist der Konzern nicht auf die Scherflein von Kleinanlegern angewiesen, um den kostspieligen Wechsel zu Batterieautos zu finanzieren. Dies erledigen gerne die Kapitalmärkte, die – wie der Fall Tesla zeigt – geradezu begeistert sind von der Elektromobilität.

Wie glaubwürdig sind die Energiekonzerne?

Skepsis angebracht ist ebenfalls gegenüber den Stromversorgern, die zu den bedeutendsten Emittenten von Green Bonds gehören. Der nordrhein-westfälische Energiekonzern **Eon** hat 2020 zwei Anleihen mit einem Volumen von insgesamt 1,5 Milliarden Euro begeben. Die **EnBW** aus Karlsruhe schmückt sich ebenfalls mit einem Green Bond. Auch die **RWE**, wie Konkurrent Eon in Essen ansässig, steht auf dem Sprung;

der rheinische Energiekonzern verabschiedete 2020 einen Rahmenplan für die künftige Emission von Green Bonds.

Da reiben sich viele Klimaschützer verwundert die Augen. Zwar investiert die RWE bedeutende Summen in erneuerbare Energien; im Zentrum stehen Windparks in der Nordsee. Doch der Konzern betreibt weiterhin zahllose fossile Wärmekraftwerke. RWE gilt als einer der größten Verursacher von Kohlendioxidemissionen in Europa. Ausgerechnet dieses Unternehmen, das an der Aufheizung der Erdatmosphäre bestens verdient, will sich mit Green Bonds das Mäntelchen eines Klimaschützers umhängen?

Ebenso doppelzüngig ist das Engagement von Eon, neben der RWE einer der beiden größten Stromversorger Deutschlands. Der Konzern hat, wie oben bereits erwähnt, seine Kohle- und Gaskraftwerke ausgegliedert und in ein neues, eigens zu diesem Zweck gegründetes Unternehmen namens **Uniper** überführt. Diese Firma, die nun mehrheitlich einem finnischen Energiekonzern gehört, betreibt jetzt zwar die ausgelagerten Kohlendioxid-Schleudern, doch den Vertrieb des Kohlestroms übernehmen weiterhin Energieversorger wie Eon. Überdies müssen potenzielle Anleger bedenken, dass das Unternehmen vorerst noch Atomstrom erzeugt. Die Tochtergesellschaft **PreussenElektra** betreibt derzeit drei Kernkraftwerke, die zu den letzten gehören, die im Zuge der Energiewende stillgelegt werden. Die beiden norddeutschen Atommeiler Brokdorf und Grohnde gehen Ende 2021 vom Netz; das Kernkraftwerk Isar in Niederbayern darf bis zum 31. Dezember 2022 Strom produzieren.

Auch die baden-württembergische **EnBW**, der drittgrößte deutsche Energiekonzern, hat aus Sicht von Umweltschützern keine fleckenlose Weste. Das Unternehmen ist bei der Energiewende zwar erheblich weiter vorangekommen als die Konkurrenten Eon und RWE – mehr als die Hälfte des von EnBW erzeugten Stroms stammt aus erneuerbaren Quellen. Überdies sind die meisten Atommeiler, die das Unternehmen einst in Betrieb hatte, längst abgeschaltet. Doch der Block II des Kernkraftwerks Neckarwestheim geht erst Ende 2022 vom Netz, solange produziert die EnBW-Anlage weiter Atomstrom.

Zwar dürfen die Stromerzeuger die Erlöse aus Klima-Anleihen nicht mit anderen Finanzmitteln vermengen, doch es handelt sich letztlich um dasselbe Unternehmen; ab einem bestimmten Punkt fließen alle Aktivitäten in der gleichen Bilanz zusammen. Auf der sicheren Seite ist hingegen, wer Klima-Bonds der KfW erwirbt. Die Staatsbank schließt kategorisch aus, dass mit ihren Förderprogrammen kerntechnische Anlagen finanziert werden.

Mein schöner grüner Waschsalon

Auffallend häufig sind Großbanken in der nachhaltigen Finanzierung aktiv. Die Deutsche Bank und die Commerzbank haben ebenso Klima-Anleihen herausgebracht wie die Landesbank Baden-Württemberg (LBBW) und die DZ Bank, das Spitzeninstitut der Volks- und Raiffeisenbanken. Auch die Berlin Hyp und die Deutsche Hypo, zwei in der Öffentlichkeit wenig bekannte Hypothekenbanken, finden sich unter den Emittenten von Klima-Anleihen.

Doch wie ernst ist es den Großbanken mit dem Klimaschutz? Im Juni 2020 gab die Deutsche Bank ihre Premiere bei Green Bonds; Deutschlands größtes Kreditinstitut brachte eine Klima-Anleihe über 500 Millionen Euro auf den Markt, die groß gegenüber den Medien herausposaunt wurde. Genau besehen ist die Emission jedoch eher peinlich. Die Bilanz der Deutschen Bank summierte sich Mitte 2020 auf rund 1,5 Billionen Euro. Eine halbe Milliarde sind hiervon gerade einmal 0,3 Promille. Polemisch formuliert ist die viel beklatschte Klima-Anleihe ein Rundungsfehler in der Bilanz der Deutschen Bank.

Vor allem aber ist nicht zu erkennen, dass mit grünen Bankanleihen tatsächlich neue Aktivitäten für den Klimaschutz finanziert würden. In der Regel fließen die Erlöse in bereits bestehende Kredit-Portfolios, die oft nur mit neuen Etiketten beklebt werden. Offenbar haben viele Emittenten ganz andere Ziele als den Umwelt- und Klimaschutz im Sinn. Sie wollen zum Beispiel mit Green Bonds die Zinsen senken. Bei Klima-Anleihen akzeptieren die Investoren, wie die Emission der ersten grünen Bundesanleihe gezeigt hat, oft schlechtere Konditionen als bei normalen Bonds.

Gleichzeitig möchten Banken und Unternehmen neue Investoren

gewinnen. Green Bonds zeichnen mitunter auch Anleger, die niemals eine normale Anleihe desselben Emittenten gekauft hätten. Schließlich können Finanzinstrumente, die mit den Weihen der Klimarettung versehen sind, den schlechten Ruf eines Emittenten aufpolieren. Dies gilt für die Reputation an den Kapitalmärkten ebenso wie für das Image in Medien, Politik und Öffentlichkeit.

All diese Argumente dürften auch im Topmanagement von **BASF** erwogen worden sein. Der Chemiekonzern aus Ludwigshafen begab 2020 einen Green Bond, der ein Volumen von 1 Milliarde Euro aufwies; es war bis dato eine der größten Öko-Emissionen der deutschen Industrie. Mit der Klima-Anleihe werden in der Tat Projekte finanziert, die einen gewissen Beitrag zum Klima- und Umweltschutz leisten, wie beispielsweise Windparks für die konzerneigene Stromversorgung Doch wie glaubwürdig ist insgesamt gesehen das Engagement von BASF? Der Chemiekonzern ist einer der weltweit größten Produzenten von petrochemischen Grundstoffen, aus denen zahllose Plastikprodukte, Autoteile und Verpackungsmaterialien hergestellt werden. Diese Erzeugnisse verursachen eines der größten Umweltprobleme unserer Zeit, nämlich die Milliarden Tonnen von Plastikmüll, die in den Ozeanen treiben.

Natürlich ist BASF nicht verantwortlich dafür, dass die Abfälle nicht ordentlich entsorgt werden. Dennoch ist der Einsatz des Chemiekonzerns für den Klima- und Umweltschutz nicht sonderlich überzeugend. BASF ist vor allem bei Massenchemikalien aktiv, deren Produktion sehr energieintensiv ist. Die Chemie-Industrie gehört hierzulande zu den größten Verbrauchern von fossiler Energie.

Obendrein hat BASF, wie auch andere europäische Chemiekonzerne, in den vergangenen Jahren massiv Produktion in Schwellen- und Entwicklungsländer verlagert, wo die gesetzlichen Vorschriften zur Reduzierung von Umwelt- und Klimabelastungen längst nicht so streng sind wie in der Bundesrepublik. So stampfte BASF nahe der chinesischen Großstadt Nanjing gemeinsam mit einheimischen Partnern einen Verbundstandort aus dem Boden, der fast so groß ist wie das Stammwerk in Ludwigshafen.

Viele Kenner der Verhältnisse halten Green Bonds, die von Chemiekonzernen, Energieversorgern und Großbanken begeben werden, schlicht für Greenwashing, das von den wirklichen Problemen ablenkt. Obendrein bleibt es oft bei einer einzigen Emission, die werbewirksam in den Medien bejubelt wird.

Vorerst keine Regulierung von Green Bonds

Es gibt freilich keine Handhabe, um fragwürdigen Emittenten die Verwendung des Gütesiegels »Green Bond« zu untersagen. Die Bezeichnung ist nicht geschützt, weder von nationalem noch europäischem Recht. Es gibt zwar die bereits erwähnten Green Bond Principles, auf die sich wichtige Emittenten und Investoren geeinigt haben. Diese Richtlinien schaffen ein paar allgemeine Bedingungen, die bei der Emission von Klima-Anleihen zu erfüllen sind. Doch die Kriterien sind recht allgemein und schwammig formuliert. Obendrein ist niemand verpflichtet, sich an die Green Bond Principles zu halten.

Die Europäische Union hat bereits vor geraumer Zeit angekündigt, ein verbindliches Regelwerk für Klima-Anleihen zu schaffen. 2020 legte die EU-Kommission einen Entwurf für einen »EU Green Bond Standard« vor. Wann dieses Regelwerk verabschiedet wird, war bis zum Frühjahr 2021 nicht abzusehen. Offenbar gibt es Differenzen, die nur schwer überbrückbar sind. So fordern etwa Frankreich und mehrere osteuropäische Länder, die Vorschriften so zu fassen, dass auch Investments in Kernenergie als klimaneutral gelten und somit über Öko-Anleihen finanziert werden können. Genau dies macht bereits die französische Energiegesellschaft **EDF**, die ihren Strom zum allergrößten Teil aus Atomkraft gewinnt. Das Staatsunternehmen ist in Europa einer der größten Emittenten von Green Bonds.

Andere Mitgliedstaaten der EU, darunter die Bundesrepublik, lehnen dies jedoch entschieden ab. Womöglich scheitert an diesen gegensätzlichen Standpunkten eine Einigung auf europaweit verbindliche Regeln für Green Bonds. Die Anleger müssen voraussichtlich auch in Zukunft prüfen, welche Öko-Anleihen für ein Investment infrage kommen. In der folgenden Checkliste werden einige Punkte erläutert, die bei der Auswahl von Klima-Bonds beachtet werden sollten.

Kapitel 9

Social Bonds –
Anleihen mit sozialer Wirkung

Mit Green Bonds werden im Allgemeinen Projekte finanziert, die dem Umwelt- und Klimaschutz dienen; einen Schwerpunkt bilden die erneuerbaren Energien. Viele verantwortungsvolle Anleger definieren Nachhaltigkeit jedoch wesentlich umfassender. Sie verstehen darunter ebenfalls Gesundheit, Bildung und soziale Ziele, zum Beispiel bezahlbaren Wohnraum für bedürftige Familien.

Für diese Investoren gibt es seit einiger Zeit sogenannte Social Bonds, auch Social Impact Bonds genannt; sie funktionieren ganz ähnlich wie Green Bonds. Freilich ist die Anzahl der umlaufenden Titel derzeit noch recht begrenzt. Soziale Anleihen werden großenteils von den Förderbanken der Bundesländer begeben, die hiermit öffentliche Projekte in der Region fördern. Diese Bonds eignen sich also hervorragend für private Anleger, die soziale Vorhaben in ihrer Region unterstützen möchten – seien es Krankenhäuser, Schulen oder der soziale Wohnungsbau.

Zu den Pionieren von Social Bonds gehört hierzulande die **Hamburgische Investitions- und Förderbank (IFB Hamburg)**, die den Senat der Freien Hansestadt bei seinen Aufgaben unterstützt. Das wichtigste Geschäftsfeld besteht in der Finanzierung von Wohnungsbau. Die IFS befasst sich aber auch mit den Themen Umwelt, Innovation und Mittelstandsförderung.

Bereits 2016 brachte die IFB Hamburg einen Social Bond auf den Markt; er hatte ein Volumen von 100 Millionen Euro. Finanziert wurde mit dieser Anleihe der Bau von 2 000 Mietwohnungen, die in erster Linie für Familien mit eher bescheidenen Einkommens- und Vermö-

Social Bonds für Privatanleger (Auswahl)*

Emittent	ISIN	Volumen	Zinsen	Fälligkeit
Bayern Labo	DE000A0Z1UQ7	500 Millionen Euro	0,625 Prozent	22.11.2027
Deutsche Kreditbank**	DE000SCB0013	10 Millionen Euro	0,700 Prozent	04.06.2029
NRW-Bank	DE000NWB0AK3	1 Milliarde Euro	0,100 Prozent	09.07.2035

*Bei allen drei Anleihen beträgt der Mindestanlagebetrag jeweils 1 000 Euro; die Emissionswährung ist Euro; es bestehen keine Nachrangabreden. **Als besicherter Pfandbrief begeben. Quelle: Unternehmensangaben, eigene Recherchen.

gensverhältnissen vorgesehen sind. Die Projekte wurden zu einem Gutteil von gemeinnützigen Baugenossenschaften realisiert; dieses Eigentums- und Organisationsmodell erlebt derzeit anscheinend eine gewisse Renaissance.

Zwei Jahre später begab die IFB einen zweiten Social Bond, der sogar ein Volumen von 250 Millionen Euro hatte. Diese Anleihe diente ebenfalls der Schaffung von bezahlbarem Wohnraum. Die beiden Papiere haben allerdings eine Stückelung von 100 000 Euro; Social Bonds mit einem derart hohen Mindestanlagebetrag kommen vor allem für institutionelle Investoren und vielleicht noch für sehr wohlhabende Privatanleger infrage.

Förderung von Wohneigentum

Ebenfalls zu den Vorreitern von Social Bonds gehört die **Bayerische Landesbodenkreditanstalt**; die etwas unhandliche Bezeichnung wird gerne zu **Bayern Labo** abgekürzt. Das Institut ist eine Tochtergesellschaft der Bayerischen Landesbank. Die Bayern Labo führt für den Freistaat drei zentrale Förderprogramme durch, die das Institut wiederum mit Anleihen finanziert, für die das Land Bayern garantiert.

Die Förderbank soll unter anderem das Wohneigentum fördern. Im Zentrum stehen dabei junge Familien, die kein allzu hohes Einkommen erzielen. Dank günstiger Zinsen sollen auch breite Bevölkerungsschichten in die Lage versetzt werden, ein Wohnhaus zu bauen oder eine Eigentumswohnung zu erwerben. Ferner unterstützt die Bayern Labo Städte und Gemeinden beim Bau von Mietshäusern. Ein dritter Schwerpunkt besteht in der Modernisierung und energetischen Sanierung von Altbauten. Hier arbeitet die Bayern Labo mit der KfW zusammen, die ja ganz ähnliche Programme aufgelegt hat.

Im November 2017 brachte die Bayern Labo einen Social Bond mit einem Volumen von 500 Millionen Euro heraus. Mit den Erlösen wurden Kredite aus den drei Förderprogrammen refinanziert. Die Darlehen wurden von 2014 bis 2017 vergeben, werden aber noch über längere Zeit laufen. Dank dieser Kredite konnten in Bayern mehr als 20 000 Personen Wohneigentum erwerben. Der Social Bond wird mit 0,625 Prozent im Jahr verzinst. Er hat eine Stückelung von 1 000 Euro. Die ISIN lautet DE000A0Z1UQ7.

Wie die Bayern Labo ist auch die **Deutsche Kreditbank (DKB)** eine Tochtergesellschaft der Bayern LB. Das Institut mit Sitz in Berlin wurde 1990 als erste private Bank in der damals noch bestehenden DDR gegründet. Die Gesundheits- und Sozialwirtschaft bildet heute den Mittelpunkt der Geschäftsaktivitäten. Die DKB finanziert unter anderem Krankenhäuser, Behindertenwerkstätten, Kindertagesstätten und Stadtwerke. Das Institut betrachtet sich als deutscher Marktführer bei der Betreuung kommunaler und genossenschaftlicher Wohnungsunternehmen.

Die Deutsche Kreditbank hat bereits mehrere Social Bonds wie auch Green Bonds begeben, die allerdings zumeist für institutionelle Investoren gedacht sind. Der Social Bond von 2019 mit der ISIN DE000SCB0013 ist wegen seiner Stückelung von 1 000 Euro auch für Kleinanleger geeignet. Die jährlichen Zinsen betragen 0,7 Prozent. Mit der Anleihe, die als Pfandbrief konzipiert ist, werden Kredite auf den Gebieten Soziales Wohnen und öffentliche Versorgung finanziert; weitere Schwerpunkte sind Gesundheit und Pflege, Bildung und Forschung sowie die Inklusion von Behinderten.

Kontrolle durch das Wuppertal Institut

Den bis dato größten deutschen Social Bond begab die **NRW-Bank** im Juni 2020 (ISIN DE000NWB0AK3). Die Anleihe hat ein Volumen von 1 Milliarde Euro. Mit einer Stückelung von 1000 Euro eignet sich der Titel auch für Kleinanleger. Fällig wird der Bond erst 2035; aufgrund der langen Laufzeit hat sich die Förderbank dazu entschlossen, den Investoren ein Zinslein von 0,1 Prozent zu spendieren.

Mit diesem Bond wird unter anderem bezahlbarer Wohnraum finanziert. »Die Mittel sind vor allem für junge Familien mit einem mittleren Einkommen gedacht, die Wohneigentum erwerben wollen«, erläutert Frank Richter von der NRW-Bank. Einen zweiten Schwerpunkt bildet der Bau von Schulen in Nordrhein-Westfalen. Schließlich werden mit dem Social Bond auch Kredite an Unternehmen finanziert, die mit den Geldern nachweisbar neue Arbeitsplätze schaffen oder bestehende Stellen sichern.

Eine unabhängige Organisation kontrolliert, ob die Erlöse tatsächlich für die vorgesehenen Zwecke eingesetzt werden. »Die sachgerechte Verwendung der Gelder wird bei dem Social Bond ebenso wie bei unseren Green Bonds von einem wissenschaftlichen Institut überprüft, nämlich dem Wuppertal Institut für Klima, Umwelt, Energie«, erläutert Richter. Es sei geplant, weitere Social Bonds herauszubringen.

Soziale Anleihen tragen in der Regel ebenso schlechte Renditen wie Green Bonds. Zinsen von 0,1 Prozent wie bei dem ersten Social Bond der NRW-Bank reichen mit allergrößter Wahrscheinlichkeit nicht aus, um künftig die Inflation auszugleichen, die an der Kaufkraft der Ersparnisse zehrt. Wer den realen Wert seines Vermögens erhalten will, darf nicht nur Anleihen kaufen. Er muss ebenfalls beherzt in Aktien investieren, die langfristig erheblich größere Renditen abwerfen. Mit den Chancen und Risiken dieser Wertpapiere befasst sich der dritte Teil des Buchs.

Checkliste für Investments in Klima-Anleihen

Bislang wurde stillschweigend vorausgesetzt, dass die Leserinnen und Leser eine ungefähre Ahnung haben, was Anleihen sind. Dies ist aber offenbar, wie der Autor aus privaten Gesprächen gelernt hat, längst nicht immer der Fall. Daher wollen wir hier zunächst eine ganz simple Frage beantworten.

 **1.** **Was ist das eigentlich – eine Anleihe?**

Anleihen werden von Staaten, Banken und Großunternehmen begeben, die Geld benötigen, um geplante Ausgaben zu finanzieren. Es handelt sich also schlicht um Schulden. International üblich ist der Begriff Bond, der zunehmend auch im Deutschen verwendet wird – daher die Bezeichnung Green Bonds. Im Wirtschaftsrecht werden Anleihen gemeinhin als Schuldverschreibungen bezeichnet. Ein veraltetes Synonym, das kaum noch verwendet wird, sind Obligationen.

Im Unterschied zu Bankkrediten sind Anleihen handelbar. Eine Bank kann ein Darlehen, das sie einem Kunden gegeben hat, meist nicht ohne dessen Zustimmung an ein anderes Kreditinstitut oder einen Finanzinvestor abtreten. Eine Anleihe ist jedoch ein Wertpapier, das der Gläubiger oder Inhaber jederzeit kaufen oder verkaufen kann. Bonds werden gewöhnlich an einer Börse gelistet; dort können Anleihen jederzeit anonym erworben oder veräußert werden. Die Staaten, Banken oder Unternehmen, die eine Anleihe begeben, werden als Emittenten bezeichnet. Entsprechend ist die Ausgabe einer Anleihe eine Emission.

Mit Bankkrediten gemein haben Anleihen, dass in der Regel feste Zinsen gezahlt werden. Hierin unterscheiden sich Bonds von Aktien, auf die jährliche Dividenden ausgeschüttet werden. Wie hoch Dividendenzahlungen ausfallen, hängt davon ab, wie gut die Gewinne sind, die das Unternehmen im abgelaufenen Geschäftsjahr erwirtschaftet hat. Je besser die Erträge, desto höher die Dividende – und umgekehrt. Muss die Firma Verluste melden, werden die Ausschüttungen in der Regel ganz gestrichen.

Die Gefahr, dass die jährlichen Zinsen nicht gezahlt werden, ist bei Anleihen hingegen recht gering. Dies wäre allenfalls bei einer Insolvenz der Fall. Die Erträge und Risiken eines Green Bonds sind mithin überschaubar. Zwar können auch die Börsenkurse von Anleihen in einem gewissen Rahmen schwanken, doch die Kursausschläge sind weitaus geringer als bei Aktien. Daher können diese Wertpapiere auch sehr konservativen Anlegern empfohlen werden.

 ## Wie lassen sich die unterschiedlichen Green Bonds identifizieren?

An den Börsen werden zahllose Anleihen gehandelt. Auch bei Green Bonds nehmen die Emissionen kräftig zu. Überdies haben viele Staaten, Banken und Unternehmen im Lauf der Zeit gleich mehrere Klima-Anleihen begeben, die größtenteils alle noch im Umlauf sind. Allein die NRW-Bank hat bis Anfang 2021 zehn Green Bonds begeben. Dies bedeutet, dass an der Börse gleichzeitig mehrere verschiedene Klima-Anleihen gehandelt werden, die zwar den gleichen Emittenten haben, aber nicht unbedingt dieselben Zinsen, Kurse und Laufzeiten. Wie kann ein Privatanleger die verschiedenen Green Bonds auseinanderhalten?

Dies geht am besten mit den beiden Kennnnummern, die jedes Wertpapier aufweist, das an einer regulierten deutschen Börse gehandelt wird. Die eine ist die International Securities Identification Number (ISIN). Sie besteht aus einer Kombination von zwölf Buchstaben und

Ziffern. Außerdem gibt es für deutsche Anleihen die Wertpapier-Kenn-nummer (WKN), die lediglich sechs Ziffern und Buchstaben aufweist. Die Klima-Anleihe, die die NRW-Bank im Februar 2020 begeben hat, trägt beispielsweise die ISIN DE000NWB0AJ5.

Mithilfe von ISIN und WKN können Anleger im Internet aktuelle Informationen zu den Green Bonds abrufen, die sie gekauft haben oder an deren Erwerb sie interessiert sind. Internetportale wie Finanzen. net bieten umfassende Daten zu allen an deutschen Börsen notierten Anleihen. Dort werden auch die aktuellen Börsenkurse und Renditen angegeben. Charts zeigen die Entwicklung der Kurse für unterschied-lich lange, beliebig wählbare Perioden.

Wo kann ich Klima-Anleihen kaufen und verkaufen?

Anleihen werden über die Erstemission an den Kapitalmärkten plat-ziert. Hieran können in der Regel nur ausgewählte Großinvestoren wie Fondsgesellschaften, Banken und Versicherer teilnehmen. Für den deutschen Staat organisiert die Finanzagentur des Bundes die Emis-sionen. Eingeladen werden hierzu nur rund drei Dutzend Großbanken aus dem In- und Ausland. Die Kreditinstitute halten die Bundesanlei-hen, die sie bei der Emission erworben haben, nur zu einem Teil im eigenen Bestand. Die erworbenen Anleihen werden großenteils an der Börse platziert oder an Kunden weitergereicht, zum Beispiel Fondsge-sellschaften und Versicherungen.

Sparer und Kleinanleger können Green Bonds nur an der Börse erwerben. Dies erledigt die Hausbank, bei der die Anleger ihr Konto haben. Die Institute führen für die erstandenen Green Bonds ein Wert-papierdepot. Auf das Konto bei der Hausbank fließen auch die jährlich zu zahlenden Zinsen sowie die Erlöse, die der Emittent nach Fälligkeit einer Anleihe zahlt, also nach dem Ende der Laufzeit.

4. Wann bekommt der Anleger sein Geld zurück?

Anleihen haben normalerweise eine feste Laufzeit. Bei der Emission wird auf den Tag genau festgelegt, wann ein Bond fällig wird. Nach Ablauf dieser Frist bekommt der Inhaber der Anleihe sein Kapital zurück. Der oben erwähnte Green Bond der **NRW-Bank** vom Februar 2020 wird am 18. Februar 2030 fällig. Zu diesem Termin muss die Bank die 500 Millionen Euro, die sie zehn Jahre zuvor aufgenommen hat, an die Investoren zurückzahlen. Wer den Green Bond früher loswerden möchte, kann die Anleihe an der Börse verkaufen.

Bekanntlich gibt es keine Regel ohne Ausnahme. Die **UmweltBank** hat im Sommer 2018 einen Green Bond mit unbefristeter Laufzeit herausgebracht. Es gibt keinen fixen Termin, zu dem die Anleger ihr Geld zurückerhalten. Nur die UmweltBank selbst kann den Bond zu einem selbst gewählten Termin kündigen; sie ist aber nicht verpflichtet, dies jemals zu tun. »Perpetual Bonds«, zu Deutsch: ewige Anleihen heißen solche Wertpapiere im Finanzjargon; sie sind in Deutschland sehr ungewöhnlich. Wegen der schwer einschätzbaren Risiken, die mit Perpetual Bonds verbunden sind, ist der Green Bond der UmweltBank konservativen Privatanlegern nicht zu empfehlen.

5. Wie hoch sind die Zinsen und Renditen?

Eine Anleihe ist üblicherweise mit einem Kupon versehen, der angibt, welche Zinsen der Emittent den Investoren jährlich zu zahlen hat. Wie hoch der Zinskupon ist, hängt unter anderem von der Laufzeit einer Anleihe ab. Je länger die Laufzeit, desto höhere Zinsen muss ein Emittent im Allgemeinen bieten. Denn je weiter der Fälligkeitstermin in der Zukunft liegt, desto größer ist die Gefahr, dass bei dem Bond oder dem Emittenten irgendetwas schiefläuft. Für die größere Unsicherheit erwarten die Anleger höhere Erträge.

Doch auch bei langen Laufzeiten sind die Zinsen, die die Emittenten heute zahlen, außerordentlich kümmerlich. Der Stromversorger **EnBW** hat 2018 einen Green Bond mit einer ungewöhnlich langen Laufzeit begeben (ISIN XS1901055472). Die Anleger bekommen ihr Geld erst 2033 zurück, also nach 15 Jahren. Entsprechend hohe Zinsen zahlt der Energiekonzern; der Bond hat einen Kupon von 1,875 Prozent.

Angesichts der Nullzinsen, die die **KfW** und die **NRW-Bank** auf ihre jüngsten Green Bonds zahlen, klingen 1,875 Prozent ganz ordentlich. Die Anleger müssen jedoch unbedingt beachten: Die Renditen, die sie mit diesem Green Bond erzielen können, sind nicht identisch mit den Zinsen, die der Emittent zahlt. Wie hoch die Rendite eines Green Bonds ist, hängt auch von dem Kurs ab, zu dem ein Anleger die Anleihe gekauft hat. Der Green Bond von EnBW notierte Ende Januar 2021 an der Börse bei rund 120 Prozent. (Der Kurs von Anleihen wird in Prozent des Nennwertes angegeben.) Dies bedeutet: Die Investoren zahlten damals für den Green Bond einen Aufschlag von 20 Prozent auf den Kurs, zu dem die Anleihe ursprünglich begeben wurde. Doch warum wurde das Papier zu einem solch hohen Kurs gehandelt? Der Grund ist ganz einfach der recht stattliche Zinskupon, mit dem der Green Bond von EnBW ausgestattet ist. Während der langen Laufzeit von 15 Jahren bekommen die Investoren Jahr für Jahr Zinsen von 1,875 Prozent – während sie bei den jüngsten Bonds der KfW oder der NRW-Bank leer ausgehen.

Das Papier der EnBW hat also in den Augen der Investoren einen größeren Ertragswert. Folglich sind sie auch bereit, an der Börse höhere Preise für den Green Bond der EnBW zu zahlen. Der hohe Börsenkurs hat wiederum gravierende Auswirkungen auf die jährliche Rendite; sie betrug am 23. Januar 2021 exakt 0,259 Prozent. Die Rendite war also nur knapp ein Sechstel so hoch wie die jährlich zu zahlenden Zinsen. Immerhin können die Gläubiger mit dieser Anleihe noch positive Renditen erzielen, so winzig klein die auch sind. Das ist bei den Green Bonds der KfW und der NRW-Bank nicht mehr möglich.

Der Zinsgeiz hat im Wesentlichen zwei Gründe. Zum einen herrscht an den Finanzmärkten Anlagenotstand: Es gibt weitaus mehr Kapital, das auf der Suche nach guten Investments ist, als Anlagemöglichkeiten bestehen, die ansehnliche Erträge abwerfen. Wir haben in Europa seit mehr als 70 Jahren Frieden, Wachstum und eine historisch beispiellose Prosperität. In dieser langen Zeit haben sich riesige Vermögen gebildet, die auf irgendeine Weise angelegt werden müssen. Diese Notlage nutzen die Emittenten aus – gleich ob sie normale Anleihen begeben oder Green Bonds. Niemand zahlt mehr Zinsen, als er muss.

Bei der KfW und der NRW-Bank kommt ein weiterer Faktor hinzu. Dies sind die staatlichen Garantien, die die beiden Förderinstitute genießen. Laut Gesetz haftet der Bund für alle Anleihen, Kredite und sonstigen Verbindlichkeiten der KfW. Wenn das Institut nicht zahlen kann, muss der Staat einspringen. Ähnlich ist die Lage bei der NRW-Bank, wo das Land Nordrhein-Westfalen uneingeschränkt und unwiderruflich für die gesamte Bilanz haftet. Dies erklärt, warum die beiden Institute mit Zinsen von 0 Prozent davonkommen.

 ## Wie viel muss ich mindestens investieren?

Private Anleger, die einen Green Bond kaufen möchten, stoßen häufig auf ein unerwartetes Hindernis. Die Hürde trägt den Namen »Stückelung«. Dies ist der Mindestbetrag, den ein Anleger investieren muss, wenn er eine bestimmte Anleihe erwerben will. Am weitesten verbreitet sind hierzulande Stückelungen von 1 000 und 100 000 Euro. Die **KfW** und die **NRW-Bank** bieten ihre Klima-Anleihen prinzipiell mit einer Stückelung von 1 000 Euro an. Solche Bonds können auch Sparer erwerben, die ein ganz normales Einkommen haben – etwa kleine Angestellte, Lehrerinnen oder Krankenpfleger.

Hingegen muss jemand schon Millionär sein, wenn er Öko-Bonds des Chemiekonzerns **BASF**, der **Commerzbank** oder der **DZ Bank** erwerben möchte. Die Anleihen, mit denen diese drei Emittenten ihr Debüt auf dem Green-Bond-Markt feierten, kosten pro Stück stolze 100 000 Euro. Anleihen mit solch hohen Stückelungen sind in erster

Linie für institutionelle Investoren gedacht, also für Banken, Pensionskassen, Rentenfonds, Staatsfonds und Versicherungen.

 Werden die Bonds von einer ökologischen Ratingagentur bewertet?

Die Banken, Förderinstitute und Unternehmen, die in der Bundesrepublik Green Bonds auf den Markt gebracht haben, können in der Regel das Zertifikat einer ökologischen Ratingagentur vorweisen. Diese Organisationen bewerten, ob die Anleihen tatsächlich einen nennenswerten Einfluss auf den Klimaeffekt haben – und wie groß die Auswirkungen möglicherweise sind.

Die **KfW** lässt sich gleich von vier Öko-Ratingagenturen prüfen, nämlich der norwegischen **Cicero** (die auch den Green Bond von Daimler bewertet), der **Imug** aus Hannover, der deutsch-amerikanischen **ISS ESG** und der kanadisch-niederländischen **Sustainalytics**. Die Öko-Agenturen prüfen jeden neuen Green Bond separat; die Bewertungen sind auf den Websites der Emittenten einsehbar.

 Kann ich überprüfen, was mit meinem Geld passiert?

Seriöse Organisationen und Unternehmen, die Green Bonds ausgeben, veröffentlichen genaue, nachprüfbare Informationen, welche Vorhaben mit den eingeworbenen Mitteln finanziert werden. Mustergültig verfahren nach Ansicht von Experten die Förderbanken. Die Frankfurter **KfW** schlüsselt detailliert die Programme auf, die mit dem Geld der Investoren finanziert werden; auf der Website des Instituts werden Beispiele für die einzelnen Förderprogramme genannt.

Die **NRW-Bank** gilt als besonders transparent. Das Institut fördert ausschließlich Projekte, die in Nordrhein-Westfalen angesiedelt sind. Die regionale Fokussierung ermöglicht es, dass private Anleger aus diesem Bundesland persönlich einen Blick auf die Vorhaben werfen können, die mit ihren Ersparnissen gefördert werden – zum Beispiel die Anschaffung von kommunalen Elektrobussen in Köln, die Errichtung von Windparks im Münsterland oder die oben geschilderte Renaturierung der Emscher.

 ## Wie sicher sind die Investments?

Jede privatwirtschaftliche Bank, jedes kommerzielle Unternehmen kann theoretisch Bankrott machen. Dieses Risiko lässt sich niemals völlig ausschließen. Auch die Emittenten von Klima-Anleihen können unter Umständen zahlungsunfähig werden. Doch wie groß ist die Gefahr im Einzelfall? Und wie können Kleinsparer (die ja im Allgemeinen keine Finanzexperten sind) die Bonität oder Kreditwürdigkeit eines Emittenten einschätzen, dessen Green Bond sie kaufen möchten?

Private Anleger, die bei ihren Investments ganz sicher gehen wollen, können sich ebenso wie professionelle Investoren an den Bewertungen der Ratingagenturen orientieren. Diese Finanzdienstleister prüfen regelmäßig, wie kreditwürdig Banken, Unternehmen und Staaten sind. Die ermittelte Bonität wird nach einem festen Schema mit verschiedenen Stufen angegeben, die jeweils mit Buchstaben und zum Teil auch Ziffern bezeichnet sind. An den globalen Finanzmärkten beachtet werden vor allem die Bewertungen der Ratingagenturen **Fitch**, **Moody's** und **Standard & Poor's (S&P)**, alle in New York ansässig.

Für eine optimale Bonität vergeben Fitch und S&P die Bewertung AAA; bei Moody's lautet die Bestnote in etwas anderer Schreibweise Aaa. Die **KfW** ist eines der ganz wenigen Unternehmen in der gesamten Bundesrepublik, die von Fitch, Moody's und S&P jeweils das begehrte dreifache A bekommen. Dank der erwähnten staatlichen Garantie und der grundsoliden Geschäftspolitik steht die Kreditwürdigkeit der Förderbank in keiner Hinsicht infrage. Unabhängige Experten haben dem Institut mehrfach bescheinigt, sie sei »die sicherste Bank der Welt«.

Selbst der ängstlichste Kleinsparer kann ruhig schlafen, wenn er Green Bonds der Staatsbank in seinen Tresor gelegt hat.

Der **NRW-Bank** testieren die Ratingagenturen gleichfalls eine exzellente Bonität. Sie bekommt von Fitch die Bestnote AAA. Moody's und S&P machen jedoch leichte Abstriche; sie vergeben sozusagen keine Eins, sondern nur eine Eins minus. Die meisten anderen Banken und Industriekonzerne, die hierzulande Green Bonds herausgebracht haben, befinden sich ebenfalls im grünen Bereich. S&P stuft die Bonität dieser Emittenten in nahezu allen Fällen mit einem AA oder A ein. Auch bei solchen Bewertungen müssen sich die Anleger keine Sorgen machen, dass der Emittent ihrer Green Bonds unversehens in den Konkurs rauscht.

Kritisch wird es allerdings bei Ratings, die niedriger ausfallen. Als Schwellenwert gilt die Note BBB in der Skala von S&P. Alle Ratings, die schlechter sind, signalisieren: Hier wird es unter Umständen brenzlig. Ein Konkurs steht zwar meist nicht unmittelbar bevor, doch die Gefahr einer Insolvenz kann nicht mehr ignoriert werden. Solche Wertpapiere sind nur etwas für Profis, die die Risiken kompetent einschätzen können.

Besonders sicher sind hingegen Green Bonds, die als Pfandbriefe ausgegeben werden. Mit solchen Anleihen werden im Allgemeinen energieeffiziente Immobilien finanziert. Hierbei werden die Kredite mit Pfandrechten besichert, die in das Grundbuch eingetragen werden. Macht der Kreditnehmer Bankrott, ist zwar das Geld weg, doch die Bank kann das Grundpfandrecht ziehen; die finanzierten Immobilien gehen dann in ihr Eigentum über. Die Besicherung gilt auch für die Zeichner des Pfandbriefs, mit dem die Immobilienkredite refinanziert wurden.

Für solche grünen Pfandbriefe haben sich gleich mehrere Emittenten entschieden. Darunter befindet sich die Hypothekenbank **Berlin Hyp** aus dem Finanzverbund der Sparkassen (ISIN DE000BHY0GL4). Auch die **Deutsche Hypothekenbank**, eine Tochter der Norddeutschen Landesbank, hat ein solches Finanzinstrument auf den Markt gebracht

(ISIN DE000DHY4994). Allerdings hat dieser Bond eine Stückelung von 100 000 Euro, ist also nicht für Kleinanleger geeignet.

Wer ganz genau wissen möchte, welche Risiken ein bestimmter Green Bond birgt, kann den Verkaufsprospekt studieren, der bei jeder Neuemission einer Anleihe zwingend vorgeschrieben ist. Ohne einen solchen Emissionsprospekt darf der Bond nicht an der Börse gehandelt werden. Besonders detailliert werden die finanziellen Risiken bei Anleihen dargestellt, die eine Stückelung von 1 000 Euro haben. Denn solche Bonds werden oft von Kleinanlegern gekauft, die wenig Erfahrung mit Wertpapieren haben.

 Worauf muss ich sonst noch achten?

Anleihen, die von deutschen Emittenten begeben werden, lauten für gewöhnlich auf Euro, der gesetzlichen Währung in der EU. Doch dies ist nicht immer der Fall. Die KfW begibt häufig Green Bonds in ausländischen Währungen – zum Beispiel in US-Dollar, britischen Pfund oder Schwedischen Kronen. Mit solchen Emissionen will die Förderbank Investoren aus anderen Ländern mit hohem Umweltbewusstsein gewinnen. Deutsche Anleger, die diese Anleihen kaufen, gehen ein zusätzliches Risiko ein: Während der Laufzeit der Green Bonds können die Wechselkurse kräftig sinken. Die Dollar, Pfund oder Kronen, die die Investoren bei Fälligkeit kassieren, sind dann in Euro erheblich weniger wert als zum Zeitpunkt der Investition.

Anleihen werden in der Regel an einer öffentlichen, gesetzlich regulierten Börse gehandelt. Dies ist freilich nicht bei jedem Green Bond der Fall. Die Klima-Anleihe, die die die UmweltBank 2018 herausgebracht hat, wurde nur den eigenen Kunden angeboten. Wenn ein Anleger seine Bonds verkaufen will, kann er dies nur an einem sogenannten Sekundärmarkt tun, den das Nürnberger Kreditinstitut für seine Kunden organisiert. Dort aber wird längst nicht so intensiv und regelmäßig gehandelt wie an einer öffentlichen Börse. Wer also seine Anleihe abstoßen muss, weil er dringend Geld braucht, findet womöglich keinen Abnehmer oder bekommt einen schlechten Preis. Ausgerechnet der Green Bond der UmweltBank kommt daher für konservative Anleger kaum infrage.

Das Institut fällt in einem weiteren Punkt unangenehm auf. Der Green Bond von 2018 ist mit einer sogenannten Nachrangabrede verknüpft. Dies bedeutet: Macht der Schuldner Bankrott, müssen die Anleihezeichner ihre Forderungen zurückstellen. Zunächst werden die Ansprüche aller anderen Gläubiger befriedigt. Erst dann kommen die Nachranginvestoren an die Reihe. Dann aber ist die Insolvenzmasse oft schon komplett verteilt. Die Inhaber eines Nachrangbonds laufen also ein hohes Risiko, bei einem Konkurs leer auszugehen.

TEIL III

INVESTMENTS IN DIE ENERGIEWENDE

Kapitel 10

Warum die Börse gut ist für den Ruhestand

Die Landschaft ist rau und karg. Zwischen bewaldeten Tälern erheben sich schroffe Felsen, die großenteils kahl sind. In den flachen Gewässern vor der Küste von Fosen liegen zahllose Schären und kleine Inseln. Als landschaftliche Idylle würden auch die meisten Einwohner die Halbinsel im Westen Norwegens nicht bezeichnen. Vom offenen Meer weht oft eine steife Brise. Im Winter versinkt der Landstrich regelmäßig im Schnee; kalt wie am Nordpol wird es freilich nicht.

Die Menschen auf Fosen pflegen einen traditionellen Lebensstil. Hunderte von Bauern auf der dünn besiedelten Halbinsel halten noch Rentierherden. An der Volkshochschule des Bezirks Fosen werden überwiegend nützliche Dinge unterrichtet, zum Beispiel Handwerk und organische Landwirtschaft. Auf dem Lehrplan steht unter anderem die Kunst, traditionelle Segelboote zu bauen, die aussehen wie die Schiffe der Wikinger.

Jetzt jedoch hat die Zukunft auf Fosen begonnen. 2016 startete dort der Bau eines riesigen Windparks. Im Grunde besteht der gigantische Komplex sogar aus sechs einzelnen Windfarmen, auf denen sich rund 276 Windräder drehen. Die letzte Turbine wurde im August 2020 installiert, etwas später als vorgesehen. Der frühe Wintereinbruch im Vorjahr hatte die Zeitpläne über den Haufen geworden. Schließlich aber konnten die Medien einen neuen Rekord melden: Fosen Vind ist der größte Windpark Europas; das gilt zumindest, wenn nur Anlagen zu Lande betrachtet werden und nicht die riesigen Offshore-Parks in der Nordsee. Die Anlage hat eine Kapazität von rund 1000 Megawatt, das entspricht der Leistung eines großen Atommeilers oder von zwei mittelgroßen Kohlekraftwerken. Der Bau des Komplexes verschlang umgerechnet mehr als 1 Milliarde Euro.

Haupteigentümer und Betreiber des Windparks ist **Statkraft**, ein norwegisches Staatsunternehmen, das zahlreiche Wasserkraftwerke betreibt. Die Firma gilt als Europas größter Erzeuger von klimafreundlichem Strom. Dank des hohen Windaufkommens in Fosen hofft der Energiekonzern, Fosen Vind dauerhaft ohne staatliche Subventionen betreiben zu können.

Die Turbinen für die gigantische Anlage lieferte die dänische Firma **Vestas**, der weltweit größte Hersteller von Windkraftanlagen. Das Unternehmen hofft auf weitere Giga-Aufträge aus dem skandinavischen Nachbarland. 2023 will Norwegen mit dem Bau eines Windparks beginnen, der noch mehr Strom liefern soll als Fosen Vind. Vestas ist aber auch in anderen europäischen Ländern gut im Geschäft. In China und den USA, den beiden größten Windmärkten der Erde, sind die Turbinen des Unternehmens ebenfalls gefragt.

Die vollen Auftragsbücher spiegeln sich in den Börsenkursen von Vestas wider. Ende März 2021 wurde die Aktie mit gut 170 Euro bewertet; das war mehr als doppelt so viel wie fünf Jahre zuvor. Ein privater Anleger, der das Papier frühzeitig gekauft hatte, erzielte mit dem Investment hübsche Gewinne; mit dem Geld könnte er seine Rente aufbessern, wenn der Kleinaktionär dereinst in den Ruhestand geht. Die Aktie von Vestas wird auch in Deutschland gehandelt, so an den Börsen in Frankfurt und Stuttgart.

Aktien kaufen? Da schüttelt es viele nachhaltige Anleger, die die Börse für ein einziges Spielcasino halten. Sie würden nicht einmal die Papiere eines Unternehmens in die Hand nehmen, das die Nutzung der erneuerbaren Energien so stark vorantreibt wie Vestas. Das dänische Unternehmen hat bislang Tausende von Windturbinen produziert; dank seiner findigen Ingenieure können nun reihenweise Atomkraftwerke und Kohlemeiler vom Netz genommen werden. Dennoch dürfte es hierzulande kaum Menschen geben, die sich für den Klimaschutz einsetzen und zugleich Aktien von Vestas halten, dem vermutlich bedeutendsten nachhaltigen Unternehmen Europas.

Die Angst vor dem nächsten Crash

Wenige Themen spalten die Geister hierzulande so sehr wie die Börse. Die einen betrachten Aktien als ausgezeichnete Gelegenheit, ihr Vermögen zu mehren. Sie haben Unternehmen wie Apple, Google oder Facebook vor Augen, die viele Aktionäre unermesslich reich gemacht haben.

Andere Menschen verweisen schmallippig auf die Gefahren, die an der Börse lauern. Tatsächlich spielt sich an den Finanzmärkten in regelmäßigen Abständen ein mehr oder weniger schwerer Crash ab. Kurz nach der Jahrtausendwende platzte die Blase der New Economy. 2007 entfesselten windige Hypothekenpapiere in den USA eine Finanzkrise, die ein Jahr später auf die internationalen Börsen übergriff. Kurz darauf wurden Europas Finanzmärkte von der Insolvenz Griechenlands erschüttert. Im März 2020 löste schließlich Covid-19 ein globales Beben an den Kapitalmärkten aus.

In all diesen Fällen aber – dies wird oft übersehen – erholten sich die Aktienkurse innerhalb eines überschaubaren Zeitraums wieder. Zuweilen markierten die Notierungen bereits wenige Monate nach einem steilen Absturz neue Höchststände. Dies zeigt paradigmatisch die Entwicklung des DAX während der Pandemie. Zu Beginn des Jahres 2020, als an der Börse niemand die Frage hätte beantworten können, wo Wuhan liegt, erreichte der deutsche Leitindex einen historischen Rekordstand von knapp 13 800 Punkten. Da aber konnte er sich natürlich nicht lange halten, als klar wurde, dass Covid-19 eine globale Rezession hervorrufen würde. Der DAX fiel und fiel, bis er am 20. März bei nur mehr rund 8 440 Zählern lag. Regierungen und Notenbanken beschlossen freilich rasch großzügige Rettungsprogramme; die Wirtschaft wurde weltweit mit vielen Billionen gestützt. Prompt setzte an der Börse eine neue Hausse ein. Ende März 2021 stieg der DAX erstmals über die Schwelle von 15 000 Punkten.

Aushöhlung der Kaufkraft

Tatsächlich sollten sich auch konservative Naturen mit dem Gedanken anfreunden, ihr Geld an der Börse zu investieren, zumindest einen kleineren Teil. Denn Aktien sind eines der wenigen Instrumente, mit denen sich die Anleger vor einer toxischen Gemengelage schützen können, die leider viele Jahre, ja vielleicht sogar Jahrzehnte zu befürchten steht. Dies ist die Kombination von anhaltend tiefen Zinsen mit einer womöglich wieder steigenden Inflation, die die Geldvermögen dauerhaft aushöhlen könnte. Wer seine Ersparnisse zur Bank trägt, wird voraussichtlich auch in Zukunft nur Zinsen mit dem Grenzwert Null bekommen. Zugleich zehren womöglich höhere Preise für Konsumgüter an der Kaufkraft der angelegten Gelder.

Gegenwärtig ist die Inflation hierzulande zwar sehr moderat. Für 2020 ermittelte das Statistische Bundesamt in Wiesbaden eine Preissteigerungsrate von gerade einmal 0,5 Prozent. Während des Lockdowns mussten die meisten Einzelhändler ihre Läden lange geschlossen halten. Sie hatten nicht das geringste Motiv, die Preise heraufzusetzen. Im Gegenteil gewährten viele Textilgeschäfte, Möbelhäuser und Elektronik-Discounter großzügige Rabatte, um die Ware loszuwerden, die sich in den Lagern stapelte.

Doch wenn die Konjunktur sich erholt, sobald die Pandemie ausgestanden ist, werden möglicherweise auch die Preise wieder anziehen. Zudem könnte die Europäische Zentralbank mit ihrer extrem lockeren Geldpolitik langfristig die Inflation befeuern. Seit 2015 erwarb die EZB Staatsanleihen und andere Wertpapiere im Volumen von rund 2,5 Billionen Euro. Die Summe entspricht rund drei Viertel der jährlichen Wirtschaftsleistung der Bundesrepublik.

Mit der Geldflut ist es der EZB gelungen, die Zinsen auf historisch beispiellose Tiefstände zu drücken. Von dem niedrigen Niveau profitieren auch die privaten Bankkunden. Nie zuvor konnten sie sich so günstig Geld leihen, um beispielsweise ein Haus zu kaufen. Dank der steigenden Nachfrage sind die Preise für Immobilien in den Großstädten und den Ballungsgebieten durch die Decke geschossen.

Auch die Goldpreise und die Börsenkurse erleben einen anhaltenden Höhenflug; denn nicht wenige Anleger finanzieren den Kauf von Aktien und Edelmetallen zu einem Teil mit Geld, das sie sich bei ihrer Bank geborgt haben. Fachleute sprechen von einer Inflation der Vermögenspreise. Dank ihrer lockeren Geldpolitik machen die Zentralbanken die Besitzer von Sachvermögen reich, seien es Häuser, Gold oder Aktien.

Viele Ökonomen befürchten, dass die enorme Verteuerung von Sachvermögen über kurz oder lang auf Konsumgüter übergreifen wird. Im März 2021 prognostizierte die Bundesbank, dass die Inflation in Deutschland bis Ende des Jahres auf deutlich mehr als 3 Prozent steigen könnte. Solche Vorhersagen sind zwar stets mit großer Unsicherheit behaftet. Die Sparer müssen jedoch mit der Möglichkeit rechnen, dass die Inflationsraten wieder steigen – und zwar möglicherweise sogar recht kräftig.

Überdies sollten sie bedenken, dass auch eine relativ geringe Teuerung mit der Zeit massiv die Kaufkraft von Ersparnissen reduziert, die zu null Zinsen angelegt sind. Eine Ärztin, ein Friseur oder eine Ingenieurin, die heute ins Berufsleben eintreten und beginnen, für die Altersvorsorge zu sparen, haben in der Regel noch mindestens vier Jahrzehnte vor sich, bis sie oder er in den Ruhestand gehen wird. Heute reichen 10 000 Euro aus, um das Wohnzimmer mit der schönsten Sitzgruppe der Welt auszustatten. In vierzig Jahren gibt es für diese Summe womöglich nur noch ein paar Klappstühle von Ikea.

Warum die Zinsen weiter bei null liegen werden

Die Anleger dürfen freilich nicht hoffen, dass die Zinsen wieder steigen und den Kaufkraftverlust ausgleichen. Die Notenbanken werden bis auf Weiteres an ihrer lockeren Geldpolitik festhalten. Dies gilt wohl auch für den Fall, dass sich die Wirtschaft in der absehbaren Zukunft erholt. Aus der EZB war Anfang 2021 zu hören, eine Erhöhung der Leitzinsen sei schwierig durchzusetzen; die Zentralbank will sich nicht vorwerfen lassen, sie würde eine zaghaft sprießende Konjunktur abwürgen.

Im Übrigen sind die Notenbanken keineswegs allein dafür verantwortlich, dass die Zinsen voraussichtlich auch in Zukunft nahe null liegen. Weitere Faktoren spielen hinein. Dies ist zum einen die historisch beispiellose Akkumulation privater Vermögen. Seit dem Ende des Zweiten Weltkriegs erleben die westlichen Industrienationen einen wirtschaftlichen Aufschwung, den alle Krisen und Rezessionen nur vorübergehend aufhalten, niemals aber endgültig stoppen konnten. Der anhaltende Boom hat nicht nur die Reichen immer reicher gemacht. Auch die Mittelschicht konnte in einem zuvor nie gesehenen Maße Vermögen bilden. All diese Ersparnisse sind nun auf der Suche nach einer renditebringenden Anlage. Banken, Lebensversicherer und Fondsgesellschaften gehörten in den vergangenen Jahrzehnten zu den am stärksten wachsenden Wirtschaftszweigen. Finanzkonzerne wie BlackRock konnten nur mächtig werden, weil die Vermögen so rasant gestiegen sind, die auf irgendeine Weise angelegt werden müssen.

Jetzt jedoch haben die Banken, die jahrelang die Sparer umwarben, kaum noch Interesse daran, neue Einlagen entgegenzunehmen. Denn sie benötigen keine zusätzlichen Gelder, um ihre Liquidität auszubauen. Es gibt schlicht nicht mehr genügend Kunden, die sich Geld leihen wollen. Insbesondere die Wirtschaft benötigt nicht mehr so viele Kredite wie einst. Der Grund besteht in einem tiefgreifenden ökonomischen Wandel. Die hochentwickelten Länder befinden sich im Übergang zur Wissensökonomie; die klassische Industrie weicht innovativen Dienstleistungen. Künftig werden immer weniger neue Fabriken, Bergwerke und Ölraffinerien benötigt, die jeweils enorme Investitionen verschlingen. Motor der Entwicklung sind heute IT-Firmen, Social-Media-Konzerne und Pharmaunternehmen, die nur einen geringen Bedarf an Sachanlagen haben.

Auch auf den Finanzmärkten gilt das universale Gesetz von Angebot und Nachfrage. Wenn das Angebot an Kapital steigt, die Nachfrage aber tendenziell stagniert oder sogar sinkt, dann muss der Preis für Kapital logischerweise fallen. In der Tat sind die Zinsen in den vergangenen Jahrzehnten kontinuierlich gesunken – ganz unabhängig von der Geldpolitik der Zentralbanken. Falls die Wirtschaft nicht plötzlich einen riesigen Bedarf an Investitionskrediten anmeldet, dürfte sich an dieser Entwicklung nichts ändern.

Zinsen von dauerhaft null, zugleich möglicherweise erneut steigende Inflationsraten – Sparer und Kleinanleger stehen vor einem großen Problem. Wer seine Lebensersparnisse auf einem Tagesgeld- oder Sparkonto verschimmeln lässt, muss unter Umständen als Rentner Hartz IV beantragen. Vor der Auszehrung des Geldvermögens durch Inflation schützen nur Investments in Sachvermögen. Hierzu gehören in erster Linie Immobilien, Edelmetalle und eben Aktien.

Die beiden Schutzpatrone der Aktionäre

Gold ist derzeit zwar sehr begehrt, es trägt aber weder Zinsen noch Dividenden. Die Preise sind in den vergangenen Jahren stark gestiegen; womöglich hat sich bereits eine Blase gebildet, die irgendwann platzen muss. Im Übrigen kommen Gold und auch Silber für verantwortungsvolle Anleger kaum infrage, denn die Herkunft dieser Edelmetalle lässt sich meist nicht genau ermitteln. Die Kunden können also nicht feststellen, ob bei der Förderung und der Verarbeitung ökologische und soziale Mindeststandards eingehalten wurden.

Der Bau oder Kauf eines Hauses ist eine Entscheidung, die die meisten Anleger nur einmal in ihrem Leben treffen. Viele Menschen wohnen bereits in den eigenen vier Wänden; für Berufsanfänger spielt dieses Thema häufig noch keine Rolle; anderen Anlegern fehlen wiederum die nötigen Mittel. In Zinshäuser oder Immobilienfonds zu investieren, empfiehlt sich nicht unbedingt. Denn die Mieten bleiben im Allgemeinen weit hinter den Immobilienpreisen zurück, sodass die Renditen langfristig recht mager ausfallen dürften.

Mithin sind Aktien für die meisten Anleger das geeignetste Instrument, um ihr Vermögen vor dem drohenden Kaufkraftverlust zu bewahren. Auf den vorhergehenden Seiten wurden den Lesern Green Bonds ans Herz gelegt. Sie haben jedoch einen Nachteil, den sich jeder Anleger vor Augen halten sollte: Klima-Anleihen bringen keine Erträge. Der Bund, aber auch die staatlichen Förderinstitute KfW und NRW-Bank nutzen gnadenlos den Anlagenotstand an den Finanzmärkten aus – und verweigern den Anlegern jedwede Zinsen. Wer sein ganzes

Geld in Green Bonds steckt, wird auf die Dauer voraussichtlich einen Gutteil seines Vermögens los. Er muss daher seine Ersparnisse auch in Aktien anlegen, beispielsweise in Anteilsscheine von Unternehmen, die erwiesenermaßen ein nachhaltiges Geschäftsmodell aufweisen wie zum Beispiel der Windturbinenhersteller **Vestas**. Tipps und Beispiele für solche Investments werden auf den folgenden Seiten gegeben.

Zuvor soll jedoch versucht werden, eine Frage zu beantworten, die vielen nachhaltigen (also meist recht konservativen) Anlegern unter den Nägeln brennen dürfte: Ist das Risiko, mit Aktien Verluste zu erleiden, nicht viel größer als bei Green Bonds, für die immerhin der Bund beziehungsweise staatliche Förderbanken haften? Die eingangs aufgezählten Börsencrashs zeigen doch, dass ein Anleger, der heute 25 Jahre alt ist, bis zum Ruhestand an der Börse, rein statistisch gesehen, mindesten drei- oder fünfmal Land unter sehen wird.

Wann aber genau ein Börsenkrach eintritt und wie schwer er ausfallen wird, vermag heute niemand zu sagen. Dies können auch all die Schwarzseher, Unken und Bestsellerautoren nicht, die ihre Leser mit dem »größten Crash aller Zeiten« oder gar dem »Weltsystemcrash« erschrecken. Bislang haben sich die Kassandras noch immer blamiert, denn keine Krise hat in den vergangenen sieben Jahrzehnten das Wachstum nachhaltig bremsen oder die Börsen final in Trümmer legen können.

Die Pandemie hat zwar eine schwere Rezession ausgelöst. In der Bundesrepublik schrumpfte das Sozialprodukt 2020 um knapp 5 Prozent. Das war jedoch längst nicht so arg, wie manche Experten vorhergesagt hatten. Zudem blieb die vielerorts befürchtete Pleitewelle zunächst weitgehend aus; keine einzige Bank ging hierzulande bis zum Frühjahr 2021 in Konkurs. Nicht zuletzt dank der segensreichen Kurzarbeit konnte verhindert werden, dass Millionen und Abermillionen von Menschen auf der Straße landeten.

Dies unterscheidet die Corona-Krise von der Großen Depression der 1930er Jahre. Damals blockierten die Regierungen, zumal in Deutschland, mit einer völlig verfehlten Politik den Aufschwung. In den USA hingegen gelang es, die Krise rasch und wirksam zu bekämpfen. Die Regierung löste die fatale Bindung des Dollar an das Gold. Überdies brachten öffentliche Aufträge, etwa in besonders hart getroffenen Regionen wie dem Bundesstaat Tennessee, zahlreiche Menschen in Lohn und Brot.

Aus den Erfahrungen der Vergangenheit haben die Verantwortlichen weitgehend die richtigen Lehren gezogen. Regierungen und Notenbanken haben, wie geschildert, rechtzeitig großzügige Hilfsprogramme aufgelegt. Die Maßnahmen beflügeln nicht zuletzt die Finanzmärkte, an denen bislang niemand die Nerven verlor. »Die Fiskal- und die Geldpolitik sind die beiden Schutzpatrone der Börse«, resümiert Commerzbank-Manager Nasim Amini.

Der Schirm, den die Politik über den Aktionären aufgespannt hat, zeitigt allerdings mitunter Auswirkungen, die in keiner Weise wünschenswert sind: Er fördert Spekulationen und den Hang zu irrwitzigen Übertreibungen. Von »irrational exuberance« sprach Alan Greenspan, der legendäre ehemalige Chef der US-amerikanischen Notenbank Federal Reserve, bereits in den 1990er Jahren. Heute lässt sich der irrationale Überschwang an der Börse vor allem beim Thema Nachhaltigkeit beobachten. Es ist das neue Buzzword, das die Fantasie der Finanzmärkte so stark kitzelt wie sonst nur noch die Informationstechnologie. Zwei besonders drastische Beispiele werden auf den folgenden Seiten geschildert. Sie beleuchten, wie immens Chancen und Risiken an der Börse sein können.

Die Anleger sollten hieraus jedoch nicht den Schluss ziehen, dass Investments in nachhaltige Aktien ein Vabanquespiel wären. Wer die richtige Strategie wählt, kann sein Vermögen an der Börse mehren, ohne allzu große Wagnisse eingehen zu müssen.

Kapitel 11

Die Supernova und die Sternschnuppen

Im Jahr 2003 gründeten Martin Eberhard, Marc Tarpenning und einige andere junge Ingenieure in den USA ein neues Unternehmen. Sie wollten teilhaben an einer Revolution, die die Autoindustrie so radikal ändern würde wie keine andere Entwicklung zuvor – nämlich die Elektromobilität, die Fahrzeuge mit Verbrennungsmotor über kurz oder lang auf den Schrottplatz schicken würde. Das Unternehmen benannten die Gründer nach dem serbisch-amerikanischen Physiker Nikola Tesla, dem die Menschheit viele Innovationen in der Elektrotechnik verdankt.

Als Firmensitz wählten die Gründer einen Ort, der wie kein anderer in den USA für Unternehmertum steht. Das Headquarter von **Tesla** siedelten sie in Palo Alto in Kalifornien an. In genau jener Stadt gründeten William Hewlett und David Packard, zwei frisch graduierte Ingenieure, 1939 ein Elektronikunternehmen, das zunächst Produkte für Walt Disney herstellte. Nach den Zweiten Weltkrieg entwickelte sich **Hewlett-Packard** zu einem der größten IT-Unternehmen der Erde. Die Garage, in der die beiden Firmengründer ihre ersten Geräte bastelten, gilt als Wiege des Silicon Valleys.

Die Entrepreneure, die Kalifornien zum globalen Zentrum der Digitalisierung machten, zeichnen sich freilich nicht nur durch Charisma, Visionen und Wagemut aus. Sie verstehen sich in der Regel ebenfalls darauf, die Ellenbogen einzusetzen, um sich gegen ihre Rivalen durchzuboxen. Recht ruppig ging es offenbar auch in der Gründer-Crew von Tesla zu. Eberhard und Tarpenning hatten zwar das erste Modell konstruiert, einen zweisitzigen Roadster, der in Kooperation mit der britischen Firma Lotus entstand. Doch die beiden Ingenieure verloren die internen Machtkämpfe, die bei Tesla entbrannten. 2008 verließen Eberhard und Tarpenning das Unternehmen.

Klarer Gewinner des Ego-Krieges war Elon Musk, ein Immigrant aus Südafrika. Er machte den anderen Gründern klar, dass das Unternehmen ohne sein Geld dicht machen müsste. Musk war bereits damals unglaublich reich. Sein Geld hatte er mit der Firma PayPal verdient, heute ein weltweit führender Anbieter digitaler Bezahldienste. Der Poly-Unternehmer, der auch die Raketenfirma SpaceX gründete, ist bis heute mit einem Anteil von knapp 22 Prozent größter Aktionär von Tesla.

Den Business-Plan an der Uni ausgedacht

Schon als Student soll sich Musk für Elektromobilität begeistert haben. Früh hatte er klare Vorstellungen, wie Autos mit Batterieantrieb auf dem Markt durchgesetzt werden könnten. Bei **Tesla** spulte er den Business-Plan aus Studentagen über die Jahre konsequent ab, gänzlich unbeirrt von allen Rückschlägen. Der Sportwagen, den das Start-up als Erstes entwickelte, war bewusst als Zweitwagen gedacht; aufgrund seiner geringen Reichweite und der begrenzten Zuladung taugte das Modell nicht als vollgültiger Ersatz für ein »richtiges« Auto.

Als Nächstes brachte Tesla zwei Luxusmodelle heraus, eine große Limousine und einen SUV. Dank einer großzügigen Ausstattung mit Lithium-Ionen-Zellen erreichten die Fahrzeuge eine deutlich größere Reichweite als andere Elektroautos. Aufgrund des aufwendigen Batteriesystems war freilich auch der Preis ziemlich hoch. Dennoch fanden die beiden Modelle ihre Käufer; insbesondere in Kalifornien wollen gut verdienende Unternehmer, Manager und IT-Experten mit einem Öko-Auto ihren lieben Mitmenschen ad oculos demonstrieren, welchen Wert sie auf Klimaschutz legen.

Nach diesen beiden Nischenmodellen macht sich Musk nun daran, den Massenmarkt aufzurollen. Mit preisgünstigen Fahrzeugen wie dem Model 3 will Tesla breite Käuferschichten erschließen. Das Mittelklasse-Modell soll unter anderem in der neuen Fabrik in Grünheide in Brandenburg vom Band laufen, deren Bau Anfang 2020 begonnen wurde. Zunächst wird dort allerdings ein kleiner SUV produziert. Musk hat für das Werk, protzig als »Gigafactory« bezeichnet, ambitionierte Pläne. In den kommenden Jahren sollen dort pro Jahr bis zu einer halben Million Autos gefertigt werden. Das entspricht ziemlich genau der Gesamtzahl an Fahrzeugen, die Tesla 2020 weltweit produzierte. Zunächst sollen in dem neuen Werk rund 3000 Arbeitsplätze entstehen; später könnten dort laut inoffiziellen Prognosen sogar 7000 bis 12000 Menschen beschäftigt werden. Zugleich kündigte Tesla an, in Berlin ein Design- und Entwicklungszentrum aufzubauen.

Elon Musk denkt gern groß; die Finanzmärkte honorieren noch die kühnsten Pläne mit kräftigen Kurssprüngen. Tesla wurde 2010 an die Börse gebracht. Damals hatte das Unternehmen eine Marktkapitalisierung (Zahl der Aktien multipliziert mit ihrem Kurs) von 200 Millionen Dollar. Im Januar 2021 stieg der Börsenwert erstmals über die Marke von 800 Milliarden Dollar. Mit dieser gigantischen Marktkapitalisierung gehörte Tesla seinerzeit zu den fünf wertvollsten Börsengesellschaften der Welt.

Ein Vergleich mit den deutschen Autoherstellern zeigt, wie fantastisch hoch die Bewertung von Tesla ist. Daimler, BMW und Volkswagen erreichten im Januar 2021 insgesamt eine Marktkapitalisierung von rund 185 Milliarden Euro; umgerechnet waren dies 225 Milliarden US-Dollar. Tesla war an der Börse mithin mehr als dreimal so wertvoll wie alle deutschen Autohersteller zusammen! Eine solche Bewertung halten nicht nur Börsenskeptiker für absurd hoch. Auch viele Finanzexperten fragen sich, was die Märkte umtreibt. Daimler, BMW und Volkswagen produzieren pro Jahr zusammen mehr als zwölf Millionen Fahrzeuge. Tesla kam 2020, wie bereits erwähnt, gerade einmal auf rund 500000 Elektroautos. Inklusive aller Tochtergesellschaften im In- und Ausland arbeiten bei den deutschen Autokonzernen mehr als eine Million Menschen. Tesla hingegen hatte Anfang 2021 lediglich rund 50000 Mitarbeiter.

Anders jedoch als Daimler & Co. hat der Konkurrent aus Kalifornien keine automobilen Altlasten. Die unsichere Zukunft des Verbrennungsmotors, die schleppende Modernisierung der Modellpalette und nicht zuletzt der Skandal um die Manipulation von Abgaswerten belasten die Kurse der drei börsennotierten deutschen Autokonzerne. Die Justiz nahm mehrere Topmanager der Kfz-Industrie ins Visier. Wer möchte in Unternehmen investieren, die die viel gerühmte Kompetenz der hiesigen Ingenieure dazu missbrauchen, das wahre Ausmaß von Schadstoffemissionen zu verschleiern? Nachhaltige Investoren gewiss nicht. Doch sollten solche Anleger in Tesla investieren? Schließlich ist dies die weltweit größte Börsengesellschaft, die ausschließlich auf Nachhaltigkeit gepolt ist – von Elektroautos über Akkus bis zu Photovoltaikanlagen, die Tesla ebenfalls im Programm hat.

Das Unternehmen des Elon Musk zeigt unübersehbar, dass das Thema Nachhaltigkeit an der Börse angekommen ist. Die Investoren wissen es zu schätzen, dass Tesla, ungeachtet aller berechtigten Kritik an einzelnen Geschäftspraktiken, in kurvenloser Geradeausfahrt einen ökologischen Kurs steuert. Augenscheinlich hat die Pandemie auch an den Finanzmärkten das Bewusstsein dafür geschärft, wie wichtig Gesundheit, saubere Luft und der Schutz der Erdatmosphäre sind.

Tesla ist eine Supernova, ein explosionsartig wachsender neuer Stern, der ein gleißendes Licht aussendet. Offenbar hat das Unternehmen allzu viele Investoren geblendet. Sie vermögen nicht mehr zu erkennen, wie rasch eine Supernova verglühen kann. Dies zeigen eindrücklich die ehemaligen Stars der deutschen Solarindustrie.

Das deutsche Pendant zu Elon Musk

Der Protagonist der zweiten Börsengeschichte, die wir hier erzählen wollen, heißt Reiner Lemoine; er hat viel gemeinsam mit Elon Musk. Auch Lemoine gründete gleich mehrere Unternehmen, die auf ihrem Gebiet jeweils Vorbildliches leisteten. Er beschäftigte sich allerdings nicht mit E-Commerce, Elektroautos und Weltraumraketen. Lemoine nahm sich vielmehr vor, die erneuerbaren Energien voranzutreiben. Im Unterschied zu Musk blieb ihm freilich der Erfolg weitgehend versagt. Zwei seiner Unternehmen sind mittlerweile bankrott; das dritte existiert heute lediglich in geschrumpfter Form.

Geboren wurde Lemoine 1949 in Berlin, dort studierte er Luft- und Raumfahrttechnik an der TU, auch seine ersten zwei Unternehmen entstanden in seiner Heimatstadt. Bereits während des Studiums gründete Lemoine gemeinsam mit Partnern ein kleines Unternehmen, das sich mit Mess- und Regeltechnik befasste. Dem Geist der Zeit entsprechend bezeichneten sich die Gründer als »Ingenieurkollektiv«; ihre Firma erhielt den Namen **Wuseltronik**.

Das Unternehmen entwickelte Geräte, mit denen sich zum Beispiel die anfallende Windenergie an einem Standort messen lässt, an dem ein Windpark gegründet werden soll. Dies ist nicht ganz unwichtig für die Initiatoren eines solchen Projekts: Dank derartiger Messinstrumente können sie im Vorhinein ermitteln, wie stark und stetig der Wind in der ausgewählten Lage bläst. Hiervon hängt ab, ob der geplante Windpark künftig rentabel betrieben werden kann oder nicht.

Im Jahr 1996 gründete Lemoine mit Partnern sein zweites Unternehmen. Es war ebenfalls in Berlin ansässig und wurde nach dem griechischen Philosophen **Solon** benannt. Das Unternehmen produzierte Solarmodule, die auf Hausdächern montiert oder auf Freiflächen aufgestellt wurden. Auf diesem Gebiet gehörte Solon zeitweise zu den größten Herstellern in Deutschland und ganz Europa. Bereits zwei Jahre nach der Gründung wurde das Unternehmen an die Börse gebracht.

Wiederum ein Jahr später, 1999, gründete Lemoine sein drittes Unternehmen, die Firma **Q-Cells**. Sie entwickelte und produzierte Solarzellen, also die Kernbausteine von Solarmodulen, wie Solon sie fertigte. Das Unternehmen wurde an einem Ort angesiedelt, der historisch gesehen nicht gerade für Nachhaltigkeit steht. Lemoine und seine Partner entschieden sich für Bitterfeld in Sachsen-Anhalt. Die Stadt liegt im einstigen Chemiedreieck, in dem die chemische Industrie der DDR konzentriert war. Den wichtigsten Rohstoff bildete Braunkohle; riesige Mengen an Abgasen verpesteten die Luft; der Ascheregen hatte maßlose Schäden an Natur und Gesundheit zur Folge. Die ungeheure Umweltverschmutzung in Bitterfeld und anderen Regionen der DDR dokumentierte die Schriftstellerin Monika Maron in ihrem Roman *Flugasche*. Das Erstlingswerk, das in Ostdeutschland nicht veröffentlicht werden konnte, erschien 1981 in einem westdeutschen Verlag.

Zwei Jahre nach der Gründung nahm Q-Cells die Produktion auf. Der Solarzellenhersteller eilte von Erfolg zu Erfolg. Mehrfach glückten den Ingenieuren international beachtete Innovationen. Die Dünnschichtzellen von Q-Cells konnten mehr Sonnenlicht in Strom umwandeln als viele Konkurrenzprodukte aus Europa und den USA. Nicht zuletzt dank dieser Pionierleistungen entstanden in Bitterfeld mehr als tausend Arbeitsplätze. Der Erfolg von Q-Cells bildete den Mittelpunkt eines zweiten Buchs, das Monika Maron über Bitterfeld schrieb, der *Bitterfelder Bogen*, das 2009 auf den Markt kam.

Der Untergang von Lemoines Firmenreich

Doch kurz nachdem der Band erschienen war, setzte jäh der Niedergang der deutschen Solarindustrie ein. Es gelang den Unternehmen nicht, mit den Billigkonkurrenten aus Asien mitzuhalten, die plötzlich auf den Markt drängten, nicht zuletzt angelockt von der großzügigen Förderung der Photovoltaik in Deutschland und anderen europäischen Ländern. Auch China war interessiert an einer nationalen Solarindustrie, die die Abhängigkeit von teuren Ölimporten reduzieren würde.

Q-Cells versuchte die Kampfpreise zu unterbieten, erlitt dabei allerdings katastrophale Verluste. 2011 war das Eigenkapital zu einem Gutteil aufgezehrt. Ein Sanierungsplan wurde mangels Erfolgsaussichten aufgegeben. Im April 2012 musste der Vorstand die Insolvenz beantragen. Einige Monate später übernahm die koreanische Firma Hanwha aus der Konkursmasse wesentliche Teile des fallierten Unternehmens. Die neuen Herren reduzierten drastisch die Aktivitäten von Q-Cells. Die Fertigung in Deutschland wurde eingestellt, produziert wird nur noch in Korea, China und Malaysia. In Bitterfeld ist jedoch weiterhin die Forschung und Entwicklung des neuen Unternehmens Hanwha Q-Cells angesiedelt. Das technologische Know-how in Ostdeutschland wird von den Koreanern offenbar durchaus geschätzt. Rund 500 Arbeitsplätze konnten in Sachsen-Anhalt gerettet werden.

Aufstieg und Niedergang von Q-Cells spiegelten sich in den Aktienkursen wider. Seit 2005 wurde das Unternehmen an der Börse in

Frankfurt notiert. Zeitweise hatte Q-Cells eine Marktkapitalisierung von mehr als 1 Milliarde Euro. Doch dann stürzten die Notierungen lotrecht ab, beschleunigt durch die globale Finanzkrise. Die Kurse, die einst bei 80 Euro standen, fielen bis zur Insolvenz auf weniger als 1 Euro. Wie Q-Cells musste Solon 2011 ebenfalls die Insolvenz anmelden. Diverse Rettungsversuche scheiterten; 2014 wurde die Firma aufgelöst. Investoren aus dem Nahen Osten bedienten sich in der Konkursmasse; ein Nachfolgeunternehmen ist heute in Saudi-Arabien aktiv. Auch Wuseltronik besteht nicht mehr als eigenständiges Unternehmen; Aus einer Tochtergesellschaft des Ingenieurkollektivs ging die Berliner Firma Ammonit Measurement hervor. Reiner Lemoine musste den Niedergang seiner drei Firmen nicht mehr miterleben. Er war bereits 2006 verstorben.

Q-Cells und Solon waren nicht die einzigen Solarunternehmen, die im Lauf der 2010er Jahre wieder vom Markt verschwanden. Das Ausmaß des Firmensterbens verdeutlicht der Öko-DAX, den die Deutsche Börse 2007 aufgelegt hatte, um den Handel mit Nachhaltigkeitsaktien zu beflügeln. Der Börsenindex sollte stets die zehn führenden Unternehmen aus den erneuerbaren Energien enthalten, die in Deutschland an der Börse notiert sind.

Die Unternehmen, mit denen der Öko-DAX startete, erlebten freilich ein sehr wechselhaftes Schicksal. Fünf der zehn Unternehmen gingen in Konkurs. Neben Q-Cells und Solon gehören hierzu Conergy, Repower und Solarworld. Zwei weitere Firmen wurden von anderen Unternehmen übernommen: Der Elektronikkonzern Bosch erwarb die Solarfirma Ersol; Biogas Schmack landete beim Heizkesselhersteller Viessmann. Lediglich drei Unternehmen sind heute noch aktiv und zudem im Öko-DAX notiert, nämlich der Windkraftanlagenhersteller Nordex sowie die Firmen Crop Energies und Verbio, die beide Biosprit erzeugen.

Auch von den Unternehmen, die in den folgenden Jahren neu in den Öko-DAX aufgenommen wurden, gingen nicht wenige später bankrott, so etwa Heliocentrics, Phoenix Solar und die Solarfabrik. Heute besteht der Öko-DAX lediglich noch aus sechs Firmen. Dazu gehören neben den Überlebenden der ersten Generation – also Crop Energies,

Nordex und Verbio – die drei Firmen PNE (Windparks), SFC Energy (Brennstoffzellen) und SMA Solar Technology (Wechselrichter für Solaranlagen).

Dreißig ökologische Pioniere

Die traurige Geschichte des Öko-DAX zeigt: Investments in nachhaltige Aktien bergen sehr hohe Risiken. Ein Totalverlust ist weitaus wahrscheinlicher als Rekordgewinne wie bei Tesla. Sollten konservative Anleger also darauf verzichten, in die Aktien von Unternehmen zu investieren, die nach ethischen, sozialen und ökologischen Normen handeln?

Dies wäre grundverkehrt. Dies zeigt die dritte Geschichte, die hier erzählt werden soll. Im Mittelpunkt steht **Securvita**, eine kleine Finanzholding aus Hamburg. Die Firma betreibt unter anderem eine Betriebskrankenkasse. Securvita hat sich vorgenommen, alternative Konzepte für Krankenkassen zu entwickeln, im Zentrum steht dabei sanfte Medizin. Doch das Unternehmen bietet ebenfalls Dienstleistungen rund um die nachhaltige Vermögensanlage an. Seit 1997 legt das Unternehmen den Natur-Aktien-Index (NAI) auf, der heute aus dreißig internationalen Öko-Werten besteht. Hierin enthalten sind bekannte Unternehmen wie **Tesla**, die **UmweltBank** und der dänische Windanlagenhersteller **Vestas**. Bei den meisten Mitgliedern des NAI handelt es sich jedoch um verhältnismäßig kleine, hierzulande oft völlig unbekannte Firmen.

Secuvita hat sich beim Natur-Aktien-Index ein sehr ehrgeiziges Ziel gesetzt. Der Index soll ausschließlich Unternehmen enthalten, die in ihrer Branche jeweils weltweit zu den ökologischen Vorreitern gehören. Die Kriterien, die die Mitgliedsunternehmen erfüllen müssen, sind recht streng. Börsennotierte Firmen, die in den NAI aufgenommen werden wollen, müssen auf mindestens zwei von vier Gebieten führend sein. Jede dieser Kategorie besteht wiederum aus mehreren einzelnen Kriterien.

Zum einen müssen die Unternehmen Produkte und Dienstleistungen anbieten, mit denen grundlegende soziale und ökologische Probleme der Menschheit gelöst werden können. Hierzu zählt Securvita erneuerbare Energien, biologische Landwirtschaft, sparsame Verwendung von Wasser, sozioökologische Forschung, Finanzierung und Beratung sowie Bekämpfung der Armut.

Die zweite Kategorie besteht in nachhaltiger Produktgestaltung. Hierbei geht es unter anderem um die Lebensdauer der Erzeugnisse, die Produktsicherheit und die Möglichkeit von Recycling. Ferner müssen Produktion und Absatz nachhaltig sein; die Unternehmen sollen bei der Herstellung und dem Vertrieb ihrer Erzeugnisse möglichst wenig Energie und Rohstoffe verbrauchen. Zudem soll Umweltverträglichkeit erklärtes Ziel der Geschäftspolitik sein. Die Firmen müssen bereit sein, ihr ökologisches Profil ständig zu verbessern.

Viertens werden auch soziale Kriterien berücksichtigt. Schafft das Unternehmen neue Stellen für Arbeitnehmer und Auszubildende? Wie steht es um Gesundheit und Sicherheit am Arbeitsplatz? Gibt es gute Möglichkeiten für die Weiterbildung? Bietet die Firma besondere Sozialleistungen an? Werden Frauen, ethnische Minderheiten und sozial benachteiligte Gruppen gefördert?

Intelligenter konstruiert als der DAX

Das Konzept von **Securvita** ist erheblich ausgefeilter als das der Deutschen Börse, die 2007 mit viel Tamtam den Öko-DAX aufgelegt hat. Dort wurden von Anfang an ausschließlich Unternehmen aufgenommen, die sich mit regenerativen Energien befassen. Dies aber ist nur eines unter vielen anderen Themen der Nachhaltigkeit, obschon natürlich ein besonders wichtiges.

Überdies hat die Deutsche Börse in ihren grünen Index pauschal alle börsennotierten deutschen Firmen aufgenommen, die auf irgendeine Weise etwas mit Photovoltaik, Windkraft oder Bioenergie zu tun haben. Bei Letzterer wäre zu fragen, ob die Verarbeitung von Getreide zu Benzin und Diesel tatsächlich sozial und ökologisch vorbildlich ist. Unter den Solarfirmen fanden sich überdies viele sogenannte Me-too-Anbieter, also bloße Nachahmer, die nicht mehr zu bieten hatten als die

Mitbewerber, während der NAI grundsätzlich nur ökologische Vorreiter aufnimmt, also besonders innovative Firmen.

Schließlich ist der Natur-Aktien-Index nicht national beschränkt wie der Öko-DAX. Er steht grundsätzlich Unternehmen aus allen Ländern der Erde offen. Neben Industrienationen wie Frankreich, Japan und Schweden sind ebenfalls mehrere Entwicklungs- und Schwellenländer vertreten, so etwa Brasilien und Südafrika. Überdies ist ein Mix aus Großunternehmen und Start-ups vorgesehen. Zu mindestens 75 Prozent soll der NAI Firmen enthalten, die einen jährlichen Umsatz von mehr als 100 Millionen US-Dollar erzielen. Der Rest kann aus jungen Unternehmen bestehen.

Die Zusammensetzung des NAI wird regelmäßig überprüft. Allerdings sind die zeitlichen Abstände erheblich größer als bei den Indizes der Börsenbetreiber. 2016 flog **Solarworld** aus dem Index, weil das Unternehmen nicht mehr die Kriterien des NAI erfüllte; die Firma wurde durch **Tesla** ersetzt. Anfang 2021 war die deutsche Wirtschaft mit drei Unternehmen vertreten. Neben der **UmweltBank** waren dies die Aachener Firma **Aixtron**, die unter anderem Produktionsanlagen für die Chip-Industrie anbietet, sowie die Firma **Steico**, ein Hersteller von Dämmstoffen. Das Unternehmen aus Feldkirchen bei München verwendet für seine Produkte natürliche Holzfasern.

Unabhängig von Größe und Börsenwert geht jedes Unternehmen in den Natur-Aktien-Index mit dem gleichen Anteil ein. Auf diese Weise wird eine Verzerrung vermieden, die als Tesla-Effekt bezeichnet werden könnte. Da der Aktienkurs des kalifornischen Autoherstellers in jüngster Zeit geradezu explodiert ist, könnte er den gesamten Index mit nach oben gerissen haben. Genau dies soll laut Securvita nicht passieren. Der Finanzdienstleister **Solactive** aus Frankfurt, der für die Index-Berechnung zuständig ist, überprüft regelmäßig, ob die gleichmäßige Verteilung der Anteile angesichts der unterschiedlichen Kursentwicklung noch gegeben ist.

Obschon der Tesla-Effekt bei der Berechnung unterbunden ist, hat sich der NAI in den vergangenen Jahren sehr gut entwickelt. Anfang 2011 stand der Index bei rund 6 400 Punkten, ein Jahrzehnt später lag er bei etwa 17 300 Zählern. Das entspricht einem Anstieg von ungefähr

170 Prozent. Vergleichen wir diese rasante Zunahme mit der Entwicklung des DAX. Der deutsche Leitindex notierte Anfang 2011 bei etwas mehr als 7 200 Punkten. Im Januar 2021 erreichte er einen Stand von 14 000. Das bedeutet eine Zunahme von ungefähr 95 Prozent. Der DAX schneidet also deutlich schlechter ab als der Natur-Aktien-Index. Zu berücksichtigen ist im Übrigen, dass die beiden Indizes auf unterschiedliche Weise ermittelt werden. Der DAX, so wie er üblicherweise verwendet wird, ist ein Performance-Index. Dies bedeutet, dass bei der Berechnung die ausgeschütteten Dividenden einbezogen werden. Der NAI ist hingegen ein reiner Kursindex; bei der Ermittlung werden ausschließlich die Aktienkurse berücksichtigt. Freilich gibt es auch den DAX als Kursindex; die Entwicklung ist weit weniger spektakulär als beim Performance-Index. Der Kursindex verzeichnete Anfang 2011 rund 3 500 Punkte; zehn Jahre später erreichte er knapp 6 000 Zähler. Hieraus errechnet sich eine Zunahme von 75 Prozent. Wird das gleiche Berechnungsverfahren angewandt, ist der NAI mehr als doppelt so stark angestiegen wie der DAX.

Es sollen keine falschen Erwartungen geweckt werden. Solche Entwicklungen können nicht einfach in die Zukunft fortgeschrieben werden. Der Natur-Aktien-Index ist freilich breit diversifiziert. Dies betrifft Branchen und Länder ebenso wie die Zahl der enthaltenen Unternehmen. Je stärker gestreut Investments jedoch sind, desto geringer ist die Gefahr, dass der gesamte Aktienkorb abstürzt. Der Öko-DAX war hingegen sehr homogen – er bestand nur aus deutschen Unternehmen, die in den regenerativen Energien aktiv waren. Eine solch einseitige Ausrichtung ist ein Rezept für ein Desaster.

Angesichts der stabilen Entwicklung über mehr als zwei Jahrzehnte lässt der NAI den Schluss zu: Anleger können mit ethischen, sozialen und ökologischen Investments an der Börse durchaus ziemlich erfolgreich sein. Freilich müssen sie dabei ein paar Dinge beachten, wenn sie Enttäuschungen wie beim Öko-DAX vermeiden wollen. In der folgenden Checkliste werden zwölf Kriterien für Investments in nachhaltige Aktien erläutert. Ein Erfolg wird nicht garantiert. Wer die Punkte beherzigt, sollte aber beste Chancen haben, Verluste an den Börsen zu vermeiden.

Checkliste für die Aktienanlage

Sein Geld in Aktien anzulegen, ist keine Geheimwissenschaft. Ein verantwortungsvoller Anleger, der in nachhaltige Wertpapiere investieren möchte, muss zu diesem Zweck nicht zwanzig Semester Finanzwirtschaft, Physik und Elektrotechnik studiert haben. Wer keine unangenehmen Überraschungen erleben will, sollte jedoch ein paar grundsätzliche Dinge beachten, die auf den folgenden Seiten erläutert werden.

Vorweg jedoch ein paar organisatorische Hinweise für Sparer, die noch nie eine Aktie in ihr Depot gelegt haben. Nahezu alle Banken bieten heute ein Online-Brokerage an, das den Handel mit Wertpapieren stark erleichtert. Wer einen solchen Service nutzt, kann daheim am Computer die gewünschten Aktien an der Börse kaufen oder verkaufen. Er muss also nicht mehr wie in früheren Zeiten seiner Bank jedes Mal eigens einen Auftrag schicken. Obendrein sind die Kunden nicht mehr an die Öffnungszeiten der Banken gebunden.

Mit dem Online-Broker kann der Anleger unter anderem die Börse auswählen, an der sein Auftrag ausgeführt werden soll. Oft gibt es zwischen den verschiedenen Handelsplätzen wie Frankfurt oder München leichte Kursdifferenzen, die am Bildschirm angezeigt werden. Je nach Bank und verwendetem System bieten die Online-Broker weitere Dienste und Hilfsmittel, die ein Investment an der Börse unterstützen.

Wie Anleihen sind auch Aktien, die an einer regulierten Börse in der Bundesrepublik gehandelt werden, anhand von zwei Kennnummern eindeutig zu identifizieren. Das eine ist die nur in Deutschland übliche Wertpapierkennnummer (WKN). Bei der zweiten handelt es sich um die International Securities Identification Number (ISIN). Diese besteht aus zwölf Buchstaben und Ziffern. Die ersten beiden Buchstaben zeigen an, in welchem Land die Aktie emittiert wurde; DE steht für Deutschland.

Die ISIN oder WKN können Anleger leicht mithilfe des Internets ermitteln. Es reicht, in die Suchmaske von Google den Firmennamen und eine der beiden Abkürzungen einzugeben, und schon erscheinen auf dem Monitor ISIN oder WKN. Die Kennnummern werden nicht nur für Aktienorders benötigt. Anleger können damit sehr rasch und bequem im Internet Informationen zu ihren Aktien abrufen, zum Beispiel die aktuellen Kurse mitsamt der historischen Entwicklung. Eine Fülle weiterer Daten, insbesondere zu Bilanzen und Finanzkennziffern, finden Anleger mittels der beiden Kennnummern auf einschlägigen Portalen wie Finanzen.net, Finanztreff oder Onvista.

Das klingt nicht allzu kompliziert. Schwierig wird es jedoch, wenn die nachhaltigen Aktien ausgewählt werden sollen, in die ein Investor seine Ersparnisse anlegen möchte. Es empfiehlt sich für jeden privaten Anleger, die folgenden zwölf Punkte dabei zu beachten.

 **Langfristig investieren**

Wer an der Börse investiert, braucht einen langen Atem. Eindrücklich zeigt dies die Achterbahnfahrt, die der DAX in den vergangenen Jahrzehnten erlebte. Im März 2000 kletterte der deutsche Leitindex erstmals über die Marke von 8 000 Punkten. Es war der Höhepunkt einer Hausse, die seit Mitte der 1990er Jahre andauerte. Doch rasch ging dem DAX die Puste aus; die neue Rekordmarke konnte er nur wenige Stunden halten. Es setzte ein Niedergang ein, der fast ebenso lange anhielt wie der Höhenflug zuvor. Im Januar 2003 fiel der DAX deutlich unter die Schwelle von 3 000 Punkten. Wer ausgerechnet zu Beginn des Millenniums Aktien gekauft hatte, verlor mehr als die Hälfte seines Investments. Besonders hart getroffen wurden Investoren, die Papiere der Deutschen Telekom erworben hatten. Wer die Anteilsscheine zum falschen Zeitpunkt gekauft hatte, wurde mehr als 80 Prozent seines Geldes los.

Freilich startete der DAX alsbald zu einem neuen Gipfellauf. Fünf Jahre lang stiegen die Notierungen, unterbrochen von kurzen Rückschlägen, in die Höhe. Wer den Tiefstand 2003 genutzt hatte, um sein Vermögen in Aktien anzulegen, durfte sich über kräftige Kursgewinne freuen. Dabei war es fast gleichgültig, in welche Branchen und Unternehmen ein Anleger investiert hatte. Mit wenigen Ausnahmen erlebten die Kurse der DAX-Unternehmen einen anhaltenden Höhenflug. Erst die globale Finanzkrise, die 2008 ausbrach, beendete schlagartig die neue Hausse. Wieder zeigte sich, dass an der Börse eine Blase entstanden war, die über kurz oder lang mit einem lauten Knall platzen musste. Regelmäßig verfallen die Akteure an den Finanzmärkten einem Optimismus, der letztlich nicht gerechtfertigt ist. Selbst ausgebuffte Finanzprofis lernen offenbar nicht aus den Börsencrashs der Vergangenheit, die ja meist nur wenige Jahre zurückliegen.

Erneut musste der DAX durch ein tiefes Tal marschieren, bevor es wieder aufwärts ging. Ausgerechnet in den Zeiten der Pandemie erreichte er ein neues Allzeithoch; Ende März 2021 notierte der DAX bei 15 000 Punkten. Ist dies nur eine Station bei einem Aufstieg, der noch lange anhalten wird? Oder folgt dem Gipfelsturm alsbald ein jahrelanger Rutsch in die Tiefe wie nach dem Millennium oder dem Ausbruch der Finanzkrise?

Diese Fragen konnte im Frühjahr 2021 kein Finanzexperte der Welt definitiv beantworten. Analysten, Fondsmanager und Investmentstrategen wetteifern darin, den Stand des DAX möglichst präzise vorherzusagen. Sie sind damit freilich deutlich weniger erfolgreich als Meteorologen, die zumindest für einige wenige Tage ziemlich genau vorhersagen können, ob es in Bayern, Sachsen oder Schleswig-Holstein regnen oder die Sonne scheinen wird.

Die Börse ist zwar erheblich launischer, als viele Experten wahrhaben wollen, doch langfristig trägt kaum eine andere Anlageklasse so hohe Renditen wie die Anteilsscheine an börsennotierten Unternehmen. Wer nach dem Millennium unbeeindruckt von der jahrelangen Höllenfahrt des DAX an seinen Aktien festhielt, konnte am Ende seinen Lohn kassieren. Anfang 2021 notierte der Index um mehr als 70 Prozent über dem fragilen Rekord vom März 2000. So kräftig haben sich die Vermögen auf keinem Sparkonto vermehrt. Solche Renditen kann freilich nur kassieren, wer genügend Ausdauer und Geduld hat. Finanzexperten empfehlen, mit einer langfristigen Perspektive in Aktien zu investieren. Die Papiere sollten mindestens fünf, besser noch zehn Jahre gehalten werden. Dann dürfen die Anleger erwarten, dass sie mit Aktien besser abschneiden als mit den meisten anderen Anlageklassen – seien es Sparkonten, Gold oder Staatsanleihen.

Empfehlenswert sind ebenfalls Sparpläne, bei denen ein Anleger jeden Monat feste Beträge in Aktien anlegt. Wer über längere Zeiträume regelmäßig dieselben Wertpapiere erwirbt, kann das ewige Auf und Ab der Börsenkurse auffangen. Er kauft ja nicht nur, wenn die Aktien teuer sind, sondern auch in Zeiten, in denen die Kurse Tiefstände erreichen. Umso größer sind die Gewinne, wenn es an der Börse erneut eine Hausse gibt. Langfristige Sparpläne sind ein probates Mittel, um die Risiken von Aktieninvestments zu begrenzen.

2. Maximal 50 Prozent in Aktien anlegen

Wie viel Geld sollte ein Anleger in Aktien investieren? Dies hängt ganz davon ab, welche Risiken er tragen kann – und welche er auch wirklich tragen will. Als Faustregel gilt: In riskante Anlageklassen, die unter Umständen sehr hohe Verluste bringen können, sollten nur Mittel investiert werden, die nicht kurzfristig für bestimmte Zwecke benötigt werden – also zum Beispiel für den Bau oder Kauf eines Hauses, für andere größere Anschaffungen, für die Ausbildung der Kinder oder die finanzielle Unterstützung von Angehörigen. Ein Anleger muss sich also fortlaufend fragen: Könnte ich einen Totalverlust der angelegten Gelder verkraften, ohne dass meine persönlichen Finanzen in eine hoffnungslose Schieflage geraten? In Aktien sollten nur Mittel investiert werden, die in den kommenden fünf bis zehn Jahren aller Voraussicht nach nicht für unvermeidliche Ausgaben benötigt werden. Es darf also stets nur ein Teil des liquiden Vermögens in risikobehaftete Wertpapiere angelegt werden.

Eine wichtige Rolle spielt überdies die Lebensphase, in der sich der Anleger befindet. Jüngere Menschen können einen erheblich größeren Anteil des laufenden Einkommens in Aktien investieren als ältere. Dies hat einen einfachen Grund: Wer zu Beginn seines Berufslebens Schiffbruch erleidet mit Aktien oder Aktienfonds, hat noch viele Jahre, ja Jahrzehnte vor sich, in denen er die Verluste mit klügeren Investments wettmachen kann. Menschen, die in wenigen Jahren in den Ruhestand gehen, müssen hingegen viel vorsichtiger vorgehen. Die Investments sollen in der Regel die gesetzliche Rente aufbessern, die aller Voraussicht nach nicht reichen wird, um weiter den gewohnten Lebensstandard genießen zu können. Überdies ist es immer gut, über ein finanzielles Polster zu verfügen, um für alle Widrigkeiten und Unwägbarkeiten des Lebens gerüstet zu sein.

Die private Altersvorsorge aber wird zu Makulatur, wenn ein Börsenkrach kurz vor dem Ruhestand das Aktienvermögen zu einem Großteil vernichtet. Bis zur Rente bleibt nicht mehr genügend Zeit, um die erlittenen Kursverluste auszugleichen. Je älter die Sparer sind, desto konservativer müssen sie folglich ihr Vermögen anlegen, um sorgenlos den Lebensabend zu genießen und den Kindern etwas vererben zu können.

Was bedeutet dies in konkreten Zahlen? Gut verdienende Berufsanfänger ohne größere finanzielle Verpflichtungen können rund 40 bis zu 50 Prozent des liquiden Vermögens in Aktien investieren. Diese Faustregel gilt auch für Menschen, die keine Spekulanten sind, sondern eine durchschnittliche Risikobereitschaft haben. Wer bereit ist, größere Wagnisse einzugehen, darf sogar bis zu drei Viertel der Ersparnisse in Aktien anlegen.

Sehr ängstliche Naturen sollten hingegen maximal ein Viertel ihrer Ersparnisse an der Börse investieren. Andernfalls werden sie jedes Mal um den Schlaf gebracht, wenn die kapriziösen Kapitalmärkte die Investoren mal wieder mit kräftigen Kursverlusten erschrecken. Rückt der Ruhestand in Sicht, sollten die Börseninvestments Schritt für Schritt reduziert werden. Kurz vor der Pensionierung ist bereits eine Aktienquote von 20 oder 25 Prozent hoch.

Auf keinen Fall sollten sich Anleger dazu verleiten lassen, Aktien auf Pump zu kaufen. Mit sogenannten Lombardkrediten, die manche Banken auch Privatkunden gewähren, lassen sich zwar die Gewinne erhöhen, wenn die Börsenkurse steigen. Fallen die Kurse aber, ist der Anleger womöglich sein ganzes Geld los. Kreditfinanzierte Aktieninvestments sind Spekulation pur.

 ## 3. Das Portfolio mit Anleihen absichern

Wer die Hälfte oder gar drei Viertel seines Vermögens in Aktien angelegt hat, sollte den Rest überwiegend konservativ investieren. Dies bedeutet, weitgehend auf andere Anlageklassen zu verzichten, die ebenfalls hohe Risiken bergen. Dazu gehören beispielsweise Gold, aber auch Immobilien, die von den Anlegern nicht selbst genutzt werden. Dort sind die Preise und Bewertungen heute im historischen Vergleich ebenfalls sehr hoch. Im Fall einer schweren Wirtschaftskrise drohen auch hier empfindliche Verluste.

Als Ausgleich für die großen Risiken von Aktien taugen im Prinzip nur Staatsanleihen sicherer Länder wie der Bundesrepublik, bei denen ein Zahlungsausfall praktisch nicht zu befürchten ist. Einst gab es für ein gut ausbalanciertes Portfolio eine klare Regel: Viele Banken und Vermögensverwalter rieten den Kunden, das liquide Vermögen zu jeweils 50 Prozent in Aktien und in Anleihen zu investieren. (Selbst genutzte Immobilien, also ein Häuschen im Grünen oder eine Eigentumswohnung, sind bei dieser Regel nicht berücksichtigt.)

Ein solch simples Modell sorgt einerseits für große Stabilität im Portfolio des Anlegers, sichert ihm aber auf der anderen Seite ebenfalls Chancen auf überdurchschnittlich hohe Erträge. Aktien bringen in guten Zeiten schöne Kursgewinne und regelmäßig fließende Dividenden; läuft es in der Wirtschaft schlecht, drohen freilich empfindliche Kursverluste. Unternehmen, die anhaltend Verluste erwirtschaften, können zudem keine Gewinne mehr an die Aktionäre ausschütten. In einer solchen Situation sorgten Staatsanleihen traditionell für einen gewissen Ausgleich. Die Papiere, die der Bund ausgibt, warfen zwar nie üppige Renditen ab, doch die Zinsen waren noch zu Beginn des neuen Jahrhunderts recht ordentlich. Überdies zeigen Anleihen in Zeiten der Krise eine stabile Wertentwicklung. Staatspapiere eigneten sich also gut dazu, Kursverluste und gekürzte Dividenden bei Aktien zu einem Gutteil aufzufangen.

Seit mehreren Jahren jedoch zahlen die Bundesrepublik und andere sichere Staaten, bei denen eine Insolvenz schlicht nicht zu erwarten ist, praktisch keine Zinsen mehr. Zuweilen müssen die Investoren sogar negative Zinsen entrichten, wenn sie Staatsanleihen kaufen möchten. Das schreckt viele Privatanleger ab, die nicht einsehen wollen, dass sie der Regierung Geld schenken sollen – schließlich zahlen sie ja bereits Steuern.

Wer jedoch ganz auf Staatspapiere verzichtet, setzt sein Portfolio größeren Gefahren aus. Experten empfehlen daher, dass auch risikofreudige Anleger rund 10 bis 20 Prozent des liquiden Vermögens in Anleihen investieren. Dies können beispielsweise Green Bonds sein, bei denen die Erlöse ausschließlich für den Umwelt- oder Klimaschutz verwendet werden. Die größten Emittenten solcher Anleihen sind in Deutschland der Bund sowie die Förderinstitute KfW und NRW-Bank, bei denen die staatlichen Eigentümer unbegrenzt für alle Verbindlichkeiten haften.

 **4. Wie grün sind die Unternehmen wirklich?**

Bio ist eine der beliebtesten Vorsilben unserer Zeit. Es dürfte gleichzeitig einer der am meisten missbrauchten Begriffe sein. Schlagend zeigt dies das Etikett Bioenergie, das sich die Hersteller synthetischer Kraftstoffe gerne anheften. Hierunter fallen gleich zwei Unternehmen, die im Öko-DAX notiert werden, nämlich die Firmen **Crop Energies** aus Mannheim und **Vereinigte Bioenergie (Verbio)** aus Leipzig.

Crop Energies, eine Tochter des Südzucker-Konzerns, produziert vor allem Bio-Ethanol. Das ist im Grunde normaler Alkohol, dem Benzin beigemischt wird. Grundstoffe für diesen Spritzusatz sind laut Angaben des Unternehmens Getreide und Zuckersirup – also letztlich pflanzliche Rohstoffe, die auch als Nahrungsmittel dienen könnten. Ähnlich verwendet Verbio Raps und Roggen, um hieraus Bio-Ethanol und Biodiesel zu gewinnen.

Diese beiden Kraftstoffe setzen, ebenso wie Benzin und Diesel, beim Verbrennen Kohlendioxid frei. Allerdings sind die Emissionen geringer als bei konventionellen Treibstoffen. Insofern kann Bioenergie in gewisser Hinsicht als nachhaltig bezeichnet werden. Die Verwendung solcher synthetischen Kraftstoffe reduziert in einem – freilich recht moderaten Ausmaß – die Belastungen für die Erdatmosphäre. Doch rechtfertigt dieser relativ geringe Effekt, in riesigen Mengen Getreide einzusetzen, das alternativ dazu dienen könnte, Brot zu backen oder andere Lebensmittel zu produzieren? Tag für Tag haben auf der Erde Hunderte Millionen Menschen zu wenig zu essen. Angesichts dieser bedrückenden Tatsache ist es ethisch nicht zu verantworten, Mais, Raps und Roggen zu Benzin zu verarbeiten. Essen gehört auf den Teller, nicht in den Tank.

Anders sähe es aus, wenn für Biosprit pflanzliche Abfälle eingesetzt würden, also zum Beispiel Holzreste, Laub, Stroh oder Schlempe. Doch diese Materialien enthalten alle weit weniger Energie als die Körner von Mais und Roggen, die ja genau aus diesem Grunde für die Ernährung wie für Ersatzkraftstoffe verwendet werden. Wissenschaftler arbeiten an Verfahren, damit auch Bio-Abfälle energetisch genutzt werden können. Bislang sind sie damit allerdings noch nicht sehr weit gekommen.

Ebenso skeptisch sollten nachhaltige Anleger die Geschäftsmodelle traditioneller Energiekonzerne sehen, die unversehens in grüner Verkleidung auftreten. 2014 verkündete das Essener Unternehmen **Eon**, es werde sich künftig auf zwei Geschäftsbereiche konzentrieren – die Erzeugung von Elektrizität aus regenerativen Quellen sowie den Vertrieb von Strom an gewerbliche Kunden und private Haushalte. Kurze Zeit später lagerte der Konzerne seine Kohle-, Gas- und Wasserkraftwerke in eine neue Tochtergesellschaft namens **Uniper** aus, die an die Börse gebracht wurde. Die Firma gehört heute mehrheitlich dem finnischen Energiekonzern **Fortum**. Die fossilen Wärmekraftwerke laufen aber auch unter skandinavischer Regie weiter, bis zumindest die Kohlemeiler im Zuge der Energiewende Schritt für Schritt vom Netz genommen werden. Den Kohlestrom, den Uniper produziert, erwerben Energieversorger wie Eon, um ihn an ihre Kunden zu verkaufen.

 5. ## Hände weg von überbewerteten Aktien

Tesla gehörte in jüngster Zeit unzweifelhaft zu den Lieblingen der Börse. Im Januar 2021 hatte der Hersteller von Elektroautos zeitweise eine Marktkapitalisierung von mehr als 800 Milliarden Dollar. Der enorme Börsenwert ist völlig irreal. Dies zeigt eine Kennziffer, die von Finanzprofis gerne verwendet wird, um zu testen, ob ein Unternehmen nicht längst viel zu hoch bewertet wird. Es handelt sich um das Kurs-Gewinn-Verhältnis (KGV), also die Relation zwischen dem Gewinn nach Steuern und dem Börsenwert. 2020 hat Tesla einen Reingewinn von gut 800 Millionen Dollar erzielt. Mithin lag das KGV Anfang 2021 bei etwa 1 000.

Was dieser fantastische Wert bedeutet, zeigt ein kleines Gedankenexperiment. Nehmen wir an, dass Tesla auch in den kommenden Jahren jeweils einen Gewinn nach Steuern von 800 Millionen Dollar erzielt. Obendrein würden, so die zweite Annahme, die Gewinne vollständig an die Anteilseigner ausgeschüttet. Unter diesen beiden Voraussetzungen müssten Aktionäre, die Anfang 2021 Tesla-Papiere gekauft haben, rund 1 000 Jahre warten, bis sie ihr Geld zurückerhalten!

Nun kommt natürlich der Einwand, dass das amerikanische Unternehmen in den nächsten Jahren Umsätze und Gewinne kräftig steigern will. Dann würde auch das Kurs-Gewinn-Verhältnis sinken. Laut Prognosen amerikanischer Auto-Analysten wird Tesla aber auch in den nächsten Jahren voraussichtlich ein KGV von mindestens 100 haben; das ist ebenfalls ein irrational hoher Wert.

Zudem ist nicht ausgemacht, dass Tesla die etablierten Hersteller vor sich hertreiben wird, wie Firmenchef Elon Musk dies offenbar vorhat. In Japan, China und Deutschland arbeiten führende Autobauer ebenfalls mit Hochdruck an Elektrofahrzeugen, die womöglich genauso gut oder vielleicht sogar besser sind als die Batterieautos aus Kalifornien. **Daimler**, **BMW** und **Volkswagen** beschäftigen in ihren Entwicklungslabors insgesamt mehr Ingenieure als Tesla überhaupt Mitarbeiter hat. Starke Konkurrenz droht auch in den USA: Der amerikanische Autokonzern **General Motors** kündigte im Februar 2021 an, er werde ab 2035 nur noch emissionsfreie Autos verkaufen.

Der Hype um den kalifornischen Newcomer hat an der Börse eine gefährliche Eigendynamik hervorgerufen. Spekulationen erzeugen immer neue Spekulationen; die Zocker setzen darauf, dass immer mehr Zocker mit der Tesla-Aktie ihre Spielchen treiben wollen. Es hat sich eine gewaltige Blase gebildet, die zwangsläufig platzen muss (oder vielleicht schon geplatzt ist, wenn dieses Buch erscheint). Für verantwortungsvolle Anleger kann dies nur heißen: so schnell wie möglich auf die Bremse treten.

Bei zwei anderen amerikanischen Unternehmen, die sich mit Elektromobilität befassen, hat bereits eine wilde Flucht enttäuschter

Aktionäre eingesetzt. Dies ist zum einen die Firma **Quantum Scape**, die an neuartigen Hochleistungsbatterien für Elektroautos arbeitet, hierbei aber offenbar nur langsam Fortschritte erzielt. Kurz vor Weihnachten 2020 erreichte der Börsenwert einen Gipfel von rund 40 Milliarden US-Dollar; nach dem Jahreswechsel fiel die Marktkapitalisierung auf 20 Milliarden.

Ebenfalls heftig abgestürzt ist der Kurs der US-amerikanischen Firma **Nikola**. Sie hat sich vorgenommen, Nutzfahrzeuge mit Batterieantrieb zu entwickeln. Wie Tesla hat sich das Unternehmen für die Firmenbezeichnung bei dem Physiker Nikola Tesla bedient; das eine übernahm den Nach-, das andere den Vornamen. Anfang 2021 war das Unternehmen nicht einmal mehr halb so viel wert wie ein Jahr zuvor.

Doch wann wird das Risiko zu groß? Eindeutige Kriterien gibt es hierfür nicht. Viele Börsenexperten teilen aber die Ansicht, dass das Kurs-Gewinn-Verhältnis bei profitablen Firmen aus Wachstumsbranchen 20 bis 30 betragen darf. Bei der Berechnung sollte allerdings nicht nur der Gewinn eines Jahres genommen werden. Wegen der hohen Schwankungen, denen die jährlichen Erträge unterliegen, ist es sinnvoll, den Durchschnitt der Gewinne der letzten drei bis fünf Jahre anzuwenden.

 Vorsicht vor dem nächsten Hype

Nach der Elektromobilität zeichnet sich in Sachen Nachhaltigkeit an den Finanzmärkten der nächste Hype ab. In groß angelegten Werbekampagnen wird die Trommel für Wasserstoffaktien gerührt. Angepriesen werden gerne Start-ups aus den USA und anderen fernen Ländern, von denen hierzulande die wenigsten Experten jemals gehört haben.

In der Tat könnte Wasserstoff dazu beitragen, ein grundsätzliches Problem der Energiewende zu lösen: Bei grünem Strom ist das Aufkommen starken Schwankungen ausgesetzt. Mal bläst der Wind, mal herrscht Flaute. Die Sonne, die eben noch vom Himmel strahlte, ist plötzlich hinter Wolken verschwunden. Mehrfach war die deutsche Stromwirtschaft in den vergangenen Jahren gezwungen, überschüssigen Grünstrom in die Netze von Nachbarländern einzuspeisen, die hierfür oft nichts zahlen mussten.

Solar- und Windstrom, der aktuell nicht benötigt wird, kann allerdings dazu genutzt werden, Wasserstoff zu gewinnen. Per Elektrolyse lässt sich Wasser in die Elemente Sauerstoff und Wasserstoff zerlegen. Der gasförmige Wasserstoff kann wiederum in das Erdgasnetz eingespeist werden; »Power to Gas« heißt dieses Verfahren. Auch in der Chemie-Industrie gibt es zahlreiche Einsatzmöglichkeiten für diesen Rohstoff. Überdies würden Autos mit Brennstoffzellen in großen Mengen Wasserstoff benötigen.

In diesen Zukunftsmarkt drängen jedoch bereits Konzerne aus der Grau-Industrie. **Siemens Energy** will die Anlagen für die Elektrolyse liefern. Energieversorger wie **Eon** oder **RWE** könnten die Anlagen betreiben. Auch die Hersteller von Industriegasen denken offenbar daran, in die großtechnische Produktion von grünem Wasserstoff einzusteigen. Diese Konzerne verfügen über die nötige Finanzkraft, die Kundenkontakte und die Vertriebslogistik. Da dürften Start-ups nur geringe Chancen haben.

Die ersten Pilotanlagen für Power to Gas wurden hierzulande bereits in Betrieb genommen. Doch es ist einstweilen unklar, wann Wasserstoff wirklich ein blühendes Geschäft wird; bei Siemens Energy beliefen sich die Umsätze mit Elektrolyse-Anlagen 2020 auf weniger als 10 Millionen Euro. Das Erdgasnetz kann derzeit nur begrenzte Mengen an Wasserstoff aufnehmen, bei dem es sich um ein recht aggressives chemisches Element handelt. Wenn die Wandungen der stählernen Pipelines nicht aus korrosionsfesten Legierungen bestehen, können sie von Wasserstoff mit der Zeit zerfressen werden.

Wann jemals Autos mit Brennstoffzellen über unsere Straßen rollen, die mit Wasserstroff betrieben werden, ist gegenwärtig überhaupt noch nicht abzusehen. Bereits in den 1990er Jahren schickte **Daimler-Benz** Omnibusse, die mit Fuel Cells ausgerüstet waren, zu Testfahrten auf die deutschen Straßen. Wenige Jahre später kündigte der Autokonzern an, 2004 kämen die ersten Serienfahrzeuge mit Brennstoffzellenantrieb auf den Markt. Es würde sich um Kleinwagen der A-Klasse handeln. Tatsächlich hat es der Stuttgarter Autohersteller auch 16 Jahre später nicht geschafft, der großspurigen Ankündigung Taten folgen zu lassen. In Japan und China arbeitet die Autoindustrie weiterhin mit großem Einsatz an Brennstoffzellenautos. Doch auch im Fernen Osten ist es den Herstellern bisher nicht geglückt, alltagstaugliche Personenautos, Omnibusse und Lastwagen mit Fuel Cells auf den Markt zu bringen. Solange der Durchbruch ausbleibt, sollten private Anleger diese Technologie weitgehend meiden. Ohnehin gibt es nur wenige reine Brennstoffzellenwerte wie etwa die kanadische Firma **Ballard**.

 ## 7. Technologien mit mittlerem Reifegrad bevorzugen

Innovative Produkte und Verfahren durchlaufen typischerweise einen Lebenszyklus, der aus ganz verschiedenen Phasen besteht. Dies sollten Investoren unbedingt beachten. Das erste Stadium ist die Experimentierphase, das zweite die Marktdurchdringung und das dritte schließlich die Reifephase. Dann ist das Potenzial einer Technologie im Wesentlichen erschöpft, der Markt ausgereizt und weiteres Wachstum kaum zu erwarten.

In Phase eins ist eine neue Technologie noch weit von einer breiten Anwendung entfernt. Die Entwicklungsingenieure erproben immer wieder neue Lösungen und Konzepte. Niemand kann in diesem Stadium mit Gewissheit sagen, welcher Technologiepfad der aussichtsreichste ist. Oft dauert es viele Jahre oder gar Jahrzehnte, bis eine grundlegende Innovation tauglich für die Alltagspraxis ist.

Ein Beispiel hierfür sind die oben erwähnten Brennstoffzellen. Das Prinzip, Strom aus der Synthese von Wasser- und Sauerstoff zu erzeugen, ist bereits seit dem 19. Jahrhundert bekannt. Schon der französische Schriftsteller Jules Verne schwärmte von der Wasserstofftechnologie. Doch bislang blieb der breite Einsatz von Brennstoffzellen Science-Fiction.

Das andere Extrem sind ausgereifte Technologien. Bei den erneuerbaren Energien wäre dies vor allem die Wasserkraft, die seit mehr als hundert Jahren zur Erzeugung von elektrischem Strom genutzt wird. In hochentwickelten Ländern wie der Bundesrepublik bestehen praktisch keine Möglichkeiten mehr, neue, große Wasserkraftwerke zu bauen. An allen geeigneten Flüssen sind längst Stauseen angelegt. Allenfalls in Schwellenländern besteht weiter Bedarf an solchen Anlagen.

Genau in der Mitte zwischen unerprobten und ausgereizten Technologien liegen Photovoltaik und Windkraft. In beiden Fällen ist längst erwiesen, dass die Verfahren in der Praxis funktionieren. Zehntausende von Windrädern drehen sich an Land und auf dem Meer. Zillionen Solarpanele erzeugen auf Dächern und auf Freiflächen Strom, der in die öffentlichen Netze eingespeist wird.

Auf der anderen Seite aber können diese Technologien weiter verbessert werden. Der Wirkungsgrad von Solarzellen ist immer noch recht niedrig. Alternative Technologiepfade wie Solarzellen mit Fresnel-Linsen werden in den Labors erprobt. Ganz ähnlich arbeiten die Hersteller von Windkraftanlagen an immer größeren Rotoren; zugleich wird die Leistung der Turbinen bei jeder neuen Generation um ein oder zwei Megawatt gesteigert.

Obendrein ist das Marktpotenzial noch lange nicht ausgeschöpft. Die sonnenreichen Länder in Afrika, dem Nahen Osten und Südasien haben erst vor kurzem begonnen, in großtechnischem Stil Sonnenenergie zu nutzen. Selbst Ölproduzenten wie Saudi-Arabien setzen nun auf klimaschonende Energien. In den USA sind in den windreichen Regionen des Mittleren Westens gigantische Windparks geplant. Je effizienter Windräder und Solarzellen werden, desto stärker steigt die Nachfrage.

Die Investments breit streuen

Das Firmensterben in der deutschen Solarindustrie hat eines mit über-
großer Deutlichkeit gezeigt: Einzelne Unternehmen, ja sogar ganze
Teilbranchen der erneuerbaren Energien unterliegen sehr großen
Risiken. Wer all sein Geld in einen einzigen Solarwert wie **Conergy**,
Q-Cells oder **Solon** investiert hatte, musste einen Totalverlust verbu-
chen. Anleger, die jedoch auch den Windkraftspezialisten **Nordex** in
ihr Portfolio aufgenommen hatten, konnten zumindest einen Teil ihrer
Investments retten.

Diese Erfahrungen bestätigen einen alten Lehrsatz von Finanzpro-
fessoren: Investments müssen breit gestreut werden, um die Folgen
eines nie auszuschließenden Zahlungsausfalls möglichst gering zu
halten. Die Diversifizierung der Risiken sollte in mehreren Dimensionen stattfinden. Zum einen müssen die Investments auf möglichst
viele Unternehmen verteilt werden. Dann vernichtet eine Insolvenz nur
einen verhältnismäßig kleinen Teil des gesamten Vermögens.

Überdies sollten die Anleger die Investments auf die verschiedenen
Teilbranchen und Segmente verteilen. Wegen ihrer großen ökonomi-
schen Bedeutung und ihrer relativ geringen Zukunftsrisiken bilden
Solarenergie und Windkraft das Pflichtprogramm. Zur Kür würden
Start-ups und junge Unternehmen aus anderen, bislang weniger ent-
wickelten Segmenten der regenerativen Energien gehören. Wie ein
Portfolio für den Klimaschutz aussehen könnte, wird in Teil V gezeigt.

Ferner sollten alle Stufen der Wertschöpfung abgedeckt werden.
Der Risikominimierung dient es, neben den Herstellern ebenfalls die
Anwender im Portfolio zu berücksichtigen. Die Solarindustrie ist zwar
aus Deutschland weitestgehend abgewandert. Doch die Betreiber von
Photovoltaikkraftwerken, deren technische Ausrüstung aus China
stammt, verdienen nach wie vor gutes Geld. In einem breiteren Sinne
ist auch die **UmweltBank**, die Firmen aus Photovoltaik und Windkraft
finanziert, Teil der Wachstumsbranche erneuerbare Energien.

Schließlich sollten die Anleger dem sogenannten Home Bias widerstehen. Mit diesem Begriff wird der Hang von Investoren bezeichnet, bei der Geldanlage Unternehmen aus dem eigenen Land zu bevorzugen. Das muss nicht unbedingt eine bewusste Entscheidung sein mit dem Ziel, ausländische Unternehmen zu diskriminieren. In vielen Fällen dürfte es sich um unbewusste Prozesse handeln. Mit einer Konzentration der Investments auf das Inland schaden sich die Anleger meist selbst. Das zeigt schlagend die Photovoltaik. Wer 2007, auf dem Höhepunkt des deutschen Solarbooms, all sein Geld in Aktien von **Phoenix Solar**, **Solon** und **Solarworld** investiert hätte, wäre heute womöglich ein Fall für die Sozialbehörden. Reich geworden wäre der Anleger hingegen, wenn er sich seinerzeit für den nordamerikanischen Wert **Canadian Solar** entschieden hätte.

 ## 9. Etablierte Unternehmen bevorzugen

Ein weiteres Kriterium nachhaltiger Geldanlage ist, ob ein Unternehmen in seinem Markt bereits gut etabliert ist. Die deutschen Solarfirmen, die in den 2010er Jahren in Serie Pleite gingen, waren im Grunde noch Start-ups. Laut einer Faustregel scheitert rund die Hälfte aller neu gegründeten Unternehmen in den ersten fünf Jahren. Die Ursachen sind vielfältig: Die Produkte, die die Firmen entwickelt haben, taugen unter Umständen nicht viel. Die Nachfrage ist erheblich geringer als erwartet. Am Markt treten plötzlich Konkurrenten auf, die es besser können.

Anleger sollten deshalb unbedingt darauf achten, wie lange ein Unternehmen bereits aktiv ist. Ein Anbieter, der sich seit zehn oder gar zwanzig Jahren erfolgreich gegen seine Konkurrenten behauptet, macht offenbar vieles richtig. Die Chancen sind groß, dass es dieses Unternehmen auch in ein oder zwei Jahrzehnten noch geben wird. Eine Firma, die Ende der 1990er Jahre aus der Taufe gehoben wurde, hat seither dreimal schwere Zeiten erlebt – den Niedergang der New

Economy nach dem Millennium, die globale Finanzkrise von 2008 und schließlich die Pandemie. Wenn es einem Unternehmen geglückt ist, all diese Krisen verhältnismäßig heil zu überstehen, dann hat es offenkundig ein tragfähiges Geschäftsmodell und ein Management, das sein Handwerk beherrscht.

Ebenfalls bedeutsam ist, ob ein Unternehmen weltweit zu den Marktführern gehört. Einer Firma, der es gelungen ist, zu den drei oder fünf führenden Anbietern ihrer Branche aufzusteigen, hat gute Chancen, sich in der Spitzengruppe zu halten. Gefährdet sind in einer Krise vor allem die kleineren Anbieter. Drastisch zeigte sich dies während der Pandemie in der Solarindustrie. Ende 2019 verfügten die fünf größten Hersteller über einen Marktanteil von insgesamt knapp 40 Prozent. Ein Jahr später war der Anteil auf schätzungsweise 65 bis 70 Prozent gestiegen.

Die Anleger sollten ebenfalls darauf achten, ob ein Unternehmen ein anhaltendes Wachstum erzielt. Nur auf diese Weise kann die Firma in eine Größenordnung wachsen, in der sie vor plötzlichen Rückschlägen weitgehend gefeit ist. Überdies ist nachhaltiges Wachstum ein weiteres Indiz dafür, dass ein Unternehmen den richtigen Kurs fährt. Würden immer mehr Kunden die angebotenen Solaranlagen oder Windräder ordern, wenn sie nicht davon überzeugt wären, dass diese Produkte besser sind als die Angebote der lieben Konkurrenten?

 10. Die Firmen müssen profitabel arbeiten

Für das Geschäftsjahr 2020 meldete das deutsch-spanische Unternehmen **Siemens Gamesa** überraschend hohe Verluste. Die Firma, einer der weltweit größten Hersteller von Windkraftanlagen, musste ihren Aktionären einen Verlust von exakt 918 Millionen Euro beichten. Dies entsprach nahezu 10 Prozent der erzielten Umsätze. Die tiefroten Zahlen deuten darauf hin, dass in dem Unternehmen einiges schiefgelaufen sein muss. Die Pandemie kann nicht die Ursache für das horrende Defizit sein – die Konkurrenten **Nordex** und **Vestas** meldeten erheblich bessere Erträge. Die Ursachen für die Probleme von Siemens Gamesa sind eher im Unternehmen selbst als in seinem Umfeld zu suchen.

Anleger sollten daher außerordentlich wachsam sein, wenn sie im Internet oder der Zeitung lesen, dass eines ihrer Portfolio-Unternehmen unversehens tief in die Miesen gerutscht ist. Eine Firma, die anhaltend hohe Verluste erwirtschaftet, ist ein erstklassiger Kandidat für den Konkurs. Wer jemals so blauäugig war, Aktien von **Conergy**, **Phoenix Solar** oder **Solarworld** zu kaufen, wird dies gerne bestätigen.

Doch wie hoch sollten die Gewinne sein, die ein Unternehmen erzielt, damit es als ein einigermaßen sicheres Investment gelten kann? Hierfür gibt es keine eindeutige Richtschnur. Als Messlatte dienen kann die Umsatzrendite, berechnet als Verhältnis des Reingewinns zu den Umsätzen. Diese Größe sollte im langjährigen Durchschnitt etwa 3 bis 5 Prozent betragen.

Auf der anderen Seite darf es für nachhaltige Anleger jedoch kein Kriterium sein, ob ihr Unternehmen hemmungslos die Profite maximiert, um ihnen möglichst hohe Dividenden zahlen zu können. Denn auf diese Weise wäre langfristig niemandem gedient – weder der Firma selbst noch den Aktionären oder gar dem Klimaschutz. Unternehmen können nur nachhaltig wirtschaften, wenn sie viel Geld für neue Produkte in die Hand nehmen, mit denen der Verbrauch von Rohstoffen und die Belastung der Umwelt reduziert werden.

Wer es unterlässt, neue, effizientere Produkte auf den Markt zu bringen, fällt irgendwann hinter seine Konkurrenten zurück. Er kann seine Anlagen und Geräte nicht mehr verkaufen, wenn sie eindeutig schlechter sind als die Konkurrenzerzeugnisse. Ausgaben in die Forschung und Entwicklung können aber im Allgemeinen nicht mit Bankkrediten finanziert werden. Sie werden meist aus den laufenden Einnahmen bestritten.

Dies bedeutet: Unternehmen, die heute an den Forschungsausgaben sparen, um den Anlegern möglichst hohe Profite zeigen zu können, haben morgen keine innovativen Produkte, die es ihnen ermöglichen würden, weiterhin Geld zu verdienen. Wie so oft im Leben kommt es auch bei den Gewinnen auf das rechte Maß an.

 ## 11. Auf eine solide Bilanz achten

Es gibt noch einen weiteren Grund, warum ein Unternehmen langfristig profitabel sein muss. Eine gute Ertragslage ist eine unverzichtbare Voraussetzung, um das künftige Wachstum finanzieren zu können. Investitionen in neue Fabriken, Maschinen und Software können nicht allein mit Bankkrediten finanziert werden. Dann ist die Firma irgendwann überschuldet. Im Gleichtakt mit den Krediten sollte auch das Eigenkapital zunehmen, über das ein Unternehmen verfügt.

Eine Möglichkeit, die haftenden Eigenmittel zu erhöhen, besteht darin, einen Teil der erzielten Gewinne einzubehalten. Diese Gewinnrücklage wird dem Eigenkapital zugerechnet. Banken und andere Gläubiger sehen es gerne, wenn ein Unternehmen sich auf diese Weise für schlechte Zeiten wappnet. Dann sind sie eher bereit, neue Kredite zu geben, um das künftige Wachstum zu finanzieren.

Fremdkapital und haftende Eigenmittel müssen in einem ausgewogenen Verhältnis zueinander stehen. Dies ist der Fall, wenn das Eigenkapital rund 20 bis 30 Prozent der gesamten Bilanzsumme ausmacht. Nicht immer ist es freilich gleich ein Alarmsignal, wenn dieser Anteil niedriger liegt. Falls sich die Eigenkapitalquote jedoch dauerhaft unter 10 Prozent bewegt, sollte sich ein Anleger besser von der Aktie trennen.

 ## 12. Hat die Börsengesellschaft ein gutes Rating?

Finanzprofis orientieren sich neben der Umsatzrendite und der Eigenkapitalquote an zahllosen anderen Kennziffern, bevor sie entscheiden, ob sie in eine bestimmte Aktie investieren oder nicht. Private Anleger haben jedoch weder die nötigen Vorkenntnisse noch die erforderliche Zeit, um alle diese Größen fortlaufend zu beobachten, zu berechnen und miteinander zu vergleichen.

Es gibt jedoch eine Abkürzung, um die finanzielle Solidität eines Unternehmens zu beurteilen. Dies sind die Ratings, die auch institutionelle Investoren gerne heranziehen. Diese Bonitätsnoten, die von Firmen wie **Fitch**, **Moody's** und **Standard & Poor's** vergeben werden, haben wir bereits in Teil II über Green Bonds kennengelernt. Das Verfahren ist bei Aktien ganz ähnlich wie bei Anleihen. Die Ratingagenturen bewerten die Risiken eines Zahlungsausfalls anhand von Datenbanken, in denen Angaben zu zehntausenden von Börsengesellschaften aus aller Welt gespeichert sind. Das Ergebnis wird für jedes analysierte Unternehmen in Form einfacher Schlüsselgrößen zusammengefasst. Neben der aktuellen Situation werden auch die Zukunftsperspektiven der Firmen bewertet.

Bei Standard & Poor's lautet die Spitzennote AAA; ein solches Rating signalisiert, dass eine Insolvenz in absehbarer Zukunft nahezu ausgeschlossen ist. Die nächstbesten Noten sind AA und A, wobei hier noch einmal mit Plus- und Minuszeichen differenziert wird. Auch bei solchen Bewertungen können die Anleger beruhigt schlafen, ohne um ihr Geld fürchten zu müssen.

Nach der A-Klasse kommen die B-Bewertungen. Ein BBB ist laut Standard & Poor's ebenfalls noch ein Gütesiegel für ein Investment. Dann aber wird es kritisch. Ein BB oder ein B zeigen an, dass hier die Gefahr einer Insolvenz nicht mehr leichtfertig abgetan werden kann. Alle Bewertungen, die noch niedriger liegen, weisen darauf hin, dass hier bereits die Hütte brennt.

Das System von Fitch ist ebenso aufgebaut wie jenes von Standard & Poor's. Moody's verwendet eine Kombination von Buchstaben und Ziffern. Wie vertrauenswürdig sind aber die Bewertungen der Ratingagenturen? Im Zuge der globalen Finanzkrise stellte sich heraus, dass die Bonität der Unternehmen oft viel zu günstig beurteilt worden war; massenhaft mussten Ratings herabgesetzt werden.

Es hat einen einfachen Grund, warum die Bewertungen nicht immer ganz zuverlässig sind: Die Agenturen werden von den Emittenten bezahlt, also den Unternehmen, die die Wertpapiere an der Börse ausgegeben haben. Die Prüfer haben also nicht immer den größten Anreiz, übermäßig scharf hinzusehen. Allzu strenge Bewertungen würden die Unternehmen verärgern; Folgeaufträge wären in Gefahr.

Viele Finanzexperten raten daher zu einer gesunden Portion Skepsis: Die Anleger sollten einen kleinen Abschlag bei den Bewertungen machen; es wird empfohlen, die Noten um mindestens eine Stufe abzusenken. Ein AA- wäre also in Wahrheit ein A+. Und ein A- würde der Note BBB entsprechen. Anleger, die auf der sicheren Seite sein möchten, brauchen sich nur eine einfache Regel einzuprägen: Keine Aktie kaufen, die bei Fitch und Standard & Poor's nicht mindestens ein Rating von A hat. Bei Moody's liegt die Untergrenze bei der Note A3.

Eben weil Ratings nicht in jedem Fall zuverlässig sind, verzichten viele Unternehmen darauf, sich von einer Ratingagentur auf den Zahn fühlen zu lassen. Gerade Börsengesellschaften mit bester Bonität halten es für unnötig, sich von Fitch, Moody's oder Standard & Poor's bestätigen zu lassen, dass noch Geld in der Kasse ist. Es muss also kein schlechtes Zeichen sein, wenn ein Unternehmen keine Ratings vorzuweisen hat.

TEIL IV

MIT FONDS DIE RISIKEN STREUEN

Kapitel 12

Brüssel bringt die Investmentfonds auf Trab

Das Jahr 2022 beschert der Finanzindustrie eine tiefgreifende Wende. Banken, Fondsanbieter und andere Akteure müssen sich neuen Regeln aus Brüssel beugen. Es treten dann gleich mehrere Verordnungen in Kraft, die die Geschäftsgrundlage von Kapitalanlagegesellschaften einschneidend verändern. Die EU-Kommission will erreichen, dass private Anleger ihr Geld vermehrt in nachhaltige Investments stecken. Der Boom, den ökologische und ethische Anlageprodukte bereits seit mehreren Jahren erleben, soll einen neuen, kräftigen Auftrieb erhalten.

Um dieses Ziel zu erreichen, hat Brüssel unter anderem ein einfaches, aber voraussichtlich sehr wirksames Instrument ersonnen: Wenn Kunden von ihren Banken wissen möchten, wie sie ihr Geld am besten anlegen, dann müssen die Berater in Zukunft verpflichtend die Frage stellen:»Liebe Sparerin, lieber Anleger, wie hältst du es mit der Nachhaltigkeit? Sollen wir dein Geld in einen ethischen oder ökologischen Fonds investieren?«

Wer so eindrücklich nach seinen Präferenzen gefragt wird, ist geradezu gezwungen, sich Gedanken über Sinn und Zweck der Geldanlage zu machen. Eine solche Reflexion hat Konsequenzen. »Drei von vier Kunden werden sich in den Beratungsgesprächen künftig für nachhaltige Investments entscheiden«, prophezeit Ingo Speich. Er ist bei der Fondsgesellschaft **Deka Investment** in Frankfurt unter anderem für das Thema Nachhaltigkeit zuständig.

Diese Prognose ist keineswegs aus der Luft gegriffen. Sie kann sich auf handfeste Daten aus der jüngsten Vergangenheit stützen. 2020 sammelte die Frankfurter Fondsgesellschaft **Union Investment** bei den Privatkunden neue Gelder in Höhe von 8,8 Milliarden Euro ein. »Hiervon haben die Anleger rund 55 Prozent in nachhaltige Fonds investiert«, sagt Henrik Pontzen; er leitet bei Union Investment die Abteilung ESG. Das Kürzel steht für die englischen Begriffe *Environment, Social* und *Governance*. Gemeint sind damit der Schutz der Umwelt, sozialverträgliches Verhalten von Unternehmen und verantwortungsvolles Management. Dies sind die Ziele, die die EU der Finanzindustrie auferlegt hat. Mit Hochdruck arbeiten die Fondsgesellschaften an neuen Produkten, die zwei elementare Bedingungen erfüllen sollen: Sie müssen den neuen regulatorischen Anforderungen aus Brüssel genügen. Und sie sollen die steigende Nachfrage der Kunden nach nachhaltigen Investments befriedigen.

Kommen nun nur noch Fonds auf den Markt, die so grün sind wie Mutter Natur? Das mag sich manch ein Investor fragen, der sich ein wenig auskennt in der Industrie und den Finanzmärkten. Im ganzen DAX mit seinen Konzernen aus Autoindustrie, Chemie, Energieversorgung und nicht zuletzt der Finanzindustrie dürfte es keine einzige Aktiengesellschaft geben, die all die Vorgaben erfüllt, die Brüssel in Paragrafen gegossen hat.

Vor allem ist noch gar nicht abzusehen, wie streng die Vorschriften am Ende ausfallen werden, die 2022 in Kraft treten sollen. Von den drei Buchstaben ESG haben sich die EU-Kommission und die Mitgliedsländer bis Anfang 2021 nur auf das E verständigen können: Bei den Umweltzielen sind sich Brüssel und die nationalen Regierungen weitgehend einig. Mit welchen Inhalten die beiden Platzhalter S und G gefüllt werden sollen, blieb allzu lange unklar.

Doch schon die ersten Nachhaltigkeitsziele, die die EU formuliert hat, füllen 400 Seiten. Bis in die kleinsten Details haben die Bürokraten in Brüssel festgelegt, welche geschäftlichen Aktivitäten künftig als nachhaltig bewertet werden können. Die Vorschriften richten sich zum einen an die Industrieunternehmen, deren Berichtspflichten stark steigen werden. Sie müssen bei diversen Nachhaltigkeitskriterien genau angeben, wie hoch die betroffenen Anteile am gesamten Umsatz sind. Diese Informationen gehen in die Nachhaltigkeitsberichte ein, die

Unternehmen von öffentlichem Interesse publizieren müssen. Sie sind meist integrierter Teil der jährlichen Geschäftsberichte.

Zum anderen sind die Auflagen auch von den Kapitalanlagegesellschaften zu erfüllen. Auf Basis der Angaben, die die Unternehmen zu ihren nachhaltigen Aktivitäten veröffentlichen, müssen die Fondsanbieter künftig ermitteln, wie nachhaltig ihre Finanzprodukte sind. Diese Informationen müssen ebenfalls öffentlich zugänglich gemacht werden. So sieht es die EU-Taxonomie vor; diese Verordnung wurde bereits 2020 verabschiedet, tritt aber erst Anfang 2022 in Kraft.

Die Fondsmanager stöhnen unter der gewachsenen Arbeitslast. Auf der anderen Seite aber sind sie froh, dass jetzt Klarheit herrscht, wann ein Fonds als nachhaltig bezeichnet werden kann und wann nicht. »Wir unterstützen grundsätzlich die EU-Taxonomie. Es ist gut, dass es jetzt ein einheitliches Rahmenwerk geben wird«, sagt Petra Pflaum; sie ist bei der Frankfurter Fondsgesellschaft **DWS Group** für das Thema verantwortungsvolle Investments zuständig.

Ökologischer Pionier oder nur Klassenbester?

Die Fondsmanager machten sich bereits ans Werk, bevor Brüssel definitive Regeln für das neue Spiel verabschiedet hatte. Die DWS, eine Tochter der Deutschen Bank, begann bereits 2019 mit den Vorbereitungen für das neue ökologische Zeitalter. Ohnehin konnte es vorerst nur Kompromisse geben. Mit Blick auf Ökofonds unterscheiden Experten zwei fundamentale Ansätze – das Impact- und das Best-of-Class-Konzept.

Impact bedeutet: Die Unternehmen leisten einen wesentlichen Beitrag, um ein ökologisches oder soziales Problem zu lösen. Das können mit Blick auf den Klimaschutz Produkte und Technologien sein, die die Nutzung erneuerbarer Energien ermöglichen. Ein klarer Fall wären die Hersteller von Solaranlagen und Windkraftanlagen. Auch die Anwender solcher Technologien würden dazu gehören, also zum Beispiel die Betreiber von Photovoltaikkraftwerken.

Best of Class heißt hingegen, dass Unternehmen aus traditionellen Industrien etwas mehr tun als andere, um die Schäden für Umwelt und

Klima zu begrenzen. Sie produzieren also, gemessen am Umsatz, weniger Müll; sie erzeugen weniger Kohlendioxidemissionen; sie fördern im eigenen Betrieb gezielt Frauen und Angehörige von Minderheiten. Impact-Unternehmen gibt es freilich weltweit erst recht wenige. Der Börsenwert dieser Firmen ist viel zu gering, um in großer Zahl Fonds aus Öko-Pionieren zusammenzustellen. Alle Hersteller von Solaranlagen und Windrädern haben weltweit eine Marktkapitalisierung, die keinesfalls höher als 300 Milliarden Euro liegen dürfte. Allein **Union Investment**, eine lediglich mittelgroße Fondsgesellschaft, verwaltet aber bereits Kundengelder in Höhe von 360 Milliarden Euro.

Die grünen Fonds, die jetzt in großer Zahl neu auf den Markt kommen, folgen zum allergrößten Teil dem Konzept des Klassenbesten. Wie solche Finanzprodukte gemixt werden, zeigt ein Blick in die Fondsküche von **Deka Investment**. In der Mitte steht ein riesiger Trichter mit mehreren Sieben. Oben werden zum Beispiel sämtliche Autowerte hineingeschüttet. Manche Titel bleiben bereits im obersten Sieb hängen, das für die Ausschlusskriterien von Deka steht. Zu den Ausgesiebten gehört Volkswagen. »Das Unternehmen hat gegen den UN Global Compact verstoßen«, erläutert Nachhaltigkeitsmanager Speich. Er bezieht sich auf die Grundsätze, die die Vereinten Nationen für das ethische, soziale und ökologische Verhalten von Unternehmen formuliert haben.

Das zweite Sieb besteht in der finanziellen Tragfähigkeit einer Aktie. Deka investiert nur in Unternehmen, deren Aktienkurs nicht jenseits von Gut und Böse liegt. Tesla wurde Anfang 2021 an der Börse mit rund 800 Milliarden US-Dollar bewertet – einem absolut astronomischen Betrag. Wegen der allzu hohen Marktkapitalisierung würde der kalifornische Hersteller von Elektroautos an Sieb zwei hängen bleiben.

Übrig bleibt eine begrenzte Zahl von Titeln wie BMW und Daimler. Um zu entscheiden, welcher dieser beiden Hersteller in der Autoindustrie der Klassenbeste ist, müssen die Analysten und Portfoliomanager bei Deka nun tief in die Details einsteigen und zahllose Daten zu den Unternehmen untersuchen – von den Lieferquellen für die eingesetzten Rohstoffe bis zu den Abgaswerten neuer Automodelle.

Die benötigten Informationen bezieht Deka von internationalen Spezialisten. An erster Stelle ist dies der New Yorker Finanzdienstleister

MSCI. »Die haben besonders gute Daten zu kontroversen Geschäftspraktiken«, erläutert Speich. Er zieht aber auch Bewertungen sogenannter ökologischer Ratingagenturen heran. Dies sind Firmen wie **ISS ESG** aus München, **Imug** aus Hannover und die französisch-britische **Vigeo Eiris**, die im Auftrag kommerzieller und gemeinnütziger Kunden die Nachhaltigkeit von Aktiengesellschaften überprüfen.

»Wir wollen die Braunen grün machen«

Vielen Fondsmanagern ist durchaus bewusst, dass ihre nachhaltigen Aktienfonds oft nicht in der Wolle grün gefärbt sind. Bei der Auswahl ihrer Investments setzen sie häufig auf Hoffnungswerte, also auf Unternehmen, die heute noch rechte Umweltferkel sind, die aber in absehbarer Zukunft makellose Saubermänner werden wollen.

Ein besonders markantes Beispiel ist der Essener Stromversorger **RWE**, aufgrund seiner Kohlekraftwerke heute der größte Emittent von Kohlendioxid in ganz Europa. Das Unternehmen hat allerdings erklärt, dass es in den kommenden Jahrzehnten klimaneutral werden will. Schritt für Schritt werden Atommeiler und fossile Wärmekraftwerke im Zuge der Energiewende vom Netz genommen; der Strom soll in Zukunft ausschließlich aus erneuerbaren Quellen kommen, aus Wasserkraft, Solarenergie und Windkraft.

Die Investitionen in klimafreundliche Stromerzeugung darf RWE künftig berücksichtigen, wenn der Energiekonzern seine Nachhaltigkeit ermittelt. So sieht es die EU-Taxonomie ausdrücklich vor. Der Energiekonzern komme daher in Zukunft prinzipiell für ein Investment eines nachhaltigen Fonds infrage, meint Henrik Pontzen von Union Investment. »Wir wollen nicht die Grünen noch grüner machen, sondern die Braunen grün«, sagt der Fondsmanager.

Was aber kann eine Kapitalanlagegesellschaft tun, um einen heute noch tiefbraunen Konzern wie RWE zumindest ein bisschen grün zu machen? Will sich Union Investment darauf verlassen, dass das Unternehmen sein Versprechen einhält – und in absehbarer Zukunft tatsächlich die Atmosphäre per Saldo nicht mehr mit Kohlendioxidemissionen belastet? Auch Fondsmanager wissen, was Marketing ist – und dass vollmundige Ankündigungen längst nicht immer eingehalten werden. Union Investment hat daher schon vor einiger Zeit beschlossen, die Entwicklung bei RWE und anderen Portfolio-Unternehmen genauestens zu beobachten. Stellen die Fondsmanager fest, dass angekündigte Fortschritte nicht oder nur zum Teil erreicht werden, nehmen sie sich das Recht, die Unternehmensleitung zur Rede zu stellen. Als nicht ganz kleiner Anteilseigner genießt Union Investment das Privileg, Vorstände und andere Topmanager zu vertraulichen Gesprächen zu treffen.

»Engagement« heißen diese Unterredungen, die im Allgemeinen hinter verschlossenen Türen geführt werden. Dort können die Investoren kritische Fragen stellen, bedenkliche Geschäftspraktiken ansprechen und das Management darauf hinweisen, dass sie mit bestimmten Entscheidungen nicht einverstanden sind. Einen solchen kritischen Dialog startete Union Investment 2019 mit der deutschen Autoindustrie. Beteiligt waren daran, wie in Teil I bereits erwähnt, auch mehrere Kirchenbanken wie etwa die Pax-Bank aus Köln; die Institute sind ebenso wie Union Investment Teil des Finanzverbundes der deutschen Volks- und Raiffeisenbanken. »Wir haben nach dem alten Genossenschaftsprinzip gehandelt: Gemeinsam sind wir stark«, erläutert Pontzen.

Thema der Gespräche war vor allem die Beschaffung von Rohstoffen wie Kobalt und Lithium, die zur Produktion von Akkus für Elektroautos benötigt werden. Kobalt wird vor allem im Kongo gefördert; in den Gruben müssen zahllose Kinder unter menschenunwürdigen Bedingungen arbeiten. Auch Lithium wird in den Anden großenteils unter sozial und ökologisch bedenklichen Umständen produziert.

Union Investment, die Kirchenbanken und andere Aktionäre, die sich ebenfalls an den Gesprächen beteiligten, konnten den Autoherstellern die Zusage abringen, künftig besser darauf zu achten, woher konfliktbelastete Mineralien wie Kobalt und Lithium stammen und auf welche Weise sie produziert werden. Die Hersteller erklärten, ihre Lieferanten zu wechseln beziehungsweise den Produzenten schärfere Vorgaben für soziale und ökologische Mindeststandards zu machen. Überdies wollen Daimler, BMW und Volkswagen künftig Akkus verwenden, in denen geringere Mengen von Kobalt und Lithium eingesetzt werden.

Die Macht der Fondsmanager

Den Vorständen ist bewusst: Wenn sie in solchen Gesprächen keine Zugeständnisse machen, droht ihnen in der Öffentlichkeit womöglich ein empfindlicher Verlust an Reputation. Der Rufschaden könnte wiederum den Verkauf der Produkte beeinträchtigen. Welcher verantwortungsvolle Mensch möchte ein Elektroauto fahren, wenn der Akku Kobalt enthält, das unter entsetzlichen Umständen von Kindern im Kongo aus der Erde geholt wurde?

Die Fondsmanager wissen um ihre Macht. Wenn die Unternehmen in den Engagement-Gesprächen nicht einlenken, keine befriedigenden Auskünfte geben oder kontroverse Geschäftspraktiken nicht abstellen wollen, ziehen sie die Daumenschrauben an. »Wir scheuen uns nicht, die Kritikpunkte offen zu kommunizieren«, sagt Ingo Speich von Deka Investment. Fruchtet dies nicht, dann bringt der Fondsmanager die strittigen Fragen auf der nächsten Hauptversammlung zur Sprache. Im Licht der TV-Schweinwerfer müssen die Vorstandschefs Antworten auf die bohrenden Fragen der Investoren geben. Die Antworten sehen mitunter Millionen von Zuschauern in der *Tagesschau*, im *Börsen-TV* oder in Internetforen. Darunter befinden sich viele Kunden des Unternehmens, die sehen, welche gewundenen Antworten der Chef vor den Kameras gibt – und die hieraus ihre Schlüsse ziehen.

Fondsmanager wie Ingo Speich, nicht gerade mit dem schwächsten Selbstbewusstsein ausgestattet, gehen gerne auf Konfrontation mit den Mächtigen. Kurz vor Ende seiner Amtszeit fädelte Siemens-Chef Joe Kaeser noch einen großen Deal ein: Er vollzog die Abspaltung des Unternehmensbereichs Kraftwerkstechnik und brachte die neue Tochtergesellschaft Siemens Energy 2020 an die Börse. Die Transaktion verbessert mit einem Schlag die Klimabilanz der Muttergesellschaft Siemens, die bisher von den Gasturbinen belastet wurde, die bei Siemens Energy hergestellt werden. Der Münchener Elektrokonzern kann sich nun im Nachhaltigkeitsbericht (der Teil des jährlichen Geschäftsberichts ist) als CO_2-arm präsentieren. Tatsächlich aber wird der Klimaschutz mit der Abspaltung um keinen Deut verbessert. Siemens Energy steht weiterhin vor der Herkulesaufgabe, die Fertigung von fossiler

Kraftwerkstechnologie auf erneuerbare Energien umzustellen.«Darauf haben wir Joe Kaeser im persönlichen Gespräch hingewiesen«, sagt Speich.

Der Fondsmanager verlässt sich nicht auf Unternehmensberichte, Presseartikel und Analystenreports, wenn er überprüfen will, wie sozial und umweltverträglich eine Firma arbeitet, die ein Deka-Fonds im Portfolio hat. Dann setzt sich Speich schon mal ins Flugzeug und inspiziert eine Spielzeugfabrik in der chinesischen Metropole Shenzhen oder ein Werk in Südostasien, das Joggingschuhe, T-Shirts und Tennisschläger für Adidas herstellt.

Engagement ist recht aufwendig.»Wir führen pro Jahr 4 000 Gespräche mit Unternehmen. Davon steht bei 700 Nachhaltigkeit im Mittelpunkt«, sagt Fondsmanager Pontzen von Union Investment. Anfang 2021 beschäftigte die Fondsgesellschaft 15 Analysten und 59 Portfolio-Manager, die sich hauptsächlich mit Fragen rund um Nachhaltigkeit beschäftigen.

Serienbriefe statt ernsthaftem Engagement

Im Gegensatz zu deutschen Fondsgesellschaften wie **Union Investment, Deka** oder auch der **DWS Group** ist das Engagement bei den meisten großen Asset-Managern aus den USA, Frankreich oder Großbritannien sehr dürftig. Die einzige Ausnahme bildet die Londoner Investmentgesellschaft **Fidelity International Limited**, die deutsche Großunternehmen, an denen sie beteiligt ist, in der Regel zweimal pro Jahr in persönlichen Gesprächen zur Rechenschaft auffordert.

BlackRock beschränkt das Engagement hingegen gezielt auf Unternehmen, bei denen für den New Yorker Finanzkonzern besonders viel auf dem Spiel steht. Das sind Konzerne mit hohem Börsenwert, an denen der Asset-Manager zugleich größere Anteile hält. BlackRock ist weltweit an rund 18 000 Aktiengesellschaften beteiligt. Doch nur mit einem Bruchteil dieser Firmen führt der Finanzkonzern persönliche Gespräche. Laut eigenen Angaben belaufen sich die Engagements auf rund 2 000 pro Jahr. Dies ist gerade einmal halb so viel wie bei **Union**

Investment, deren Vermögenswerte sich lediglich auf rund 5 Prozent der Assets von BlackRock belaufen.

Der New Yorker Finanzkonzern ist augenscheinlich nicht bereit, den erforderlichen Aufwand für ein stärkeres Engagement zu tragen. Anders als Deka oder Union Investment ist BlackRock ein börsennotiertes Unternehmen. Letztlich haben die Interessen der Aktionäre den Vorrang. Höhere Kosten gehen zulasten der Gewinne und Dividenden. Offenbar aus diesem Grund entschied sich der Fondsriese für das denkbar billigste Mittel, um seine Portfolio-Unternehmen in puncto Nachhaltigkeit auf Trab zu bringen.

BlackRock-Chef Larry Fink verschickt zu Beginn eines jeden neuen Jahres ein Rundschreiben an Topmanager von Unternehmen, an denen der New Yorker Finanzkonzern beteiligt ist. Die Empfänger sitzen in Nord- und in Südamerika, in Europa und in Afrika, im Nahen Osten und in Ostasien. In den Jahren 2020 und 2021 war Nachhaltigkeit das zentrale Thema der »Letters to CEOs«, die auch den Chefs der DAX-Konzerne zugingen.

Aufsehen erregen die Serienbriefe aus New York allenfalls in den Medien. In den Unternehmen selbst zeitigen die allgemein gehaltenen Ermahnungen so gut wie keine Wirkung, denn Fink gibt keinerlei konkrete Hinweise, was er geändert sehen möchte. Er fordert zum Beispiel einen Autohersteller nicht auf, kein Kobalt mehr aus dem Kongo zu kaufen. Er verlangt von einem Textilunternehmen nicht, bei seinen asiatischen Zulieferern für eine höhere Sicherheit am Arbeitsplatz zu sorgen. Er moniert nicht, dass ein Stromerzeuger zu langsam aus fossilen Energien aussteigt. Überdies kündigt Fink keine Konsequenzen an, falls die Empfänger auf seine Forderungen nicht reagieren.

Die angeschriebenen Konzernchefs nehmen die Serienbriefe offenbar nicht allzu ernst. Hinter vorgehaltener Hand machen sich Vorstandsvorsitzende über die Sendschreiben lustig; die Beantwortung überlassen sie gerne ihren Assistenten. »Fink kämpft mit einem stumpfen Schwert«, sagt ein Fondsmanager aus Frankfurt.

Fondshäuser wie **Deka** und **Union Investment** haben einen Vorteil gegenüber börsennotierten Konkurrenten wie **BlackRock**: Sie stehen nicht unter Druck dividendenbewusster Aktionäre. Die **DekaBank**, zu der Deka Investment gehört, befindet sich im Besitz der deutschen Sparkassen. Diese Institute haben öffentliche Aufgaben zu erfüllen. Sie sollen den Interessen von Kleinanlegern dienen und die lokale Wirtschaft fördern. Gewinnmaximierung steht nicht in den Statuten der Sparkassen. Ganz ähnlich übernimmt Union Investment übergeordnete Aufgaben für den genossenschaftlichen Finanzverbund. Alle Anteile werden von der **DZ Bank** gehalten, dem Spitzeninstitut der deutschen Kreditgenossenschaften. Die Aktien dieser Großbank liegen wiederum in den Händen der regionalen Verbände, zu denen sich die Volks- und Raiffeisenbanken zusammengeschlossen haben.

Wie Union Investment ist auch **Deka** eher ein David denn ein Goliath. Gegenüber den Titanen aus den USA, die die Weltmärkte mit finanzieller Massenware überschwemmen, können sich die Fondsgesellschaften der Sparkassen und Volksbanken nur mit Qualitätsprodukten behaupten. Das Mittel der Wahl, um sich in den Augen der Kunden zu profilieren, ist Nachhaltigkeit. Deka und Union Investment hoffen beide, dass sie gut abschneiden, wenn die Offenlegungspflichten der EU in Kraft treten. Dann müssen die Fondsgesellschaften gegenüber den Kunden transparent machen, wie ethisch, sozial und ökologisch sie und ihre Produkte tatsächlich sind.

Die EU hat für die Offenlegung zwei Stufen vorgesehen, nämlich Level 1 und Level 2. Die erste Stufe betrifft die Nachhaltigkeit der gesamten Fondsgesellschaft, die zweite dann die einzelnen Fonds. Level 1 ist seit dem 10. März 2021 vorgeschrieben. Level 2 tritt voraussichtlich im ersten Quartal 2022 in Kraft. Dann werden die Anleger endlich besser erkennen können, wie nachhaltig Investmentfonds wirklich sind.

Ökotests im Internet

Doch was machen die Investoren in der Zwischenzeit, bis die neuen Regeln in Kraft treten? Wie finden sie heraus, wie nachhaltig ein Fonds ist? Hierfür gibt es verschiedene Möglichkeiten. Die Stiftung Warentest prüft regelmäßig das mittlerweile unübersichtliche Angebot. Auf dem deutschen Markt werden heute Hunderte von Investmentfonds angeboten, die als nachhaltig beworben werden. Davon sind allerdings nur die wenigsten dunkelgrün, manche lassen sich beim besten Willen nicht einmal als hellgrün bezeichnen.

Die Experten von Warentest unterziehen die Produkte rigorosen Checks; die Ergebnisse werden in der Fachzeitschrift *Finanztest* veröffentlicht; sie können, gegen eine kleine Gebühr, im Internet eingesehen werden. Nur die wenigsten Fonds erhalten eine erstklassige Bewertung; im Jahr 2020 erreichten nur zwei Aktienfonds die höchstmögliche Zahl von fünf Punkten. Dies waren der GLS Bank Aktienfonds A und der WI Global Challenges Index-Fonds P.

Nachhaltigkeitsfonds (Auswahl)

	GLS Bank Aktienfonds A	GreenEffects NAI-Wertefonds	WI Global Challenges Index-Fonds P
ISIN	DE000A1W2CK8	IE0005895655	DE000A1T7561
Fondsgesellschaft	Universal-Investment	GreenEffects Investment	Warburg Invest
Fondsvolumen	427 Millionen Euro	137 Millionen Euro	359 Millionen Euro
Mindestanlagebetrag	Keine Angabe	5 000 Euro	100 Euro
Ausgabeaufschlag	0,00 Prozent	4,00 Prozent	5,00 Prozent
Jährliche Kosten (Total Expense Ratio)	1,48 Prozent	1,29 Prozent	1,29 Prozent Prozent
Verwendung der Erträge	Ausschüttend	Thesaurierend	Ausschüttend
Sparplanfähig	Nein	Nein	Nein
Wertentwicklung in einem Jahr	15,9 Prozent	37,9 Prozent	8,0 Prozent
Kumulierte Wertentwicklung binnen fünf Jahren	89,1 Prozent	125,6 Prozent	110,7 Prozent

Stand: 15. Februar 2021, Quelle: Unternehmensangaben, Finanzen.net

Der Fonds der **GLS** mit der ISIN DE000A1W2CK8 investiert die Kundengelder zu mehr als der Hälfte in internationale Aktien. Für die Anlage gelten die Ausschlusskriterien der Bochumer Nachhaltigkeitsbank. Zusätzlich prüfen Finanzexperten, ob die Unternehmen, in die investiert wird, auch wirtschaftlich tragfähig sind. Von Anfang 2019 bis Anfang 2020 stieg der Wert des Fonds um rund 16 Prozent. Für den Zeitraum von fünf Jahren beträgt die Wertentwicklung sogar insgesamt 89 Prozent.

Der WI Global Challenges Index-Fonds P mit der ISIN DE000A1T7561 wird vom Hamburger **Bankhaus Warburg** angeboten. Er beruht auf einem speziell entwickelten Index, den die Börse Hamburg-Hannover entwickelt hat. Der Fonds investiert nicht nur in Aktien, sondern auch in Derivate. Er wurde daher von *Finanztest* als recht riskant eingestuft.

Die Prüfer entschlossen sich einen weiteren Fonds zu empfehlen, der zwar nicht die höchstmögliche Punktzahl bekam, aber ein ausgeglichenes Verhältnis von Nachhaltigkeit und Wertentwicklung aufwies. Dies ist der GreenEffects NAI-Wertefonds, den eine kleine irische Finanzfirma aufgelegt hat. Der Fonds mit der ISIN IE0005895655 basiert auf dem Natur-Aktien-Index, den wir bereits in Teil III kennen gelernt haben.

Der GreenEffects bildet die dreißig internationalen Titel, aus denen der NAI besteht, freilich nicht sklavisch nach, wie dies ein Indexfonds oder ETF tun würde. Das Fondsmanagement betrachtet den Natur-Aktien-Index vielmehr als Korb, aus dem bestimmte Aktien aufgrund eigener Analysen ausgewählt werden. Auch die Gewichtung unterscheidet sich vom NAI.

Neben der Stiftung Warentest bestehen weitere seriöse Möglichkeiten, sich über die Nachhaltigkeit von Fonds zu informieren. Seit dem Herbst 2020 sind gleich mehrere Internetplattformen live gegangen, die einen Öko-Check von Tausenden von Investmentfonds ermöglichen. Besonders streng verfährt Faire Fonds. Das Angebot legt die Kriterien der Nichtregierungsorganisation Facing Finance zugrunde.

Im Herbst 2020 startete die Plattform MeinFairMögen, die vom Bund unterstützt wird. Neben einem Nachhaltigkeitstest von Investmentfonds bietet das Portal grundsätzliche Informationen zum Thema.

Mithilfe eines Online-Fragebogens können die Nutzer feststellen, wie es um die eigenen Vorstellungen in puncto ethische, soziale und ökologische Geldanlage steht.

Kapitel 13

Indexfonds sind der falsche Weg

Bisher war nur von aktiv verwalteten Fonds die Rede. Hierbei entscheiden die Fondsmanager des Anbieters, in welche Titel die Kundengelder angelegt werden. Dabei orientieren sie sich an Anlagekriterien, die sowohl ethische, soziale und ökologische als auch finanzielle Gesichtspunkte enthalten. Letztlich ist also die Fondsgesellschaft, die einen Aktien- oder Rentenfonds auflegt, dafür verantwortlich, in welche Titel investiert wird und in welche nicht.

Das Gegenmodell zu aktiv gemanagten Investmentfonds sind Indexfonds. Sie heißen so, weil diese Finanzprodukte einen Börsenindex wie zum Beispiel den DAX abbilden. Ein Indexfonds auf den DAX enthält stets alle Werte, die im deutschen Leitindex enthalten sind. Der Fonds gibt zudem exakt die Gewichtung des DAX wieder. Der IT-Konzern **SAP**, eine der wertvollsten deutschen Aktiengesellschaften, nimmt auch in einem Indexfonds auf den DAX einen größeren Platz ein als andere DAX-Unternehmen.

Indexfonds werden häufig an der Börse gehandelt; sie werden dann als »Exchange Traded Funds«, kurz: ETF bezeichnet. Dies ist für die Anleger äußerst praktisch: Sie können einen ETF, der beispielsweise an der Börse in Frankfurt gelistet ist, jederzeit kaufen oder verkaufen – ganz wie eine Aktie. Die Anteile an aktiv gemangten Fonds müssen jedoch in der Regel an die ausgebende Fondsgesellschaft zurückgegeben werden. Dies ist im Allgemeinen nur an Börsentagen nach Handelsschluss möglich.

ETF haben einen weiteren Vorteil, den kostenbewusste Investoren zu schätzen wissen: Die Gebühren sind viel geringer als bei aktiv gemangten Fonds. Hier wird schon beim Kauf ein Ausgabeaufschlag fällig, der zuweilen 5 Prozent der investierten Summe beträgt. Obendrein muss der Anleger jedes Jahr eine Gebühr für die Verwaltung des Fonds entrichten, die bis zu 2 Prozent betragen kann. Doch längst nicht alle Fondsmanager bringen für diese hohen Gebühren eine entsprechende Gegenleistung. Die meisten Fonds schneiden nicht besser ab als der Durschnitt der Anleger, die an der Börse investieren. Nicht selten ist die Wertentwicklung der Fonds sogar schlechter als beispielsweise beim DAX. Die Investoren hätten sich das viele Geld für die Fondsverwaltung mithin sparen können.

Zunehmend entscheiden sich Privatanleger, die ihr Glück mit Aktien versuchen wollen, daher für einen ETF statt für einen aktiv gemangten Fonds. Da bei Indexfonds keine aktive Auswahl der Wertpapiere stattfindet, entfällt der hohe Aufwand für das Fondsmanagement. Bei einem ETF auf den DAX verlangen die großen Fondsgesellschaften heute meist nur mehr 0,1 bis 0,2 Prozent. Ausgabeaufschläge werden überhaupt nicht erhoben. Wer einen ETF kauft, kann also erheblich Geld sparen.

Der grüne Bruder des Dow Jones

Mittlerweile gibt es solche Fonds nicht nur für die etablierten Börsenindizes wie den DAX, den Euro Stoxx oder den amerikanischen S&P 500. In wachsender Zahl werden auf dem Markt auch grüne ETF angeboten. Sie beziehen sich freilich nicht auf einen konventionellen Index; die Bezugsgröße sind vielmehr spezielle ökologische Börsenindizes, die von Finanzdienstleistern zusammengestellt werden.

Zu den weltweit führenden grünen Aktienindizes gehört der MSCI World SRI, der von der New Yorker Firma **MSCI Risk Metrics** verantwortet wird. Dieser grüne Index bildet die Basis für ETF, die in Deutschland von der Schweizer Großbank **UBS** sowie vom amerikanischen Vermögensverwalter **BlackRock** angeboten werden. Der New Yorker Finanzkonzern hat zudem eine Öko-Variante des berühmten Dow Jones entwickelt, den iShares Dow Jones Global Sustainability

Screened. Auf Basis dieses Index vertreibt BlackRock hierzulande einen grünen ETF.

Doch sollten private Anleger, die mit ihren Ersparnissen nachhaltige Themen unterstützen wollen, einen grünen Indexfonds kaufen? Damit ersparen sie sich Mühe, Zeit und Kosten. Leider ist diese Lösung verführerisch einfach. In Wahrheit sind Indexfonds oft gar nicht so grün, wie sie auf den ersten Blick zu sein scheinen.

Die Öko-Indizes von BlackRock und MSCI verfahren beide nach dem Best-of-Class-Ansatz, den wir bereits kennengelernt haben. Aufgenommen werden mithin Unternehmen, die in ihrer Branche jeweils die geringsten Umweltschäden verursachen. Doch am wenigsten schmutzig ist noch lange nicht sauber. Wer einen angeblich grünen ETF erwirbt, muss damit rechnen, dass er auch in einen Hersteller von Autos, Cola oder Plastik investiert. Der MSCI World SRI und der iShares Dow Jones Global Sustainability Screened sind also bestenfalls hellgrün; sie genügen nur in Grenzen den Anforderungen, die an eine ethische, soziale und ökologische Geldanlage zu stellen sind. Das Gleiche gilt selbstverständlich auch für die Indexfonds beziehungsweise Exchange Traded Funds, die auf diesem blassgrünen Index beruhen.

Frankfurter Froschsülze

Dieses Verfahren ist freilich außerordentlich problematisch, wie das Beispiel der Deutschen Börse zeigt. Um ins Geschäft mit den Anbietern nachhaltiger ETF zu kommen, hat das Unternehmen im März 2020 einen neuen, sehr breit gefassten Öko-Index geschaffen, den DAX 50 ESG. Die drei nachgestellten Buchstaben stehen für *Environment, Social, Governance*, also für Umweltschutz, sozialverträgliche Investitionen und verantwortungsvolle Unternehmensführung. Das Kürzel ESG gilt in der Finanzindustrie mittlerweile als Qualitätssiegel. Ein Fonds, der sich mit diesem Label schmücken kann, lässt sich bei den Kunden besser verkaufen.

Die mächtigen Finanzinvestoren fest im Blick, hat sich die Deutsche Börse bei ihrem Nachhaltigkeitsindex für die denkbar weichsten

Kriterien entschieden. Von den Unternehmen im DAX 50 ESG kommen allein 23 aus dem DAX. Die übrigen 27 Werte entstammen dem M-DAX, also dem Index für mittelgroße Aktiengesellschaften, und dem Tec-DAX, der Technologieunternehmen enthält.

In den Nachhaltigkeitsindex wurden also nahezu alle 30 Börsengesellschaften aufgenommen, die seinerzeit im deutschen Leitindex notiert wurden. Zu den Ausnahmen gehören lediglich einige wenige Unternehmen, bei denen es allzu peinlich gewesen wäre, sie als nachhaltig anzupreisen. Darunter befanden sich die beiden Energiekonzerne **Eon** und **RWE**, die nicht berücksichtigt wurden, weil sie Atom- beziehungsweise Kohlestrom verkaufen. Ausgesondert wurde gleichfalls **MTU Aerospace**; das Unternehmen produziert unter anderem Triebwerke für Militärflugzeuge. Bei Rüstung senken die meisten nachhaltigen Investoren den Daumen – nicht nur Privatanleger, sondern auch Fondsgesellschaften.

Volkswagen durfte den schicken grünen DAX-Index ebenfalls nicht ansteuern; Grund war der Skandal um die Abgas-Manipulationen. Drei weitere DAX-Unternehmen blieben wegen zu geringer Marktkapitalisierung außen vor; dies waren das Gesundheitsunternehmen **Fresenius Medical Care**, der Immobilienkonzern **Vonovia** und der Zahlungsdienstleister **Wirecard**; die Firma schlitterte kurze Zeit später ohnehin in den Bankrott, nachdem schier unglaubliche Betrügereien bekannt geworden waren.

Verblüfft stellten Beobachter fest, welche DAX-Gesellschaften Zutritt zu dem Nachhaltigkeitsindex erhielten. Im Gegensatz zu VW durften **BMW** und **Daimler** die Einlasskontrollen passieren; die spritschluckenden Luxuslimousinen der beiden Hersteller sind sicherlich keine ökologischen Musterprodukte. Auch die **Lufthansa** durfte an Bord gehen. Flugzeuge sind zwar etwas umweltfreundlicher als Autos, doch die Emissionen von Schadstoffen liegen erheblich höher als bei der Eisenbahn, vor allem, wenn die E-Loks mit Strom aus erneuerbaren Quellen angetrieben werden.

Noch ärgerlicher finden Kritiker, dass sämtliche Chemiekonzerne aus dem DAX in den grünen Leitindex aufgenommen wurden – so der Kunststoffspezialist **Covestro**, der Gase-Lieferant **Linde** und der

Arzneimittelhersteller **Merck**. Auch **BASF** durfte passieren; die Tochtergesellschaft **Wintershall Dea** ist der größte deutsche Produzent von Rohöl und Erdgas. **Bayer** ist ebenfalls dabei, obschon der Konzern der weltweit führende Anbieter von Gensaaten ist. Da sträuben sich vielen Öko-Investoren, die grüne Gentechnologie strikt ablehnen, die Nackenhaare.

Ebenfalls vollkommen unklar ist, wieso der Bauzulieferer **Heidelberg Cement** aufgenommen wurde. Selbst das Unternehmen würde kaum behaupten, dass die Herstellung von Zement ein besonders klimafreundliches Geschäft wäre. »Heidelberg Cement gehört zusammen mit Eon und RWE zu den drei größten Verursachern von Kohlendioxidemissionen in Deutschland«, sagt Nachhaltigkeitsexperte Ingo Speich von der Fondsgesellschaft Deka Investment.

Bereits einen Monat, nachdem die Deutsche Börse den Index vorgestellt hatte, kam der erste ETF auf den Markt, der den DAX 50 ESG abbildet. Emittentin ist die Fondsgesellschaft **Lyxor**, eine Tochter der Pariser Großbank **Société Générale**. Auch Konkurrent **Amundi** brachte einen Indexfonds auf den reichlich fragwürdigen Öko-Index auf den Markt.

Die Deutsche Börse kündigte im März 2020 an, sie werde weitere Nachhaltigkeitsindizes entwickeln, sie sollen auf härteren Kriterien basieren als der DAX 50 ESG, der in Wahrheit ein Wackelpudding aus Waldmeister ist – zwar schön grün anzusehen, aber viel zu süß und ohne echten Nährwert. Die Hersteller nennen das Gericht gerne Götterspeise, im Volksmund heißt es Froschsülze.

ETF fördern die Konzentration in der Finanzindustrie

Der Markt für Indexfonds ist sehr stark konzentriert. Im Gegensatz zu aktiv gemangten Fonds, wo es nach wie vor viele kleinere und mittelgroße Anbieter gibt, dominieren im ETF-Geschäft weltweit einige wenige internationale Finanzkonzerne. Marktführer sind die drei Unternehmen **BlackRock**, **State Street** und **Vanguard**, die alle ihren Sitz in den USA haben.

BlackRock tritt in Deutschland vor allem unter der Marke iShares auf. Laut verschiedenen Quellen hat der New Yorker Asset-Manager hierzulande bei ETF einen Marktanteil von ungefähr 40 bis 50 Prozent. Den Rest teilen sich eine Handvoll weiterer Anbieter. Neben den amerikanischen Asset-Managern State Street und Vanguard gehören hierzu die französischen Fondshäuser Amundi und Lyxor sowie die DWS Group, eine Tochter der Deutschen Bank.

Bei nachhaltigen ETF ist die Konzentration zwar noch nicht ganz so hoch wie bei konventionellen Indexfonds, doch auch hier dürfte die Konsolidierung in den kommenden Jahren rasch voranschreiten. Der Grund dafür liegt in dem gnadenlosen Preiskampf, in den die Marktführer verwickelt sind. In der Schlacht, die sich Giganten wie BlackRock, Vanguard und Amundi liefern, haben kleinere Anbieter langfristig nur düstere Aussichten. Selbst ein so großes Finanzinstitut wie die Commerzbank hat sich aus dem Indexgeschäft verabschiedet; 2019 wurde der ETF-Anbieter Comstage an die französische Großbank Société Générale verkauft. Union Investment, also die Fondsgesellschaft der Volksbanken, bietet keine ETF an. Deka Investment aus dem Sparkassenlager ist in diesem Geschäft selbst auf dem Inlandsmarkt nur ein kleinerer Player.

Indexfonds sind Massenprodukte, bei denen es grundsätzlich keine Qualitätsunterschiede geben kann. Jede Fondsgesellschaft, die einen ETF auf den DAX 50 ESG anbietet, verkauft im Prinzip das gleiche Produkt. Überall sind dieselben Titel enthalten, ganz gleich, ob der Anbieter Amundi, Lyxor oder ein anderer Asset-Manager ist.

Aus Sicht der Anleger kommt es bei einem Indexfonds ganz überwiegend nur auf die Kosten an. Wer die geringsten Gebühren verlangt, bekommt den Zuschlag. Große Anbieter können aber im Allgemeinen billiger anbieten als kleinere.

In diesem Business sind Economies of Scale, also ökonomische Größenvorteile, stark ausgeprägt. Diese Tatsache nutzt der amerikanische Finanzkonzern **Vanguard** seit Jahren, um die Gebühren für seine ETF immer tiefer zu senken. Ziel ist es, Marktanteile zu gewinnen und den ewigen Rivalen **BlackRock** zu überrunden. Wer sich also für einen grünen ETF entscheidet, fördert damit womöglich die Konzentration unter den Finanzkonzernen. Erste Anzeichen sind bereits zu erkennen.

Indexfonds werden häufig auch als passive Investments bezeichnet, da kein Fondsmanager eine aktive Entscheidung trifft, welche Titel ins Portfolio kommen sollen und welche nicht. Vielmehr werden alle Aktien gehalten, die in einem bestimmten Nachhaltigkeitsindex enthalten sind. Der Fonds hat also praktisch nicht die Möglichkeit, eine Aktie abzustoßen, wenn sich herausstellt, dass das Unternehmen doch nicht ganz so ethisch handelt, wie das Management dies zugesichert hat. Jeder aktiv gemanagte Fonds und jeder Privatanleger sind hierzu jedoch in der Lage. So beschloss Union Investment, sich von allen Anteilen an dem brasilianischen Bergbaukonzern Vale zu trennen, nachdem sich dort 2015 und 2019 zwei schwere Unfälle ereignet hatten. Beide Male waren Staudämme von Rückhaltebecken gebrochen. In den Fluten ertranken insgesamt bis zu 300 Menschen.»Wir haben dem Management unsere Entscheidung und die Gründe mitgeteilt«, sagt ESG-Manager Henrik Pontzen. Der Rückzug aus Vale, einem der weltweit größten Eisenerzproduzenten, habe ein ziemliches Aufsehen erregt. Einem ETF aber ist eine solche Sanktion im Allgemeinen verwehrt. Er kann nicht einmal glaubwürdig mit einem Aktienverkauf drohen, um den Vorstand zu einem Kurswechsel zu bewegen.

Es ist zwar außerordentlich einfach und billig, in einen mehr oder weniger grünen ETF zu investieren. Die Anleger, die diesen bequemen Weg gehen wollen, sollten aber auch bedenken, dass alles seinen Preis hat. In diesem Fall bedeutet dies, dass mit Indexfonds keine wirksame Kontrolle möglich ist, ob Unternehmen sich tatsächlich ethisch, sozial und ökologisch verhalten.

Kapitel 14

Kleine Hilfen
für große Probleme

Für Menschen, die in den hochentwickelten Ländern leben, ist es eine Selbstverständlichkeit: Sie haben ein Konto bei einer Bank, das ihnen hilft, ihre finanziellen Angelegenheiten zu regeln. Dort gehen der Lohn und das Gehalt ein, das BAföG ebenso wie die Rente. Mit dem Girokonto können alle fälligen Zahlungen geleistet werden – die Miete und die Telekomgebühren ebenso wie Überweisungen ans Finanzamt und die Abbuchung von Lastschriften.

Wenn Angestellte, Beamte oder Freiberufler hierzulande Geld benötigen, dann wenden sie sich vertrauensvoll an das Kreditinstitut ihrer Wahl. Gerne erfüllt die Bank ihnen ihre Wünsche. Sie finanziert den Kauf eines neuen Autos ebenso wie die Anschaffung von Möbeln oder den Bau eines Eigenheims. Auch Unternehmen haben, geordnete finanzielle Verhältnisse vorausgesetzt, im Allgemeinen keine Probleme, einen Kredit zu bekommen, um neue Maschinen anzuschaffen oder die laufenden Kosten zu bestreiten. Rund 400 Sparkassen und mehr als 800 Volksbanken kümmern sich um den deutschen Mittelstand.

Für zahllose Kleinunternehmer aus den weniger entwickelten Ländern sind dies paradiesische Verhältnisse – ihnen gibt niemand Geld. Rund zwei Milliarden Menschen aus Afrika, Asien und Lateinamerika haben keinen Zugang zu regulären Banken. Bauern bekommen keinen Kredit, wenn sie Saatgut oder einen Lastesel erwerben wollen. Handwerker, die dringend neues Werkzeug brauchen, bleiben auf dem Trockenen sitzen. Ladeninhaber erhalten kein Geld, um ihre Ware vorzufinanzieren. Häufig geht es um Beträge, über die Europäer oder Amerikaner lauthals lachen – einige hundert oder tausend Euro.

Der Wirtschaftsexperte Muhammad Yunus aus Bangladesch hat ein Modell entwickelt, wie auch die Ärmsten an Geld kommen können. Im Kern geht es um kleinste, schlicht ausgestattete Banken, in denen der Aufwand für die Kreditvergabe auf das Nötigste reduziert wird. Mehrere Kreditnehmer haften zur gesamten Hand; das macht eine aufwendige individuelle Bonitätsprüfung überflüssig. »Mikrofinanzierung« heißt dieses Konzept der Entwicklungshilfe; sein Schöpfer Yunus wurde 2006 (gemeinsam mit der von ihm gegründeten **Grameen Bank**) mit dem Friedensnobelpreis ausgezeichnet.

Mikrofinanzierung ist das exakte Gegenteil der gigantischen Projekte, die etwa die Weltbank jahrzehntelang favorisiert hat. Im Zentrum steht dabei die Infrastruktur, also der Bau von Straßen, Häfen und Kraftwerken, die oft völlig überdimensioniert und ökologisch höchst schädlich sind. Dieser Ansatz beruht auf dem Trickle-down-Konzept: Wenn die Entwicklungspolitik gezielt die Spitze der Wirtschaft fördert, dann werden die positiven Wirkungen nach und nach die nachgelagerten Ebenen erreichen, bis schließlich auch die Basis profitiert. Tatsächlich aber trickelt es in Wahrheit sehr wenig. Spätestens in der oberen Mittelschicht versickern die Segnungen der Großprojekte; die Armen bleiben so arm wie zuvor.

Die Mikrofinanzierung setzt jedoch unten an, ganz unten. Dort können selbst kleinste Kredite eine erstaunliche Wirkung entfalten. Nehmen wir eine Schneiderin, die Blusen, Hosen und Kleider für die Bewohner der Kleinstadt in Ecuador näht, in der sie lebt und arbeitet. Alles, was sie derzeit hat, ist eine alte klapperige Nähmaschine, die allzu oft den Dienst versagt. Dann muss die Schneiderin zur Nadel greifen. Mit einem Kleinkredit aber ist sie in der Lage, eine neue, zuverlässig arbeitende Nähmaschine zu kaufen. Sie kann nun in der gleichen Zeit wesentlich mehr Kleider und Schürzen herstellen. Überdies sind die Nähte präziser gesetzt; die bessere Qualität spricht sich herum. Nun kommen auch Kundinnen aus den Nachbarorten. Dank der höheren Produktivität und der steigenden Einnahmen kann die Schneiderin den Kredit plus Zinsen spielend zurückzahlen.

Darlehen, die Kleinbetrieben wie unserer Schneiderei aus Südamerika die Zukunft sichern, gewähren in vielen Regionen der Dritten

Welt mittlerweile Graswurzelorganisationen, die sogenannten Mikrofinanzinstitute (MFI). Diese Minibanken benötigen jedoch ihrerseits Geld, damit sie Kredite vergeben können. Die benötigten Mittel werden unter anderem von Förderbanken aus den hochentwickelten Ländern bereitgestellt. Darunter befinden sich die **Europäische Investitionsbank (EIB)** und die bundeseigene **KfW**, deren Tochtergesellschaft **DEG** eine zentrale Rolle in der deutschen Entwicklungshilfe spielt.

Sparer aus Bayern unterstützen Bauern in Bolivien

Neben staatlichen und überstaatlichen Förderbanken finanzieren ebenfalls privatwirtschaftliche Fonds Mikrobanken in den armen Ländern. Diese sogenannten Mikrofinanzfonds sammeln die Gelder wiederum bei privaten und institutionellen Investoren ein. Es bildet sich also eine lange Finanzierungskette, die den gesamten Globus umschlingt: Sparer aus Bayern, Holstein oder Sachsen zeichnen zum Beispiel Anteile an einem Mikrofinanzfonds aus Frankfurt. Dieser reicht die eingeworbenen Gelder an Mikrofinanzinstitute aus Albanien, Bolivien oder Pakistan weiter. Diese MFI verteilen die Mittel über regionale Filialen an Bauern, Handwerker und Kleingewerbetreibende.

In Deutschland gibt es gleich mehrere Mikrofinanzfonds, an denen sich Privatanleger beteiligen können. Der bekannteste Emittent dürfte die **GLS Gemeinschaftsbank** aus Bochum sein. Sie hat 2015 einen Fonds namens GLS Alternative Investments – Mikrofinanzfonds gestartet, der anschaulich zeigt, wie dieses Modell in der Praxis funktioniert und wie sichergestellt wird, dass die Gelder tatsächlich für den vorgesehenen Zweck verwendet werden.

Bisher hat dieser Fonds rund 200 Millionen Euro investiert. Er unterstützt unter anderem **Mikrofin**, die größte MFI in Bosnien-Herzegowina. Nach deutschen Maßstäben ist das Institut aus dem Balkan winzig klein. Mikrofin hat rund 60 000 Kunden; sie haben sich im Durchschnitt umgerechnet knapp 2 000 Euro geliehen. In Deutschland überziehen viele Bankkunden ihr Konto um weit höhere Beträge, ohne dass sie überhaupt um Erlaubnis bitten.

Mikrofin finanziert vor allem Landwirte und Kleingewerbetreibende. Das Institut vergibt aber nicht nur Kredite, sondern bietet auch Versicherungen an, die speziell auf die Bedürfnisse ihrer Kunden zugeschnitten sind. In den armen Ländern sind die Menschen Naturkatastrophen und Unglücksfällen in besonderem Maße ausgesetzt. Anhaltende Dürre, eine Überschwemmung oder ein Hagelsturm können die gesamte Ernte vernichten; dann weiß ein Bauer oft nicht, wie er seine Familie durch den Winter bringen soll.

Mit Krediten allein ist es nicht getan, wenn Hilfe zur Selbsthilfe geleistet werden soll. Viele Mikrofinanzinstitute bieten daher einen umfassenden Service, um ihren Kunden den Weg in der Selbstständigkeit zu ebnen. Beispielhaft tut dies das Institut **Tugende** aus Uganda, ebenfalls ein Partner des GLS Fonds. Das MFI hat sich auf die Fahrer von »Bodabodas« spezialisiert; dies sind Motorradtaxis, die in den Städten Ugandas jeden Tag unzählige Menschen zur Arbeit, zum Arzt oder zum Einkaufen bringen.

Wer sich als Mikro-Taxiunternehmer selbstständig machen möchte, kann bei Tugende mit einem Leasingvertag eine Bodaboda erwerben. Hat er die letzte Rate gezahlt, gehört ihm das Motorrad-Taxi. Das MFI bietet ebenfalls Versicherungen an, hilft den Kunden, eine Fahrerlaubnis zu erwerben, und unterstützt sie bei Wartung und Reparaturen. Das Mikrofinanzinstitut hat bislang 17 000 Menschen in Uganda beim Aufbau einer eigenen Existenz unterstützt.

Ein Schwerpunkt des GLS Fonds liegt auf der Förderung von Frauen. Weibliche Kleinstunternehmer haben es in den unterentwickelten Ländern oft noch sehr viel schwerer als Männer, Geld von einer regulären Bank zu bekommen. Dies gilt insbesondere für ländliche Regionen, wo Frauen oft systematisch unterdrückt und ausgegrenzt werden.

In Mexiko kümmert sich die Organisation Siempre Creciendo um Frauen aus Dörfern und Kleinstädten, die sich selbstständig machen wollen. Das Mikrofinanzinstitut verlangt nicht nur weit niedrigere Zinsen als die meisten Banken, es bietet auch Schulungen in Unternehmensführung an, um die Kreditnehmerinnen auf die Selbstständigkeit vorzubereiten. Von den rund 140 000 Kunden von Siempre Creciendo sind mehr als 90 Prozent Frauen.

Strenge Prüfung der Partner-Institute

Für die Auswahl der MFI, die der GLS Fonds finanziert, gelten strenge Richtlinien. Ausschlusskriterien sind ausbeuterische Kinderarbeit, Raubbau in Waldgebieten, eine Verletzung der Rechte der indigenen Bevölkerung sowie die Berechnung von Kosten und Gebühren, die für die Kreditnehmer nicht zu durchschauen sind. MFI, die diese Voraussetzungen nicht erfüllen, kommen für eine Kooperation nicht infrage. Zusätzlich sollten die Mikrobanken positive Kriterien erfüllen, also Finanzprodukte und Leistungen anbieten, die an den Bedürfnissen der lokalen Bevölkerung ausgerichtet sind.

Bevor Geld fließt, muss sich ein MFI einem strengen Auswahlverfahren unterziehen. Das Management des Fonds prüft nicht nur das Geschäftsmodell, die Risikotragfähigkeit und die soziale Zielsetzung der Mikrobank. Es wird ebenfalls kontrolliert, ob das MFI ausreichend Vorkehrungen trifft, um Geldwäsche und Korruption zu unterbinden. Zudem prüft ein Anlagebeirat, ob die Kriterien für eine Zusammenarbeit eingehalten werden. Neben Vertretern der **GLS Bank** sitzen in diesem Gremium externe Mitglieder, die langjährige Erfahrung mit den Themen Menschenrechte und Entwicklungshilfe haben.

Neben der GLS gehört die **Bank im Bistum Essen (BIB)** zu den bislang sehr wenigen Kreditinstituten, die hierzulande Mikrofinanzfonds anbieten. Das kirchennahe Geldhaus vertreibt gleich mehrere solcher Fonds, die aber großenteils nur von institutionellen Investoren erworben werden können, so etwa von Einrichtungen der Kirche und der Caritas. Der KCD-Mikrofinanzfonds-III ist freilich für private Anleger zugelassen. Schwerpunkte und Arbeitsweise entsprechen dem Fonds der GLS.

Der dritte Mikrofinanzfonds, der in Deutschland für Privatanleger zugelassen ist, wurde von der Wiener Fondsgesellschaft **C-Quadrat** aufgelegt. Das Produkt namens Dual Return Fund – Vision Microfinance wurde bereits 2011 in Österreich gestartet, wird in der Bundesrepublik aber erst seit 2016 angeboten. Nach eigenen Angaben hat der Fonds über seine Mikrofinanzpartner in der Dritten Welt bislang rund 1 Million Menschen unterstützt.

Ebenfalls 2011 kam der IIV Mikrofinanzfonds auf den Markt. Das Kürzel steht für **Invest in Vision**, den Namen der Frankfurter Finanzfirma, die dieses Finanzprodukt gestartet hat. Der Fonds unterstützt ebenfalls mit unbesicherten Darlehen MFI in den Entwicklungs- und Schwellenländern, die die empfangenen Gelder an die Endkunden weiterreichen. Bislang hat der IIV Mikrofinanzfonds fast eine halbe Million Mikro-Unternehmen und Privatpersonen gefördert.

Zu den Kleinunternehmern, die der Fonds indirekt unterstützt, gehört U Kyaw Soe, Inhaber einer kleinen Textilfabrik in Myanmar. Bereits 2018 bekam er einen Kredit der LOLC Myanmar Microfinance, die zu den Partnern des IIV Mikrofinanzfonds gehört. Ende 2020 nahm er ein weiteres Darlehen über umgerechnet gut 6 000 Euro auf. Mit dem Geld wollte der Textilfabrikant die Hygiene-Maßnahmen finanzieren, mit der die Regierung die Ausbreitung von Covid-19 stoppen will.

Anfang 2021 putschte das Militär in Myanmar. Die Politikerin und Friedensnobelpreisträgerin Aung San Suu Kyi, die mit ihrer Partei die Parlamentswahlen im November 2020 gewonnen hatte, wurde inhaftiert. Überdies wurden zahllose Menschen ermordet, die es gewagt hatten, friedlich gegen die Junta zu demonstrieren. Wenn Generäle die Macht ergreifen, dann leidet in aller Regel auch die Wirtschaft. Unter Umständen wird es für U Kyaw Soe schwierig, nach dem Militärputsch seinen zweiten Kredit pünktlich zurückzuzahlen.

Doch für den IIV Mikrofinanzfonds bedeuten solche Fälle kein allzu großes Problem. Denn zum einen tun Kreditnehmer aus den Entwicklungs- und Schwellenländern erfahrungsgemäß alles, um ihren Kredit vertragsgemäß zu bedienen. Laut dem Fondsmanagement liegt die Rückzahlungsquote durchschnittlich bei mindestens 98 Prozent. Untersuchungen internationaler Organisationen bestätigen diese Angaben.

Von solchen Werten können Banken in Deutschland und anderen westlichen Ländern nur träumen. Hier müssen die Institute in Krisenzeiten wie der Corona-Rezession Wertberichtigungen auf Kredite bilden, die prozentual doppelt bis drei Mal so hoch sind wie in vielen Entwicklungs- und Schwellenländern.

Es gibt einen einfachen Grund, warum die Zahlungsmoral in den armen Ländern so verblüffend hoch ist. Traditionell verleihen dort die

Banken Geld vorzugsweise in Form von Gruppenkrediten. Mehrere Bauern oder Gewerbetreibende nehmen zusammen ein Darlehen auf, für das jeder in voller Höhe haftet. Kann oder will einer der Kreditnehmer nicht zahlen, müssen die anderen für ihn einspringen. Das sorgt für einen enormen sozialen Druck. Wer seine Freunde, Nachbarn oder Verwandten auf diese Weise im Stich lässt, wird in seinem Dorf zum Paria.

Die Ausfallrisiken für Mikrofinanzfonds sind aber noch aus einem ganz anderen Grund relativ gering: Sie streuen ihre Engagements sehr breit. So ist der IIV Mikrofinanzfonds in 33 verschiedenen Ländern aktiv – von Ecuador über Indien bis Usbekistan. Zudem kooperiert der Fonds mit 85 einzelnen MFI. Selbst wenn zwei oder drei dieser Mikrobanken in einer Krise ausfallen, sind die Auswirkungen auf das gesamte Fondsvermögen beherrschbar.

Behutsam investieren

Angesichts der breiten Diversifizierung und der hohen Zahlungsmoral sind die Risiken der Mikrofinanzfonds erstaunlich gering. Dies spiegelt sich in einer relativ stabilen Wertentwicklung wider. Selbst in der Corona-Krise haben die Fonds kaum gelitten. Ende 2020 hatte ein Anteil am GLS Fonds einen Wert von 98,57 Euro. Das ist ein Minus von lediglich rund 1,5 Prozent gegenüber dem Kurs, zu dem die Papiere im Dezember 2015 erstmals begeben wurden.

Auf der anderen Seite schüttet der Fonds regelmäßig Gewinne aus. Selbst 2020 erzielte er noch leicht positive Renditen. Seit Auflage des GLS Fonds im Dezember 2015 konnten die Anleger einen Ertrag von insgesamt rund 7 Prozent kassieren. Auch andere Mikrofinanzfonds lieferten auf Sicht von fünf Jahren positive Renditen. Von Ende 2015 bis Ende 2020 erreichte der Dual Return Fund – Vision Microfinance eine kumulierte Wertentwicklung von rund 4 Prozent. Der IIV Mikrofinanzfonds kam auf ein Plus von etwas mehr als 7 Prozent.

Populäre Publikumsfonds werden in der Regel börsentäglich gehandelt. Dies ist bei Mikrofinanzfonds anders; sie können nur zu fixen Ter-

Mikrofinanzfonds für Privatanleger (Auswahl)

	Dual Return Fund Vision Microfinance A-EUR	GLS Alternative Investments Mikrofinanzfonds Anteilsklasse A*	IIV Mikrofinanz-fonds R-Klasse**
ISIN	LU0563441798	LU1309710678	DE000A1H44T1
Initiator	C-Quadrat	GLS Bank	Invest in Vision
Volumen	549 Millionen Euro	194 Millionen Euro	764 Millionen Euro
Verwendung des Ertrags	Thesaurierend	Ausschüttend	Ausschüttend
Ausgabeaufschlag	Bis zu 3,0 Prozent	2,50 Prozent	3,0 Prozent
Jährliche Gesamtkosten	1,93 Prozent	1,91 Prozent	2,03 Prozent
Mindestanlage	1 000 Euro	Ein Anteil (circa 100 Euro)	100 Euro
Kauf	Monatlich	Monatlich	Monatlich
Rücknahme	Monatlich	Halbjährlich	Quartalsweise
Kumulierte Wertentwicklung 2015 bis 2020	3,61 Prozent	6,88 Prozent	7,04 Prozent

*Der Fonds wird ebenfalls in der Anteilsklasse B für Investments von mindestens einer halben Million Euro angeboten; die Konditionen unterscheiden sich von der Klasse A. **Der Fonds wird ebenfalls in der I-Klasse für institutionelle Investoren mit anderen Konditionen als in der R-Klasse angeboten. Stand: 31. Dezember 2020.

minen erworben oder veräußert werden. Der Kauf ist im Allgemeinen monatlich möglich, die Rückgabe ist jedoch unterschiedlich geregelt. Beim Dual Return Fund können die Anteile einmal im Monat zurückgegeben werden; beim IIV Mikrofinanzfonds ist dies nur einmal im Quartal möglich. Für den GLS Fonds gibt es sogar nur zwei Rücknahmetermine im Jahr, nämlich Ende Juni und Ende Dezember.

Überdies sind Kündigungsfristen zu beachten; sie betragen beim

GLS Fonds drei Monate. Das Fondsmanagement begründet die wenig anlegerfreundliche Regelung damit, dass sich auf diese Weise die benötigte Liquidität auf ein Minimum reduzieren lasse. Die Gelder, die die Kunden eingezahlt haben, sollten nach Möglichkeit vollständig für den Fondszweck verwendet werfen, also die Finanzierung von Mikrobanken in den Entwicklungs- und Schwellenländern.

Ferner können nicht alle Mikrofinanzfonds über jede Bank gehandelt werden. Beim KCD-Mikrofinanzfonds – III sind Kauf und Verkauf lediglich über die **Bank im Bistum Essen** möglich, die dieses Finanzprodukt 2015 initiiert hat. Nach Ausbruch der Corona-Pandemie hat das Fondsmanagement die Ausgabe neuer Anteile bis auf Weiteres ausgesetzt. Es war für neue Kunden zunächst nicht möglich, den Fonds zu zeichnen. Aus diesen beiden Gründen wurde der KCD-Mikrofinanzfonds nicht in die nebenstehende Tabelle aufgenommen.

Ganz ähnlich sind Kauf und Verkauf beim GLS Mikrofinanzfonds auf die namengebende Bank beschränkt. Die beiden anderen Fonds, die von bankenunabhängigen Institutionen gestartet wurden, können über nahezu jede Bank und jede größere Fondsplattform erworben werden. Zusätzlich bestehen Vertriebsabkommen mit einzelnen Kreditinstituten, insbesondere mit Nachhaltigkeitsbanken.

Ungeachtet mancher Kritik im Einzelnen sind die vorgestellten Mikrofinanzfonds Privatanlegern zu empfehlen, die mit ihren Ersparnissen ein klein wenig dazu beitragen möchten, die wirtschaftliche, soziale und ökologische Situation in den armen Ländern der Welt zu verbessern. Die möglichen finanziellen Erträge dürften zwar, ebenso wie in den vergangenen fünf Jahren, auch in Zukunft eher mager sein. Aber dieser Punkt ist sicher für sozial motivierte Sparer nicht der wichtigste.

Das Risiko, die Lebensersparnisse mit Mikrofinanzierung aufs Spiel zu setzen, ist, wie die Erfahrung zeigt, vergleichsweise gering. Im Gegenteil können solche Investments sogar dazu beitragen, das Portfolio der Anleger zu stabilisieren. Denn die Wertentwicklung dieser Fonds ist weitestgehend unabhängig von anderen Anlageklassen. Wenn Aktien an der Börse zum Sturzflug ansetzen, dann reißen sie aller Wahrscheinlichkeit nach keinen Mikrofinanzfonds mit in die Tiefe.

Gefahren bestehen freilich durchaus. Niemand weiß, wie lange die Corona-Pandemie in den armen Ländern noch wüten wird. Angesichts der ungewissen wirtschaftlichen Lage sollten private Anleger ein paar Regeln beachten. Zum einen ist zu empfehlen, Anteile an Mikrofinanzfonds langfristig zu halten; die Anleger sollten sich für mindestens fünf Jahre binden. Überdies dürfen nur Mittel investiert werden, die in absehbarer Zukunft nicht für andere Zwecke benötigt werden, etwa für den Kauf eines Hauses oder die Ausbildung der Kinder.

Drittens sollten private Investoren den Anteil des liquiden Vermögens, den sie in Mikrofinanzierung investieren, strikt begrenzen. Trotz der relativ geringen Risiken handelt es sich um sogenannte alternative Investments, deren Vermögenswerte – also unbesicherte Darlehen an Mikrobanken – völlig illiquide sind. Die Assets können nicht versilbert werden, wenn ein Fonds in eine Schieflage gerät – anders als bei Aktien oder Anleihen, die jederzeit an der Börse abgestoßen werden können.

Checkliste für Ökofonds

Wie die Kapitel 13 und 14 gezeigt haben, gibt es die verschiedensten Spielarten von Investmentfonds. Ein Mikrofinanzfonds unterscheidet sich gleich in mehreren Punkten von ökologischen Aktienfonds. Das Konzept und die Ziele sind andere, die Anlagestrategien unterscheiden sich, auch Risiken und Chancen sind nicht dieselben. Wer in einen nachhaltigen Fonds investieren möchte, sollte daher einige Punkte gründlich prüfen. Dies beginnt mit der simplen Frage: Was steckt überhaupt drin in dem Fonds?

 ## In welche Anlageklassen investiert ein Fonds?

Ein Fonds ist bildlich gesprochen ein Korb, in dem sich die unterschiedlichsten Dinge befinden können. Meist handelt es sich um Wertpapiere. Das können beispielsweise Aktien börsennotierter Unternehmen sein. Enthält ein Fonds ausschließlich (oder ganz überwiegend) solche Anteilsscheine, dann wird von einem Aktienfonds gesprochen. Diesen Typus dürften die meisten Anleger vor Augen haben, wenn sie an Fonds denken.

Es gibt aber auch Fonds, die in Anleihen investieren. Dabei handelt es sich meist um Papiere, die von Staaten ausgegeben werden. Doch auch Banken und Unternehmen finanzieren sich mit der Ausgabe von Anleihen. Fonds, die die Kundengelder in Staatspapiere und/oder Firmenanleihen investieren, werden aus historischen Gründen Rentenfonds genannt. Mit der gesetzlichen Rente hat dies nichts zu tun.

Auch Mikrofinanzfonds werden häufig als Rentenfonds bezeichnet. Ganz richtig ist dies nicht. Mit Renten wurden früher festverzinsliche Wertpapiere bezeichnet. Ein Mikrofinanzfonds investiert hingegen in Darlehen an Minibanken. Freilich sind in einem breiteren Sinne sowohl Anleihen als auch Bankdarlehen Kredite.

Ein dritter Fonds-Typ sind Mischfonds. Sie heißen so, weil die Kundengelder sowohl in Aktien als auch in Anleihen angelegt werden. Oft, aber nicht immer, werden die Kundengelder gleichmäßig zwischen diesen beiden Anlagenklassen aufgeteilt.

Chancen und Risiken sind bei diesen drei Typen sehr unterschiedlich. Die Anleihen, aus denen Rentenfonds bestehen, werfen heute allenfalls Zinsen in homöopathischer Dosierung ab. Bei Bundesobligationen sind die Renditen oft sogar leicht negativ. Auf der anderen Seite aber sind Staatspapiere verhältnismäßig sicher. Die Wahrscheinlichkeit, dass die Bundesrepublik zahlungsunfähig wird, hat den Grenzwert null. Insgesamt gilt also für Rentenfonds: voraussichtlich sehr sicher, aber praktisch frei von jeder Rendite.

Genau andersherum verhält es sich mit Aktienfonds. Sie kassieren von den Unternehmen Dividenden; außerdem können die Kurse in beträchtlichem Maße steigen. Beides zusammen sorgt für eine potenziell gute Wertentwicklung. Auf der anderen Seite aber schnurrt der Wert von Aktienfonds zusammen, sobald es an der Börse blitzt und donnert. Ein ausgewogenes Verhältnis von Risiken und Chancen bieten Mischfonds, da sie sowohl Aktien als auch Anleihen enthalten.

Im Prinzip gibt es alle drei Fondstypen sowohl in grauen als auch grünen Varianten. Nachhaltige Rentenfonds richten sich in der Regel an institutionelle Investoren; für Kleinanleger sind solche Titel kaum verfügbar. Auch bei ökologischen Mischfonds ist das Angebot in Deutschland bislang nicht allzu reichhaltig. Im Gegensatz dazu werden in Deutschland mittlerweile Hunderte von Aktienfonds angeboten, die sich selbst als nachhaltig deklarieren.

Einen Sonderfall bilden Sachwertfonds. Sie investieren nicht in Aktien, Anleihen oder andere Papiere. Die Kundengelder werden vielmehr in handfeste Dinge angelegt, zum Beispiel in Immobilien oder Windparks. Solche Finanzprodukte sind meist als geschlossene Fonds konzipiert, die wegen ihrer ungemein hohen Risiken für verantwortungsbewusste Kleinanleger nicht infrage kommen.

2. Ist ein Aktienfonds passiv oder wird er aktiv verwaltet?

Beim Thema Fonds dürften private Anleger, wie bereits erwähnt, vornehmlich an Aktienfonds denken. Wer in solche Finanzprodukte investieren möchte, muss eine weitere grundsätzliche Frage klären: Will er lieber in aktive oder passive Aktienfonds investieren? Letztere sind erheblich billiger, aber meist nicht sonderlich grün.

Bei aktiv verwalteten Fonds werden die Titel, in die die Kundengelder angelegt werden sollen, einzeln ausgewählt. Diese Aufgabe erfordert viel Zeit und Mühe. Es sind nicht nur die wirtschaftlichen und finanziellen Verhältnisse der Unternehmen genauestens zu prüfen. Ein Öko-Fonds muss ebenfalls bei jeder Börsengesellschaft, deren Anteilsscheine angekauft werden sollen, mit größtmöglicher Sorgfalt feststellen, wie nachhaltig das Unternehmen ist. Sonst handelt er gegenüber seinen Anlegern nicht sehr redlich.

Bei der genossenschaftlichen Fondsgesellschaft **Union Investment** ist für den Öko-Check der Unternehmen jeweils ein Team aus drei erfahrenen Spezialisten verantwortlich. Insgesamt beschäftigt die Kapitalanlagegesellschaft der Volksbanken 15 Analysten und 59 Portfoliomanager, die sich ausschließlich mit dem Thema Nachhaltigkeit befassen.

Auch der Ökoworld Ökovision Classic, einer der ältesten und populärsten Nachhaltigkeitsfonds in Deutschland, wendet viel Mühe und Sorgfalt für die Auswahl seiner Titel auf. Die Investments werden gesteuert von einem Anlageausschuss, der aus unabhängigen Experten besteht. Neben Wissenschaftlern sind dort Vertreter von Menschenrechts- und Umweltorganisationen vertreten. Ähnlich scharf kontrolliert werden die Mikrobanken in den Schwellenländern, mit denen die Mikrofinanzfonds der **GLS** und anderer Anbieter zusammenarbeiten. Diesen Aufwand ersparen sich die Anbieter von Indexfonds. Solche Finanzprodukte zeichnen einfach sklavisch einen bestimmten Börsenindex wie den DAX nach. Es gibt keine komplizierte Prüfung und keine sorgfältige Auswahl; vielmehr kauft das Fondsmanagement alle Aktien an, die aktuell im DAX enthalten sind. Solche Indexfonds werden häufig an der Börse gehandelt; sie heißen dann Exchange Traded Funds (ETF).

Grüne Indexfonds oder ETF orientieren sich freilich nicht am DAX, am Euro Stoxx oder am Standard & Poor's 500. Das wäre dann doch allzu einfach. Basis für diese Finanzprodukte sind vielmehr nachhaltige Indizes, die oft aus populären grauen Börsenindizes abgeleitet werden. So gibt es den weitverbreiteten MSCI World, der mehr als tausend Aktien aus aller Welt abbildet, auch in einer gereinigten Variante, aus der die schlimmsten Schmutzfinken entfernt wurden. Dies ist der MSCI World SRI, der weltweit als Vorlage für zahlreiche grüne ETF gilt. Die Hunderte von Börsengesellschaften, die dieser Index enthält, sind aber beileibe nicht alle ökologische Musterknaben.

Ebenso wurde aus dem berühmten Dow Jones eine grüne Version entwickelt. Sie heißt iShares Dow Jones Global Sustainability Screened. Der Index wurde von BlackRock entwickelt; der amerikanische Finanzkonzern bietet auch selbst ETF auf Basis dieses Index an. Die dort enthaltenen Unternehmen können aber größtenteils nur als Best of Class bezeichnet werden: Die Schadensbilanz für Umwelt und Klima ist also geringer als bei Konkurrenten der gleichen Branche.

Passive Investoren haben einen grundsätzlichen Nachteil gegenüber aktiven Fonds: Sie können nicht reagieren, wenn bei einem Portfolio-Unternehmen plötzlich ein Umweltskandal oder eine gravierende Verletzung von Menschenrechten bekannt wird. Ein aktiver Fonds kann die Aktie umgehend aus dem Portfolio werfen. Ein ETF ist hingegen an den Index gebunden, den er laut Konzeption getreulich nachzeichnen muss.

Sind die Investments breit gestreut?

Ein Aktienfonds hat nicht zuletzt die Aufgabe, die Risiken für die Anleger möglichst gering zu halten. Die beste Möglichkeit hierzu besteht darin, die Kundengelder breit zu diversifizieren. Ein guter Fonds investiert in die unterschiedlichsten Länder und Branchen.

Ein Privatanleger kauft vielleicht fünf oder zehn verschiedene Aktien. Mehr kann er meist beim besten Willen nicht fortlaufend im Auge behalten. Im Ausland fehlt ihm meist ohnehin der Überblick. Ein aktiver Fonds beschäftigt hingegen Profis, die Hunderte, wenn nicht sogar Tausende von Börsengesellschaften beobachten und prüfen können.

Gegen dieses elementare Prinzip verstoßen die Anbieter von ETF, die auf bestimmte Themen abstellen. Im Jahr 2020 kamen gleiche mehrere börsengehandelte Indexfonds auf den Markt, die sich auf Wasserstoff-Wirtschaft fokussieren. Hierzu gehörte ein Finanzprodukt der britischen Fondsgesellschaft **Legal & General**. Dieser ETF enthält zwar dreißig einzelne Titel. Das ist genauso viel, wie dies beim DAX bis vor kurzem üblich war. Doch die Unternehmen kommen alle aus einigen wenigen, miteinander verflochtenen Branchen. Im Zentrum stehen Autohersteller, Chemiekonzerne und Energieversorger sowie deren Zulieferer. Das Fondsmanagement räumt ein, dass die Risikodiversifizierung dieses ETF keineswegs optimal ist.

Für verantwortungsbewusste Anleger ist ein Fonds auf Wasserstoffwirtschaft ohnehin viel zu riskant: Die Erzeugung von grünem Wasserstoff, der mithilfe von Solarenergie oder Windkraft gewonnen wird, steckt noch ganz in den Anfängen. Es ist nicht abzusehen, ob die derzeit noch sehr hohen Kosten so tief gesenkt werden können, dass grüner Wasserstoff wettbewerbsfähig wird. Derzeit wird dieses chemische Element überwiegend aus Erdgas oder Kohle gewonnen, wobei jeweils große Mengen an Kohlendioxid freigesetzt werden.

 **4.** **Sollte ich dem Rat meiner Bank folgen?**

Nahezu alle Banken empfehlen ihren Kunden Fonds zur Vermögens-anlage. Doch nicht immer haben sie dabei ausschließlich das Interesse der Anleger im Auge; oft denken sie auch an ihren eigenen Vorteil. Denn die Kreditinstitute haben häufig lukrative Vertriebsverträge mit den Fondsgesellschaften, deren Produkte sie anpreisen. Dies ist bei grünen Fonds ebenso der Fall wie bei grauen.

Überdies sind die Banken meist auch noch, direkt oder indirekt, an den Kapitalanlagegesellschaften beteiligt, deren Fonds sie vertreiben. So hält die Deutsche Bank die Mehrheit an der **DWS Group**, dem mit klarem Abstand größten Fondshaus Deutschlands. Ähnlich hat die Nachhaltigkeitsbank Triodos eine eigene Kapitalanlagegesellschaft, die **Triodos Investment Management**.

Auch die Sparkassen haben eine eigene Fondsgesellschaft, die **Deka Investment** in Frankfurt. Sie ist eine Tochtergesellschaft der **Deka-Bank**, an der die Sparkassen indirekt alle Anteile halten. Ganz ähnlich sind die Verhältnisse im genossenschaftlichen Finanzverbund, dessen zentrale Kapitalanlagegesellschaft **Union Investment** ist. Alle Anteile werden von der **DZ-Bank** gehalten, die über regionale Zwischen-Holdings wiederum den Volks- und Raiffeisenbanken gehört. Miteigentümer sind indirekt ebenfalls die GLS Gemeinschaftsbank sowie mehrere Kirchenbanken.

Diese Strukturen sind an sich nicht unlauter oder gar strafwürdig. Jede Sparerin sollte sich jedoch darüber im Klaren sein, dass die Ratschläge ihrer Bank nie völlig neutral und unabhängig sind. Eine Volksbank wird ihren Kunden in erster Linie Fonds von Union Investment empfehlen; bei den Sparkassen bekommt der Anleger meist zu hören, die Fonds von Deka seien die grünsten, schönsten und ertragreichsten der Welt. Und eine Kundenbetreuerin der Deutschen Bank hätte vermutlich recht düstere Karriereperspektiven, wenn sie beharrlich die wundervollen Produkte der DWS ignorieren würde.

Freilich bewerben nicht alle Banken sklavisch die Produktpalette der Fondsgesellschaft, mit der sie institutionell verflochten sind. Die Hamburger Sparkasse versichert, dass sie bei nachhaltigen Fonds einen eigenen kleinen Ökotest macht. Wenn Produkte von Deka Investment nicht den hauseigenen Kriterien entsprechen, nimmt die Sparkasse sie nicht in ihr Angebot von nachhaltigen Fonds auf. Ebenso souverän sollten Anleger mit den Empfehlungen ihrer Bankberater umgehen.

 5. Hat mein Fonds den Öko-TÜV bestanden?

Wie bei Green Bonds und anderen Finanzprodukten sind auch bei Ökofonds mittlerweile Gütesiegel üblich; sie sollen dem Anleger garantieren, dass sein Fonds gewisse Mindeststandards in puncto Nachhaltigkeit erfüllt. Solche Zertifikate sind zwar nicht vorgeschrieben wie etwa die Plaketten des TÜV. Sie haben jedoch den gleichen Zweck.

Am verbreitetsten sind bei Fonds die Qualitätssiegel, die das Forum Nachhaltige Geldanlagen (FNG) vergibt. Hierbei handelt es sich um einen Fachverband, dem rund 200 Banken, Fondsgesellschaften, Ratingagenturen, Berater, wissenschaftliche Institute und Privatpersonen aus Deutschland, Österreich und der Schweiz angehören.

Die Mitglieder kommen mithin überwiegend aus der Finanzindustrie. Dies nährt den Verdacht, dass das FNG-Zertifikat nicht gerade die allerstrengsten Anforderungen stellt. Doch es muss ja niemand gleich einen Fonds kaufen, nur weil er den Öko-Test der Finanzindustrie bestanden hat. Umgekehrt sollte es jedoch ein Alarmsignal sein, wenn ein angeblich nachhaltiger Fonds keine TÜV-Plakette des FNG trägt.

Banken schauen jedenfalls darauf, ob ein Fonds, den sie ihr Angebot aufnehmen wollen, ein Gütesiegel des Forums Nachhaltige Geldanlagen bekommen hat. So verfährt zum Beispiel die Hamburger Sparkasse. Auch private Anleger können ganz leicht nachprüfen, ob ein Fonds den Öko-TÜV bestanden hat. Sie brauchen lediglich eine Website wie Faire Fonds aufzurufen.

6. Wie teuer ist mein Fonds?

Wer einen Öko-Fonds zeichnet, sollte zuvor sorgfältig prüfen, welche Aufschläge und Gebühren verlangt werden. Die aktuellen Kosten sind aus den Monatsberichten und Fact Sheets zu ersehen, die die Kapitalanlagegesellschaften veröffentlichen. Sie können im Internet aufgerufen werden.

Bei aktiv verwalteten Fonds verlangen die Anbieter einen Ausgabe-Aufschlag, der bei der Zeichnung der Fondsanteile fällig wird. Diese Gebühr kann 2, aber auch 5 Prozent der angelegten Summe betragen. Der Ausgabe-Aufschlag wird nur einmal fällig. Er wird oft auch als Agio bezeichnet.

Hinzu kommen die Verwaltungsgebühren, die jährlich zu entrichten sind. Die Unterlagen zu den Fonds enthalten oft mehrere unterschiedliche Gebühren- und Aufwandspositionen. Entscheidend sind die gesamten jährlichen Kosten, die als Total Expense Ratio (TER) angegeben werden. Sie betragen üblicherweise 1,5 bis 2 Prozent, können aber auch höher ausfallen. Hinzu kommen meist Gebühren der Depotbank, bei denen die Fondsanteile verwahrt werden. Diese liegen in der Regel im Bereich einiger weniger Promille.

Mitunter werden auch bei der Rückgabe der Fondsanteile Gebühren erhoben. Diese werden allerdings nicht immer unmittelbar ausgewiesen, sondern als Disagio berechnet: Vom Wert des Fonds wird also ein kleiner Abschlag abgezogen. Dies ist allerdings nur verhältnismäßig selten der Fall.

Wegen des hohen Ausgabe-Aufschlags, der sich leicht auf 5 Prozent belaufen kann, sollten Fonds langfristig gehalten werden. Als Haltefrist werden im Allgemeinen mindestens fünf Jahre empfohlen. Andernfalls verschlingen die Agios weitgehend die Renditen, die der Anleger kassieren kann.

Wesentlich billiger als aktiv verwaltete Fonds sind Exchange Traded Funds (ETF), die einen bestimmten Aktienindex abbilden. Wegen dieses einfachen, schematischen Verfahrens sind die Kosten, die im Fondsmanagement entstehen, erheblich geringer. Dies spiegelt sich in den Verwaltungsgebühren wider, die bei manchen besonders beliebten ETF mittlerweile lediglich 0,1 bis 0,2 Prozent betragen. Nicht ganz so tief liegen die jährlichen Kosten bei grünen Indexfonds. Die Total Expense Ratio bewegt sich aber ebenfalls im Promille-Bereich.

Ausgabe-Aufschläge oder Agios werden bei ETF im Allgemeinen nicht erhoben. Rücknahmegebühren fallen ebenfalls nicht an, denn diese Fonds lassen sich jederzeit an der Börse veräußern. Von daher besteht also kein Grund, die Papiere ebenso lange zu halten wie aktiv verwaltete Öko-Fonds, um die einmaligen Kosten wieder hereinzubekommen. Diese Instrumente sind also erheblich flexibler. ETF aber sind, wie oben dargelegt, im Allgemeinen eher hell- als dunkelgrün.

 ## 7. Wie viel Rendite kann ich erzielen?

Wenn es gut läuft, erwirtschaften Fonds ordentliche Erträge. Bei Aktienfonds resultieren die Gewinne im Wesentlichen aus den Dividenden, die die im Fonds enthaltenen Börsengesellschaften ausschütten. Doch was geschieht mit den ausgeschütteten Gewinnen, nachdem der Fonds seine eigenen Kosten damit verrechnet hat?

Hier sind zwei Typen von Fonds zu unterscheiden: Die einen behalten die Gewinne ein; damit wird der Ankauf weiterer Wertpapiere finanziert. Fachleute nennen dieses Verfahren »thesaurierend«. Andere Fonds überweisen die erzielten Gewinne einmal im Jahr anteilig an die Fondszeichner. Sie werden »ausschüttend« genannt. Das einmal gewählte Verfahren ist verbindlich. Ob ein Fonds thesaurierend oder ausschüttend ist, lässt sich den Fact Sheets beziehungsweise Monatsberichten entnehmen.

Die Anleger profitieren aber auch von der Wertentwicklung ihrer Investmentfonds. Bei einem Aktienfonds steigt der Wert analog zur Entwicklung der Börsenkurse (genauer gesagt: dem gewichteten

Durchschnitt der Kurse). Wie hoch der aktuelle Wert eines Fonds ist, wird einmal täglich nach Börsenschluss ermittelt. Verantwortlich ist hierfür eine unabhängige Firma.

Die Renditen, die ein Anleger mit einem Aktienfonds erzielen kann, speisen sich also aus zwei Quellen – den ausgeschütteten Gewinnen und der Wertentwicklung je gezeichnetem Anteil. Ein Fonds, der seine Gewinne thesauriert, wird im Wert im Allgemeinen stärker steigen als ein ausschüttender Fonds. Unter dem Strich sollten die Renditen unter sonst gleichen Umständen identisch sein.

Laien dürften mit der komplizierten Berechnung der Gesamtrenditen meist überfordert sein. Darum müssen die von unabhängigen Experten überprüften Renditen in den Monatsberichten der Fonds veröffentlicht werden. Die Anleger sollten aber nicht so sehr auf die aufgelaufenen Renditen des letzten Monates oder Jahres blicken. Aussagekräftiger ist die langjährige Entwicklung, die in den aktuellen Reports ebenfalls nachzulesen ist. Üblicherweise werden die Renditen der vergangenen fünf Jahre angegeben; alternativ veröffentlichen viele Fondshäuser die Renditen, die seit Auflage der Fonds erzielt worden sind.

In beiden Fällen werden die Renditen meist sowohl annualisiert als auch kumuliert ausgewiesen. Im ersten Fall wird der Wert angegeben, der im Durchschnitt pro Jahr erreicht wurde. Im zweiten Fall wird die Gesamtrendite berechnet, die in der jeweiligen Periode erzielt wurde. Wenn ein Anleger in den Unterlagen eine überraschend hohe Rendite entdeckt, dann sollte er fix überprüfen, ob es sich tatsächlich um die jährliche oder vielleicht doch eher um die kumulierte Rendite eines längeren Zeitraums handelt.

Die Renditen, die ein Fonds in den vergangenen Jahren erzielte, sind ein gewisser Anhaltspunkt dafür, wie er in Zukunft abschneidet. Wenn es dem Fondsmanagement über längere Zeit gelungen ist, höhere Renditen für die Anleger zu erzielen als andere, unmittelbar konkurrierende Fonds, dann besteht eine gewisse Wahrscheinlichkeit, dass die Investoren auch in Zukunft gut mit diesem Finanzvehikel fahren.

Finanzbrillanz in der Vergangenheit bedeutet freilich keine Garantie für künftige Exzellenz. Vielleicht sind die Fondsmanager zur besser zahlenden Konkurrenz gewechselt. Möglicherweise trägt auch die Anlagestrategie nicht mehr, weil sich das ökonomische Umfeld einschneidend geändert hat. Die »Performance« (wie die Wertentwicklung im Finanzjargon heißt) ist ein wichtiger, aber nicht in jedem Fall zuverlässiger Indikator für künftige Erfolge.

 8. Wie viel muss ich mindestens anlegen?

Ähnlich wie bei Green Bonds gibt es bei Fonds Mindestanlagebeträge. Die Stückelung ist bei Publikumsfonds jedoch meist relativ klein; hier müssen die Anleger typischerweise mindestens 1 000 Euro anlegen. Der Mindestbetrag kann aber auch höher oder niedriger sein.

Unbedingt sollten private Investoren darauf achten, ob ein Fonds sparplanfähig ist. Die meisten Sparer legen ja nicht mit einem Schlage eine große Summe in Fonds an. Dies ist meist nur der Fall, wenn ein Anleger eine Erbschaft gemacht, im Lotto gewonnen oder eine Immobilie verkauft hat. Das aber kommt ja nicht alle Jahre vor. Sehr viel häufiger ist der Fall, dass jemand Schritt für Schritt ein Vermögen aufbauen möchte, um für das Alter vorzusorgen, die Ausbildung der Kinder zu finanzieren oder einen Grundstock für den Erwerb eines Eigenheims zu schaffen. Dann wird er zumeist Monat für Monat einen Teil seines Lohns oder Gehalts zur Seite legen. Nach vielen Jahren oder vielleicht auch Jahrzehnten hat die Anlegerin ihr Ziel dann erreicht: Das nötige Geld ist beisammen.

Viele Fonds unterstützen eine solche systematische Vermögensbildung in kleinen und kleinsten Schritten: Sie bieten Sparpläne an, bei denen die Anleger monatlich nur moderate Summen einzahlen müssen. Häufig belaufen sich die Mindestbeträge auf lediglich 25 Euro. Die monatlichen Einzahlungen werden automatisch vom Konto abgebucht. Die Sparer müssen sich um nichts kümmern. Auch aus diesem Grund sind Ökofonds Investments in Aktien vorzuziehen. Freilich bieten, wie bereits gesagt, längst nicht alle Fonds Sparpläne an. Die entsprechenden Informationen finden die Anleger in den Monatsberichten und Fact Sheets der Fonds.

9. Wie sicher sind meine Investments?

Fonds sind – mit wenigen Ausnahmen – eine verhältnismäßig sichere Angelegenheit. Hierfür sorgt ein dichtes Geflecht von nationalen und europäischen Regelungen. Die Vorschriften betreffen sowohl einzelne Fonds als auch die Organisationen, die sich gewerbsmäßig mit solchen Finanzprodukten befassen. Diese Institutionen werden im EU-Recht mit dem englischen Kürzel UCITS bezeichnet; das deutsche Gegenstück ist OGAW. Unter diesen Abkürzungen finden interessierte Anleger im Internet leicht weitere Informationen.

Für die Beaufsichtigung von Fonds ist in Deutschland die Bundesanstalt für Finanzdienstleistungsaufsicht (BaFin) zuständig. Ihr Gegenstück auf EU-Ebene ist die European Securities and Markets Administration (ESMA) mit Sitz in Paris.

Wie sorgfältig arbeiten diese Behörden? Zu dieser Frage darf sich jeder eine eigene Meinung bilden. Die BaFin hat bei der Aufsicht über den bayerischen Zahlungsdienstleister Wirecard offenbar komplett versagt. Hieraus darf aber keineswegs geschlossen werden, dass die Mitarbeiter dieser Behörde allesamt inkompetent wären.

Fonds werden häufig von Kapitalanlagegesellschaften begeben, die sich im Eigentum von Banken befinden. Kritische Investoren könnten angesichts dieser Tatsache Unrat wittern. Bedienen sich Kreditinstitute möglicherweise bei ihren Fondsgesellschaften, um das eine oder andere Löchlein in der Bilanz zu stopfen? Muss also, wer zum Beispiel einen Fonds der DWS Group zeichnet, damit rechnen, dass die Deutsche Bank ihre Hand auf das eingezahlte Geld legt?

Rechtlich ist dies vollkommen ausgeschlossen. Die Mittel, die einem Fonds zufließen, bilden juristisch gesehen ein Sondervermögen. Dies muss strikt getrennt werden von den Assets der Bank, der die Kapital-anlagegesellschaft gehört. Banker, die sich am Vermögen eines Fonds vergreifen, werden geteert, gefedert und aus der Stadt gejagt.

 ## 10. Handelt es sich um einen geschlossenen Fonds?

Verhältnismäßig sicher sind allerdings nur sogenannte offene Fonds, bei denen fortlaufend neue Anteile ausgegeben werden können. Umgekehrt haben die Kunden das Recht, die erworbenen Fondsanteile wieder an die Kapitalanlagegesellschaft zurückzugeben. Meist ist dies einmal an jedem Börsentag möglich. Bei Mikrofinanzfonds können die Anteile jedoch nur zu fixen Terminen zurückgegeben werden, also bei-spielsweise einmal pro Monat oder Quartal.

Ganz anders funktionieren hingegen geschlossene Fonds. Hier sammelt der Fondsmanager so lange Geld bei den Anlegern ein, bis das angestrebte Kapital beisammen ist. Dann wird der Fonds für neue Einzahlungen geschlossen. Auf der anderen Seite haben die Zeichner nicht das Recht, ihre Anteile zurückzugeben, solange der Fonds nicht aufgelöst wird. Oft wird hierfür von vornherein eine bestimmte Frist festgelegt, die 12, 15 oder 20 Jahre betragen kann. In anderen Fällen haben geschlossene Fonds eine unbestimmte Laufzeit; sie können nur mit einem förmlichen Beschluss der Anteilseigner aufgelöst werden. Solange der Fonds besteht, ist es den Mitinhabern kaum möglich, ihre Anteile zu versilbern, wenn sie, aus welchem Grund auch immer, drin-gend Geld benötigen.

Geschlossene Fonds sind bei Investitionen in Sachwerte üblich, also zum Beispiel bei Windparks oder Solarkraftwerken. Bei solchen Finanzprodukten sind die Risiken enorm hoch, wie in Teil V gezeigt wird. Geschlossene Fonds sind daher verantwortungsvollen Anlegern nicht zu empfehlen. Dennoch werden solche Finanzprodukte weiterhin angeboten, auch von der einen oder anderen Ethikbank.

TEIL V

FAZIT: WARNUNGEN UND EMPFEHLUNGEN

Kapitel 15

Wo die Risiken allzu groß sind

Ob Aktien, Anleihen oder beides zugleich: Die meisten Fonds investieren in Papier. Anders dagegen verfahren Sachwertefonds. Sie investieren unmittelbar in Dinge, die man sehen und anfassen kann – zum Beispiel in Biogasanlagen, Windparks oder Solarkraftwerke. Das macht diese Anlageklasse für nachhaltige Anleger auf den ersten Blick sehr attraktiv; wer sein Geld verantwortungsbewusst investieren möchte, fremdelt oft ein wenig mit allem, was bloß aus bedruckten Zetteln besteht. Wenn Windräder sich drehen, dann produzieren sie Strom, mit denen Menschen ihre Wohnung beleuchten, ihr Mittagessen kochen oder das Internet nutzen können.

Tatsächlich aber sind Sachwertefonds eine ziemlich riskante Angelegenheit. Dies hat unter anderem mit der Rechtsform zu tun, in der diese Finanzprodukte organisiert sind. Es handelt sich in der Regel um geschlossene Fonds. Dies bedeutet: In der Startphase sammelt der Fondsmanager bei den Anlegern Geld ein, das dann in Immobilien, Schiffe oder auch Windparks investiert wird. Ist das angepeilte Investitionsvolumen erreicht, wird der Fonds geschlossen – es werden nun keine neuen Investoren mehr aufgenommen.

Die, die aber bereits dabei sind, müssen bei der Stange bleiben – ob sie wollen oder nicht. Bei anderen Fonds können die Anteile meist börsentäglich zurückgegeben werden. Exchange Traded Funds (ETF) werden an der Börse gehandelt; hier ist es denkbar einfach, die Anteile abzustoßen. Ein paar Clicks am Computer daheim – und schon ist der Anleger einen Fonds los, mit dem er nicht mehr zufrieden ist. Das ist bei einem Sachwertefonds, mit wenigen Ausnahmen, nicht möglich. Der Investor wird Miteigentümer eines Unternehmens, das hierzulande häufig als GmbH & Co. KG organisiert ist, einer besonders intransparenten Rechtsform. Die Anteile können weder an der Börse verkauft noch an den Fondsanbieter zurückgegeben werden. Bei manchen Fonds gibt es zwar einen sogenannten Sekundärmarkt, auf dem Anteile gehandelt werden können. Doch diese informellen Handelsplattformen sind nicht so liquide wie die regulierte Börse. Am Zweitmarkt bekommt ein Anleger, der verkaufen möchte, oft keinen guten Preis. Geld sehen die Investoren normalerweise nur, wenn ein geschlossener Fonds wieder aufgelöst wird.

Hierfür wird allerdings häufig kein fixer Termin festgelegt. Die Versammlung der Eigentümer entscheidet in diesem Fall, ob und wann ein Fonds aufgelöst wird. Doch selbst wenn ein geschlossener Fonds von vornherein eine begrenzte Lebensdauer hat, muss der Investor viel Geduld aufbringen, bis Bargeld lacht. Die Fristen betragen oft 15 Jahre oder mehr.

In dieser langen Zeit mag viel passieren; es können zahlreiche Ereignisse eintreten, auf die der Anleger keinen Einfluss hat. Von solchen Risiken ist in den Werbebroschüren kaum die Rede; auch die Berater weisen zuweilen erst auf beharrliches Nachfragen darauf hin, dass ein Anleger mit einem geschlossenen Fonds durchaus Schiffbruch erleiden kann. Lediglich auf den dichtbedruckten Seiten der Verkaufsprospekte wird pflichtschuldig auf die nicht gerade sehr kleinen Risiken hingewiesen. Doch wer hat schon Zeit und Lust, sich durch diese Bleiwüsten zu kämpfen?

Angeblich sichere Renditen

Die Verkäufer locken die Kunden mit dem Versprechen, dass die Einnahmen eines Fonds, der in Solaranlagen oder Windparks investiert, ja ziemlich sicher seien und recht einfach berechnet werden könnten. Auch nach der jüngsten Novellierung des EEG-Gesetzes sprudeln die Subventionen munter weiter. Insofern haben die Fondsanbieter ein gutes Argument. Doch der Gesetzgeber kann die Garantien für die

Einspeisevergütungen jederzeit ändern. Angesichts der im internationalen Vergleich sehr hohen Strompreise in Deutschland ist der Druck aus Wirtschaft, Medien und Öffentlichkeit, genau dies zu tun, sehr groß und stark wachsend. Obendrein investieren viele geschlossene Fonds nicht nur in der Bundesrepublik, sondern auch im europäischen Ausland, wo die Strompreise seit jeher vom Markt bestimmt werden.

Auf der anderen Seite gibt es bei geschlossenen Fonds allzu viele Parteien, die ihr Schäfchen ins Trockene bringen wollen. Das beginnt mit den Projektgesellschaften, die Windparks konzipieren, realisieren und verkaufen, sobald der Betrieb läuft. Sie werden bei der Veräußerung nicht gerade die ungünstigsten Preise verlangen. Es setzt sich fort mit den Fondsgesellschaften, die die Anlagen erwerben, um sie in geschlossene Fonds einzubringen.

Sodann halten Banken und Internetplattformen die Hand auf, die die Fonds den Anlegern anbieten. Auf allen Stufen dabei sind Rechtsanwälte, Steuerexperten und Wirtschaftsprüfer, die sich ihre Dienste nicht gerade zu Hartz-IV-Sätzen vergüten lassen. Wer in einen geschlossenen Fonds investiert, muss also – direkt oder indirekt – Heerscharen von Finanzbürokraten, Intermediären und Verkäufern alimentieren.

Obendrein sind die Risiken, die Mutter Natur diktiert, nicht zu unterschätzen. In unseren Breiten kann das Windaufkommen von Jahr zu Jahr stark schwanken. Mal herrscht wochenlang Flaute. Dann wieder müssen die Windräder abgestellt werden, weil ein Sturm die Rotorblätter zu zerstören droht. Auch die Sonneneinstrahlung unterliegt im Jahresvergleich starken Schwankungen. Alle Prognosen, wie hoch die Stromerzeugung in Zukunft sein wird, sind mit großen Unsicherheiten behaftet.

Ferner fallen bei Windparks, Solarkraftwerken und Biogasanlagen regelmäßig Reparaturen und Wartungsarbeiten an. Wie hoch der Aufwand sein wird, der hierfür in den nächsten zehn oder zwanzig Jahren zu leisten ist, lässt sich aber nur sehr schwer abschätzen. Die Anbieter von Sachwertefonds werden ihren Kalkulationen nun keineswegs die ungünstigsten Prognosen zugrunde legen; sie haben im Gegenteil einen starken Anreiz, den Aufwand für die Instandhaltung möglichst gering erscheinen zu lassen.

Katastrophale Verluste bei geschlossenen Fonds

Aus all diesen Gründen ist die Gefahr erheblicher Verluste bei geschlossenen Fonds enorm hoch. Dies belegt eine groß angelegte Untersuchung, die die Fachzeitschrift *Finanztest* bereits 2015 veröffentlicht hat. Die Prüfer nahmen rund 1140 geschlossene Fonds unter die Lupe, die seit 1972 in der Bundesrepublik aufgelegt worden sind. Neben Immobilien-, Schiffs- und Medienfonds befanden sich darunter auch Ökofonds.

Die Experten verglichen die Renditen, die den Anlegern in Aussicht gestellt worden waren, mit den tatsächlichen Ergebnissen. Die Resultate waren ein Desaster. Summa summarum hatten die Fondsinvestoren Gewinne von 15,4 Milliarden Euro versprochen. Tatsächlich aber machten die Anleger per Saldo hohe Verluste, die sich bei den mehr als tausend überprüften Fonds auf 4,3 Milliarden Euro summierten.

Wer Geld in einen Fonds für Solarkraftwerke, Windparks oder Biogasanlagen gesteckt hatte, musste seine Investments in 62 Prozent der Fälle ganz oder teilweise abschreiben. Besonders schlecht schnitten Medienfonds ab, die den Anlegern zu 96 Prozent rote Zahlen bescherten. Auch Immobilienfonds litten vielfach unter einstürzenden Neubauten. Vier von fünf Schiffsfonds, die *Finanztest* auf den Prüfstand stellte, waren auf Grund gelaufen. Allein in diesen mittlerweile berüchtigten Finanzprodukten dürften deutsche Sparer viele Milliarden versenkt haben.

Angesichts der desaströsen Verluste, die viele Sachwertefonds in der Vergangenheit erzielten, hat das Interesse der Anleger begreiflicherweise stark nachgelassen. Doch noch immer sind hierzulande geschlossene Fonds auf Immobilien und in erneuerbare Energien auf dem Markt. Vertrieben werden die oft fragwürdigen Produkte nicht nur von Internetplattformen, bei denen nicht immer ganz klar ist, wie seriös diese Firmen sind. Auch die eine oder andere Kirchenbank hat nach wie vor geschlossene Fonds im Angebot.

Zwitterwesen an den Finanzmärkten

Ähnlich den geschlossenen Fonds werden in Deutschland im Umfeld der nachhaltigen Vermögensanlage mehrere andere Finanzprodukte angeboten, die konservativen Anlegern im Grunde nicht zu empfehlen sind. Hierzu gehören Anleihen mit Nachrangabrede, Genussscheine und Crowdinvesting. Allen diesen Produkten gemein ist, dass zwei im Grunde genommen gegensätzliche Investmentklassen miteinander vermengt werden – nämlich Eigenkapital und Fremdkapital.

Deutlich wird dies bei Green Bonds, die mit einer Nachrangabrede verknüpft sind. Solche Klima-Anleihen bietet etwa die UmweltBank ihren Kunden an. Normale Anleihen sind nichts anderes als ein Darlehen, das der Zeichner dem Unternehmen, der Bank oder dem Staat gibt, die diese Papiere ausgeben. Es besteht nur ein grundsätzlicher Unterschied zu Bankkrediten: Anleihen werden an der Börse gehandelt, die Darlehen, die ein Kreditinstitut ausgereicht hat, hingegen nicht.

Beiden gemein ist: Falls der Schuldner Pleite geht, werden Banken und Anleihezeichner bevorzugt berücksichtigt. Erst wenn die Ansprüche dieser Gläubiger vollständig befriedigt sind, kommen die Eigentümer an die Reihe, also die Aktionäre beziehungsweise die Gesellschafter. Dann aber ist das Fell des Löwen meist weitgehend verteilt. Die Eigentümer gehen häufig leer aus.

Wird eine Anleihe mit einer Nachrangabrede verbunden, dann bedeutet dies: Die Gläubiger erklären sich, wie es im Juristendeutsch heißt, zu einem »Rangrücktritt« bereit: Sie werden den Eigentümern weitgehend gleichgestellt. Geht die Firma über den Jordan, bekommen sie ebenso wenig Geld wie die Aktionäre oder Gesellschafter.

Dieses höhere Risiko wird den Zeichnern mit recht attraktiven Zinsen vergolten. Anleihen mit Nachrangabrede werfen im Allgemeinen deutlich höhere Renditen ab als Bonds, bei denen es keine solche Zusatzvereinbarung gibt. Die höheren Zinsen werden unabhängig vom Unternehmenserfolg gezahlt, während die Dividenden auf Aktien meist gekürzt oder sogar ganz gestrichen werden, wenn die Firma miese Erträge meldet.

Das sieht auf den ersten Blick so aus, also ob Nachranganleihen vorteilhafter als Aktien wären. Tatsächlich aber ist dies nicht der Fall. Denn im Unterschied zu den Anteilseignern haben die Zeichner von Anleihen keinerlei Möglichkeit, ihren Einfluss geltend zu machen. Aktionäre können auf die Hauptversammlung gehen, gegen die Beschlussvorlagen der Konzernleitung stimmen und Aufsichtsräten und Vorständen die Entlastung verweigern. Die Zeichner von Anleihen haben diese Möglichkeit nicht.

Nachranganleihen sind bei institutionellen Investoren ziemlich unbeliebt. Profis lieben klare Verhältnisse. Entweder ist etwas haftendes Eigenkapital oder es ist dies nicht. Genau aus diesem Grund sind Anleihen mit Nachrangabrede auch sehr selten. Eine der wenigen Ausnahmen ist der Green Bond der Umweltbank, der offenbar vor allem privaten Anlegern angeboten wird.

Nachranganleihen werden häufig als Mezzanine bezeichnet. Dies ist ein Sammelbegriff für alle Mischformen von Eigen- und Fremdkapital. Auch Hybridanleihen fallen in diese Kategorie. Dies sind Anleihen, die unter bestimmten Umständen vom Emittenten in Aktien umgewandelt werden können. Daher heißen diese Papiere auch Wandelanleihen.

Mitunter gibt es sogar klare Vereinbarungen, wann eine Umwandlung erforderlich wird. Bei Eintritt der verpflichtenden Voraussetzungen muss der Emittent seine Anleihen zwingend gegen eigene Aktien eintauschen. In diesem Fall sprechen Fachleute von Pflichtwandelanleihen. Anlageberater, die ihre Kunden beeindrucken wollen, verwenden gerne auch die englische Bezeichnung Contingent Convertible Bonds (Coco-Bonds).

Nun ist es auch für Profis nicht ganz einfach, die Chancen und Risiken solcher Papiere exakt zu berechnen. Da sollten private Anleger erst recht auf der Hut sein. Niemand muss sich im Detail mit all diesen »Finanzinnovationen« beschäftigen. Es reicht, den Notknopf zu drücken, wenn dem Anleger Begriffe wie Nachrangabrede, Mezzanine, Wandelanleihe oder Coco-Bond unterkommen.

Ebenfalls ein Zwitter aus Eigen- und Fremdkapital sind die sogenannten Genussscheine. Diese Papiere werden gerne eingesetzt, um

Wind- und Solarparks zu finanzieren. Genussscheine wurden in den vergangenen Jahren zum Beispiel von den Betreibern des Solarparks Senftenberg in Brandenburg, einer Photovoltaikanlage in Oldenburg und eines Bürgerwindparks in Ostfriesland ausgegeben. Genussscheine oder kurz Genüsse sind eine für Privatanleger nur schwer zu durchschauende Besonderheit des deutschen Rechts. Es gibt keine bindende rechtliche Definition dieses Finanzinstruments. Sowohl im Handels- als auch im Steuerecht wird die Existenz von Genussscheinen schlicht vorausgesetzt. Entsprechend groß ist der Spielraum bei der rechtlichen Gestaltung. Zuweilen ähneln Genüsse eher Anleihen, in den meisten Fällen aber haben sie klar den Charakter von Eigenkapital. Dies ist immer der Fall, wenn die Papiere mit Nachrangabreden verbunden sind. Dann stehen die Inhaber ebenso in der Haftung wie die Zeichner von Aktien oder Hybridanleihen.

Zuweilen ist bei Genussscheinen sogar eine Verlustübernahme vorgesehen. In einem solchen Fall müssen die Inhaber blechen, wenn der Emittent in die roten Zahlen gerutscht ist. Die Verluste werden dann der Einfachheit halber mit dem Wert der Genussscheine verrechnet. Wer ein solches Papier erwerben will, sollte also besser genau alle Unterlagen studieren – oder damit einen erfahrenen Rechtsanwalt beauftragen.

Ebenso wie bei Hybridanleihen haben die Inhaber von Genussscheinen keinerlei Möglichkeit, irgendeinen Einfluss auf die Geschäftsleitung zu nehmen. Sie verfügen nicht über Stimmrechte; sie können weder an einer Gesellschafterversammlung noch an einer Hauptversammlung teilnehmen.

Sind Schwärme die intelligenteren Investoren?

Eine sehr exotische, zugleich aber hochriskante Form von nachhaltigem Investment ist Crowdinvesting. Das Konzept ist schnell erklärt: Viele Kleinanleger tun sich zusammen, um gemeinsam ein junges Unternehmen zu finanzieren. Jeder einzelne investiert vielleicht 50 oder 500 Euro. Am Ende aber bringt der Schwarm viele Hunderttausend oder gar Millionen auf. Mit den eingesammelten Geldern können Existenzgründer und Start-ups sich ans Werk machen.

Zusammengebracht werden Investoren und Kreditnehmer über eine Plattform im Internet. Die jungen Unternehmen stellen sich vor, beschreiben, welche Produkte oder Dienstleistungen sie anbieten wollen, und stellen ihren Businessplan ins Netz. Anhand dieser Angaben können private Anleger dann entscheiden, ob sie ein bestimmtes Start-up unterstützen wollen. Alle weiteren Schritte für das Investment werden ebenfalls übers Internet abgewickelt; das Verfahren ist einfach, bequem und unbürokratisch.

Solche Angebote gibt es mittlerweile auch für Projekte mit ökologischem und sozialem Anspruch. In den vergangenen Jahren gab es sogar einen kleinen Boom bei nachhaltigem Crowdinvesting. Es entstanden Plattformen wie Bettervest, Econeers, Eco Zins, Wiwin und Leih Deiner Umwelt Geld; sie finanzieren vornehmlich Unternehmen und einzelne Projekte rund um die Themen erneuerbare Energien und energieeffizientes Bauen.

Gefördert wurden unter anderem Solaranlagen in Mainz, Neuhausen ob Eck und Tangermünde, ein Projekt für Wärmepumpen in Queienfeld sowie Windparks in Dörentrup, Schloßvippach und Schönberg. Bis Februar 2021 wurden von den Plattformen alles in allem 155 Vorhaben finanziert. Die Investments addierten sich zu 41,1 Millionen Euro. Dies ermittelte das Onlineportal Crowdinvest.de, das genau Buch führt über die Kreditnehmer, die in Deutschland im Internet Geld bei privaten Investoren einsammeln.

Doch wie intelligent sind Schwärme bei der Auswahl von Investments? Verlaufen die finanzierten Projekte überwiegend erfolgreich? Bekommen die Anleger ihr Geld zurück? Oder müssen sie die Investments als Verlust buchen? Auch dies ermittelt Crowdinvest.de. Im Februar 2021 waren die meisten Projekte noch aktiv. Auf diese Vorhaben entfiel mit 37,8 Millionen Euro der Löwenanteil der Investments.

Insgesamt 14 meist kleinere Projekte konnten erfolgreich abgeschlossen werden; die Anleger kassierten insgesamt 1,2 Millionen Euro. In sieben Fällen gab es jedoch einen Zahlungsausfall. Bei 29 weiteren Vorhaben konnte Crowdinvest.de keine Angaben zum aktuellen Status ermitteln, womöglich gab es hier ebenfalls Schwierigkeiten. Im Februar 2021 standen Investments von insgesamt rund 2 Millionen Euro im Feuer; die Summe ist beträchtlich höher als die Rückzahlungen. Zu bedenken ist überdies, dass die meisten Projekte noch relativ jung sind. Probleme gibt es häufig erst nach mehreren Jahren. Eine endgültige Bilanz kann also erst in der ferneren Zukunft gezogen werden. Sie fällt möglicherweise ebenso miserabel aus wie bei den geschlossenen Fonds, die in Biogasanlagen, Solarkraftwerke und Windparks investiert haben.

Offline wie online sind die Finanzierungsmodelle – und damit auch die Risiken – weitgehend identisch: Die Anleger beteiligen sich beim Crowdinvesting meist mit Nachrangdarlehen; sie müssen also bei einem Zahlungsausfall mit einem Totalverlust rechnen. Überdies sind die Anteile nicht handelbar. Wer sich via Internet an einem Projekt oder Start-up beteiligt hat, muss bis zum Ende dabeibleiben. Wenn er Glück hat, bekommt er sein Kapital plus Zinsen zurück. Hat er Pech, ist das Geld futsch.

Auf den folgenden Seiten werden einige konkrete Empfehlungen für nachhaltige Investments gegeben. Sie basieren auf den elementaren Anlageklassen, die konstitutiv sind für jedes ernsthafte Investment – nämlich der Geldanlage auf Bankkonten, der Zeichnung von Anleihen (Green Bonds), Investments in Aktien nachhaltiger Unternehmen sowie dem Erwerb von Öko-Fonds.

Kapitel 16

Ein Musterportfolio für Mutter Erde

Nachhaltig Geld anlegen – das klingt kompliziert. Auf den vorhergehenden Seiten wurden zahllose Möglichkeiten und Instrumente vorgestellt. Viele davon sind freilich zu riskant oder wenig geeignet, um mit der Geldanlage ethische, soziale und ökologische Ziele zu erreichen. Besonders markante Beispiele wurden im letzten Kapitel geschildert – von geschlossenen Fonds, die in Windparks investieren, bis zu Crowdinvesting für energieeffizientes Bauen. Verluste sind hier nahezu programmiert.

Es muss jedoch niemand sein Vermögen aufs Spiel setzen, wenn er sein Erspartes mit gutem Gewissen anlegen will. Ein paar einfache Regeln genügen, möglichst einfach ökologisch zu investieren – und dabei auch angemessene finanzielle Erträge zu erreichen.

Wie könnte ein ideales Portfolio für einen Anleger aussehen, der mit seinem Geld vor allem den Klimaschutz unterstützen möchte? Auf diese Frage gibt es keine allgemein verbindliche Antwort. Denn bei der Geldanlage sind stets zwei zentrale, miteinander konfligierende Aspekte zu bedenken – unabhängig davon, ob es um konventionelle oder ökologische Investments geht. Diese beiden fundmentalen Ziele sind zum einen die Sicherheit und zum anderen die Rendite. Beide lassen sich leider nicht gleichzeitig maximieren. Größtmögliche Sicherheit geht immer auf Kosten der Rendite und umgekehrt. Wer an der Börse hohe Gewinne erzielen will, muss unvermeidlich große Risiken eingehen. Umgekehrt bedeutet maximale Sicherheit in den Zeiten von Tiefstzinsen nahezu gänzlichen Verzicht auf jede Rendite.

Kompromisse sind also unvermeidlich. Welches die richtige Kombination von Rendite und Sicherheit ist, hängt in hohem Maße von persönlichen Voraussetzungen ab – nämlich der individuellen Risikotragfähigkeit. Wie groß die finanziellen Wagnisse sein dürfen, die ein Anleger eingehen kann, wird unter anderem bestimmt von seinem Lebensalter. Wer kurz vor dem Ruhestand steht, sollte nicht mehr in großem Stil an der Börse spekulieren. Falls er dabei auf die Nase fliegt, kann er die Verluste in der Regel nicht mehr wettmachen, bevor er in Rente geht. Ein junger Mensch, der bereits gut verdient und auch sonst keine finanziellen Sorgen hat, darf hingegen schon einmal ein größeres Risiko eingehen. Geht's schief, bleiben ihm in den kommenden Jahrzehnten noch zahllose Chancen, es besser zu machen, bevor er in den Ruhestand tritt.

Die Risikotragfähigkeit hängt freilich von vielen weiteren Faktoren ab. Ein Freiberufler sollte vorsichtiger vorgehen als eine Beamtin. Ersterer steht in einer Krise womöglich plötzlich ohne Aufträge da; dann ist es doppelt schlecht, wenn auch noch die Börsenkurse implodieren und die Ersparnisse ebenso schnell dahinschmelzen wie die Einkünfte. Ein Lehrer, eine Professorin oder ein Finanzbeamter kann hingegen schon einmal ein kleines Abenteuer an der Börse wagen.

Entscheidend sind natürlich auch die Verpflichtungen gegenüber Angehörigen. Eltern müssen mit ihrem Geld behutsamer umgehen als Singles ohne Kinder. Das Gleiche gilt für Menschen, die ihre Eltern oder andere Verwandte unterstützen müssen. Die Risikotragfähigkeit wird also in hohem Maße von der Lebensphase und anderen persönlichen Umständen beeinflusst.

Es kommt aber nicht nur auf die objektiven Bedingungen an, sondern auch auf die subjektiven. Viele Menschen, die durchaus größere Risiken eingehen könnten, möchten dies aber nicht. Die meisten Leute sind keine geborenen Hasardeure. Wie groß die *objektive* Risikotragfähigkeit und die *subjektive* Risikobereitschaft tatsächlich sind, können die meisten Menschen selbst kaum einschätzen. Hilfreich mag da ein Gespräch mit der Kundenbetreuerin der Bank sein.

Die vier wichtigsten Anlageformen, also Sparkonten, Anleihen, Aktien und Investmentfonds, lassen sich in zwei große Kategorien einteilen: Die ersten beiden sind ziemlich sicher, bringen aber keine

Erträge. Die anderen zwei bringen Erträge, sind aber leider mit gewissen Risiken verknüpft. Zugleich können, grob gesehen, drei Gruppen von Anlegern unterschieden werden – nämlich solche mit geringer, mit durchschnittlicher und mit großer Risikotragfähigkeit. Für diese drei Gruppen kommt jeweils eine andere Kombination der vier Anlageformen infrage. Das Ganze lässt sich in einem einfachen Schema darstellen. Angegeben ist in den Kästchen jeweils der Anteil der Investments, der auf die zwei Kategorien entfallen sollte.

Risikomatrix der Investments

Risikotragfähigkeit	Gering	Durchschnittlich	Hoch
Sichere Anlagen (Sparkonten, Anleihen)	Mindestens 75 Prozent	Rund 50 Prozent	Maximal 25 Prozent
Ertragreiche Anlagen (Aktien, Aktienfonds)	Maximal 25 Prozent	Rund 50 Prozent	Bis zu 75 Prozent

Die genannten Zahlen sind natürlich nur ungefähre Richtwerte. Nicht berücksichtigt wird in dem Schema Sachvermögen, also vor allem Immobilien. Auch Gold, Diamanten und andere alternativen Investments werden außer Acht gelassen, da hier die Nachhaltigkeit in der Regel nicht ermittelt werden kann. Für die beiden Komponenten Sicherheit und Rendite gibt es jeweils gleich mehrere Möglichkeiten, mit denen Sparerinnen und Investoren nahezu lupenrein das Anlageziel Klimaschutz verwirklichen können.

Keine Zinsen, aber messbare grüne Rendite

Die Komponente Sicherheit besteht unter anderem aus dem Element Tagesgeld und Spareinlagen. Wer erneuerbare Energien unterstützen möchte, geht am besten zur **UmweltBank**. Das Institut verwendet die angelegten Gelder ganz überwiegend zur Finanzierung alternativer Energien. Allein ein Drittel der Kredite entfällt auf Projekte, mit denen die Solarenergie zur Stromerzeugung oder Wärmegewinnung genutzt werden soll. Große Bedeutung haben ebenfalls Windkraft und energieeffizientes Bauen

Freilich ist die UmweltBank ein kommerzielles Unternehmen, das zudem an der Börse notiert ist. Neben dem Umweltschutz hat das Management stets die Interessen der Anteilseigner im Auge; die Aktionäre erwarten, dass die Bank möglichst hohe Gewinne erzielt. Das mag nicht jedem ethisch motivierten Anleger gefallen. Obendrein kommt das grüne Geldhaus, das keine Girokonten anbietet, nicht als Hausbank infrage. Die Kunden müssen weiterhin ein Konto bei ihrer gewohnten Sparkasse oder Volksbank unterhalten.

Eine Alternative ist die **GLS Bank**, die ein wesentlich breiteres Spektrum an geschäftlichen Aktivitäten hat als die UmweltBank. Sie bietet den Kunden die Möglichkeit, ihre Ersparnisse für bestimmte Zwecke einzusetzen. Wer bei der GLS ein Sparkonto eröffnet, kann unter sechs Anlagezielen wählen. Eines davon sind die erneuerbaren Energien.

Das zweite Element der Komponente Sicherheit besteht aus Anleihen. Ein nachhaltiger Anleger sollte zu Green Bonds greifen, die dem Klima- und Umweltschutz dienen. Zu den größten Emittenten solcher Papiere gehören hierzulande die beiden staatlichen Förderbanken **KfW** und **NRW-Bank**. Sie zahlen zwar ebenso wenig Zinsen wie die Banken auf Tagesgelder und Spareinlagen. Doch die beiden Institute können den Anlegern exakt vorrechnen, welchen ökologischen Nutzen ihr Geld stiftet: Für jeden Green Bond wird angegeben, in welchem Umfang damit der Ausstoß von Kohlendioxid reduziert werden kann. Bei den noch laufenden Projekten, die die KfW mit Öko-Anleihen finanziert hat, sind dies insgesamt rund 13 Millionen Tonnen pro Jahr. Die Angaben werden von wissenschaftlichen Instituten ermittelt.

Neben der KfW und der NRW-Bank bringt die **Berlin Hyp**, ein Immobilienfinanzierer des Sparkassen-Verbundes, ebenfalls regelmäßig Green Bonds für Privatanleger auf den Markt. Finanziert wird mit den Erlösen der Bau von energieeffizienten Wohnhäusern und Gewerbe-Immobilien. Diese drei Emittenten wären die erste Wahl für Anleger, die in Öko-Anleihen investieren möchten. Bei anderen Banken und Industriekonzernen, die ebenfalls Green Bonds begeben, dürfte der Image-Effekt eine mindestens ebenso große Rolle spielen wie der Klimaschutz.

Welche Überraschungen Ökofonds bieten

Die Renditekomponente unserer Nachhaltigkeitsmatrix lässt sich zum Beispiel mit Fonds darstellen, deren Portfolio mit Blick auf den Klimaschutz zusammengestellt wird. Drei solcher Fonds, die vom Magazin *Finanztest* und anderen unabhängigen Quellen häufig empfohlen werden, sind der GLS Bank Aktienfonds A, der GreenEffects der gleichnamigen irischen Fondsboutique sowie der Ökoworld Klima, den das Fondshaus Ökoworld aus Hilden bei Düsseldorf aufgelegt hat.

Bevor ein Anleger jedoch blind den Empfehlungen folgt und einen dieser drei Fonds kauft, sollte er einen Blick in die aktuellen Monatsberichte beziehungsweise Fact Sheets werfen, die Fondgesellschaften regelmäßig veröffentlichen. Die Dokumente können im Internet mithilfe der ISIN, also der internationalen Wertpapier-Kennnummer, aufgerufen werden.

In diesen Reports werden unter anderem die größten Aktienpositionen aufgeführt, in die die Fonds jeweils investiert sind. Der kleine Check offenbart manche Überraschungen – in positiver, allerdings auch in negativer Hinsicht. Neben bekannten Namen wie dem dänischen Windkraftanlagenbauer **Vestas** finden sich in den Portfolios manche Perlen, die ein privater Anleger, der auf eigene Faust in Aktien investiert, vermutlich nie gefunden hätte. Im Aktienfonds der GLS Bank bildete das niederländische Unternehmen **Alfen** Anfang 2021 die größte einzelne Position. Die Firma produziert unter anderem Ladestationen für Elektroautos.

Drei Ökofonds und ihre Toppositionen

	GLS Bank Aktien-fonds A	GreenEffects Fund	Ökoworld Klima
ISIN	DE000A1W2CK8	IE0005895655	LU0301152442
Größte Positionen	Alfen	Vestas	SunPower
	Encavis	Smith & Nephew	Samsung
	Scatec Solar	Tesla	Enphase Energy
	Deutsche Post	Acciona	BYD
	Telefonaktiebolaget	Mayr Melnhof	Xinji Solar
	Molina Healthcare	Kingfisher	Crowdstrike
	First Solar	Ormat	ASML
	Deutsche Telekom	Svenska Cellulosa	Taiwan Semiconductor
	TeamViewer	Kurita	Weg
	ASML	Molina Healthcare	Sunrun

Quelle: Angaben der Fondsgesellschaften, Stand: 15. Februar 2021

Als etwas befremdlich dürften viele Investoren es jedoch empfinden, dass in den Portfolios auch die **Deutsche Telekom** oder asiatische Elektronikkonzerne wie **Samsung** und **Taiwan Semiconductors** erscheinen. Was, bitte sehr, hat der schwedische Papierhersteller **Svenska Cellulosa** im Fonds von GreenEffects zu suchen? Welche ökologische Pioniertaten darf sich die britische Baumarktkette **Kingfisher** ans Revers heften? Es mag sein, dass diese Unternehmen alle im Vergleich zu unmittelbaren Konkurrenten weniger Schadstoffemissionen verursachen.

Konzentration auf ausgereifte Technologien

Daher dürften nicht wenige Anleger den Portfolio-Mix der drei ökologischen Fondsklassiker etwas unbefriedigend finden. Manch einer mag versucht sein, lieber selbst die Aktien auszuwählen, die er in seinem Depot sehen möchte. Wer in nachhaltige Unternehmen investieren will, sollte sich auf erneuerbare Energien beschränken. Dann ist die

Auswahl der geeigneten Titel überraschend leicht. Der Grund ist ganz einfach: Auf diesem Gebiet sind überwiegend Unternehmen aktiv, die sich ausschließlich mit diesem Thema befassen. Es ist also recht einfach, die Firmen zu identifizieren, die überhaupt infrage kommen. Dies gilt nicht nur für Deutschland oder Europa. Auch weltweit ist das Spektrum recht überschaubar.

Die Auswahl unter diesen Firmen ist ebenfalls nicht schwierig. Die regenerativen Energien sind zwar ein weites Feld. Doch gleich mehrere Teilbranchen können von vornherein ausgeschlossen werden. Die Erzeugung von Biosprit aus Getreide und anderen Nahrungsmitteln ist ethisch kaum vertretbar, solange zahllose Menschen auf diesem Planeten Hunger leiden. Investments in Bioenergie kommen also für verantwortungsvolle Anleger im Prinzip nicht infrage.

Wasserstoff und Brennstoffzellen sind Zukunftsmusik. Hier gibt es weder ausgereifte Technologien noch entwickelte Märkte oder etablierte Unternehmen, denen nachhaltige Investoren ihr Geld anvertrauen könnten. Wie riskant es ist, in einem sehr frühen Stadium in erneuerbare Energien zu investieren, zeigt schlagend die Photovoltaik. In den 1990er Jahren, als der Solarboom einsetzte, war diese Technologie noch ziemlich unausgereift. Unzählige Start-ups experimentierten mit der Nutzung der Solarenergie; die meisten mussten zwangsläufig scheitern. Welche der jungen Firmen erfolgreich sein würden, konnten damals nicht einmal Experten vorhersagen, geschweige denn Privatanleger ohne tiefere Fachkenntnisse.

Elektromobilität ist derzeit an der Börse eine der heißesten Technologien. Doch die Bewertungen sind völlig überhitzt. Drastisch zeigt dies der kalifornische Autohersteller **Tesla**. Dessen Aktienkurse sind zehn bis zwanzig Mal so hoch wie sie realistischerweise sein dürften. Bei aller Sympathie für Autos, die mit grünem Strom fahren können – ein Investment in Tesla ist derzeit hochspekulativ.

Wer mit einem Engagement in Aktien den Klimaschutz fördern möchte, muss sich auf Photovoltaik und Windenergie konzentrieren. Die Technologien weisen mittlerweile einen gewissen Reifegrad auf; es haben sich weltweit bedeutende Märkte gebildet, die anhaltendes Wachstum versprechen. Investments in die führenden Anbieter von

Solar- und Windanlagen sind verhältnismäßig risikoarm. Zudem finden sich in diesen beiden Segmenten weltweit nur recht wenige Unternehmen, die weitere wichtige Kriterien erfüllen – die also schon länger am Markt aktiv sind, eine gewisse Umsatzgröße erreichen, nachhaltig Gewinne erzielen, über ausreichend Eigenkapital verfügen und außerdem nicht übermäßig hoch an der Börse bewertet werden.

Zwei Garanten für eine anhaltende Brise

In der Windenergie dominieren rund zehn Hersteller aus Europa, Asien und den USA die globalen Märkte. Neben klassischen Mittelständlern wie **Enercon** sind längst auch multinationale Konzerne in der Wachstumsbranche aktiv. Hierzu gehört der amerikanische Konzern General Electric mit seiner in Paris ansässigen Tochtergesellschaft **GE Renewable Energy**. Dieses Unternehmen ist allerdings ebenso wenig wie Enercon an der Börse gelistet; dies schließt von vornherein ein Investment aus.

Drei weitere große Hersteller von Windkraftanlagen kommen aus Asien. Es sind die indische Firma **Suzlon** und deren chinesische Konkurrenten **Goldwind** und **Sinovel**. Suzlon und Sinovel werden ausschließlich an den Börsen ihrer Heimatländer gehandelt; aus praktischen Gründen ist es ausgeschlossen, dass hiesige Privatanleger diese Titel erwerben. Goldwind gehört mehrheitlich dem chinesischen Staat; das Unternehmen wird dem Vernehmen nach eng von der Kommunistischen Partei kontrolliert. Da möchten verantwortungsvolle Investoren lieber Abstand halten.

Mithin bleiben im Wesentlichen nur drei börsennotierte Unternehmen, die grundsätzlich für ein nachhaltiges Investment infrage kommen. Dies sind die Hamburger Firma Nordex, das deutsch-spanische Unternehmen Siemens Gamesa und Vestas, der Weltmarktführer für Windkraft aus Dänemark.

Nordex erzielte 2020 Umsätze von 4,65 Milliarden Euro. Dies bedeutet eine Zunahme gegenüber dem Vorjahr von mehr als 40 Prozent. Die Ertragslage ist freilich recht unbefriedigend. Der Verlust stieg 2020 auf

Führende börsennotierte Windkraftunternehmen

Emittent	Nordex (Deutschland)	Siemens Gamesa Renewable Energy (Spanien)	Vestas Wind Systems (Dänemark)
ISIN	DE000A0D6554	ES0143416115	DK0010268606
Umsätze 2020 (in Euro)	4,65 Milliarden	9,48 Milliarden	14,82 Milliarden
Veränderung gegenüber 2019	+40 Prozent	−7,3 Prozent	+22 Prozent
Ergebnis nach Steuern (in Euro)	−130 Millionen	−920 Millionen	765 Millionen
Veränderung gegenüber 2019	−79 Prozent	keine Angabe möglich	+8,5 Prozent
Eigenkapitalquote	16 Prozent	30 Prozent	26 Prozent
Kurs-Gewinn-Verhältnis Ende 2020	keine Angabe möglich	keine Angabe möglich	49,5 Prozent

Quelle: Unternehmensangaben, eigene Recherchen

130 Millionen Euro. Dennoch bauen die Finanzmärkte offenbar darauf, dass Nordex sturmfest ist. Der Aktienkurs, der im März 2020 einen Tiefpunkt von 5 Euro erreicht hatte, stieg bis April 2021 auf 28 Euro.

Vestas meldete für das 2020 Umsätze von 14,8 Milliarden Euro. Ungeachtet der Corona-Rezession konnte der weltweit größte Hersteller von Windkraftanlagen die Verkaufserlöse gegenüber dem Vorjahr um 22 Prozent steigern. Auch der Reingewinn nahm deutlich zu. Mit 765 Millionen Euro fiel das Ergebnis nach Steuern um 8,5 Prozent höher aus als 2019.

Angesichts der exzellenten Zahlen bewertet die Börse Vestas sehr hoch. Anfang 2021 belief sich die Marktkapitalisierung auf 40 Milliarden Euro. Analysten berechneten für Ende 2020 ein Kurs-Gewinn-Verhältnis von 45. Dies ist für ein profitables Unternehmen mit starkem Wachstum allerdings nicht ungewöhnlich hoch.

Im Gegensatz zu Vestas erlitt **Siemens Gamesa** im Geschäftsjahr 2020 hohe Verluste; das Minus belief sich auf 920 Millionen Euro. Die blutroten Zahlen deuten darauf hin, dass das deutsch-spanische Unternehmen, an dem Siemens indirekt die Mehrheit hält, tiefsitzende Probleme hat. Vorsichtige Anleger sollten den Windkrafthersteller vorerst meiden.

Neben ökonomischen Gründen sprechen auch ethische Bedenken gegen ein Engagement bei Siemens Gamesa. Wie an anderer Stelle in diesem Buch bereits dargelegt, lieferte das Unternehmen Windkraftanlagen nach Marokko, die bei der Ausbeutung der Phosphat-Vorkommen in der Westsahara eingesetzt werden. Damit unterstützt Siemens Gamesa nach Ansicht vieler Experten die völkerrechtswidrige Annexion der Westsahara durch Marokko.

Zentralgestirne im Depot

Ähnlich wie in der Windkraft dominieren etwa zehn bis zwölf Anbieter die internationalen Solarmärkte. Hiervon kommt die Mehrzahl aus China; manche dieser Firmen sind im Westen recht bekannt wie Jinko Solar, Suntech und Yingli. Zu den Top Ten gehört ebenfalls die koreanische Firma Hanwha Q-Cells, die das deutsche Pionierunternehmen Q-Cells übernommen hat. Zwei weitere Anbieter sind in Nordamerika ansässig, nämlich Canadian Solar und der Mitbewerber First Solar aus den USA.

Hanwha Q-Cells gehört zur Hanwha-Gruppe, einem der größten Konzerne Koreas. Die Tochtergesellschaft ist nicht an der Börse notiert, kommt also nicht für ein Investment infrage. Im Gegensatz dazu werden mehrere chinesische Anbieter an der Börse gehandelt, allerdings nur in China selbst. Für deutsche Privatanleger ist es zwar nicht unmöglich, doch recht schwierig, solche aus hiesiger Sicht exotischen Werte zu erwerben.

Dies gilt allerdings nicht für **Jinko Solar**, eines der wenigen chinesischen Unternehmen, die an einer westlichen Börse notiert sind. Die Firma wird an der New York Stock Exchange gehandelt, die recht

Führende börsennotierte Solarunternehmen

	Canadian Solar (Kanada)	First Solar (USA)	Jinko Solar (China)
ISIN	CA1366351098	US3364331070	US47759T1007
Umsätze 2020 (in US-Dollar)	3,48 Milliarden	2,71 Milliarden	5,1 Milliarden
Veränderung gegenüber 2019	+8,6 Prozent	-11,5 Prozent	+18,2 Prozent
Ergebnis nach Steuern 2020 (in US-Dollar)	147 Millionen	+398 Millionen	+130 Millionen
Veränderung gegenüber 2019	-14,5 Prozent	keine Angabe möglich	-74 Prozent
Eigenkapitalquote	24 Prozent	78 Prozent	19 Prozent
Kurs-Gewinn-Verhältnis Ende 2020	21	27	83

Quelle: Unternehmensangaben, eigene Recherchen

strenge Voraussetzungen für eine Börsenzulassung hat. Im Gegensatz zu Handelsplätzen in Schwellenländern, wo Korruption endemisch ist, müssen interessierte Investoren also nicht befürchten, dass sie womöglich heiße Luft kaufen.

Auch für Kleinanleger aus der Bundesrepublik ist es recht einfach, den Titel zu erwerben. An der Frankfurter Börse werden sogenannte Hinterlegungsscheine (American Depositary Receipts) auf die Aktie von Jinko Solar gehandelt. Diese aktienähnlichen Rechte werden von der New Yorker Großbank JP Morgan Chase begeben, die die Originalpapiere erworben hat.

Jinko Solar gilt als weltweit größter Hersteller von Solarmodulen. Das Unternehmen ist aber auch auf den vorgelagerten Stufen der Wertschöpfung aktiv – von Ingots (gegossenem Silizium) über Wafer bis zu Solarzellen. Im Gegensatz zu vielen Mitbewerbern erzielte Jinko Solar in den vergangenen Jahren ein stetiges, kräftiges Wachstum. Dem Unternehmen gelang es, die Corona-Rezession heil zu durchstehen. 2020 nahmen die Umsätze auf 5,1 Milliarden Dollar zu. Das entspricht einem Plus von rund 18 Prozent gegenüber dem Vorjahr.

Die Corona-Pandemie hat die Konzentration in der Solarindustrie kräftig beschleunigt. Hiervon profitiert nicht zuletzt Jinko Solar. Laut eigenen Angaben kam das Unternehmen bei Solarmodulen 2018 auf einen Weltmarktanteil von 11 Prozent. Zwei Jahre später war der Anteil auf 15 Prozent gestiegen. Mit besonders effizienten Solarmodulen aus monokristallinem Silizium will Jinko Solar die Marktanteile künftig weiter erhöhen.

Wie der chinesische Konkurrent deckt **Canadian Solar** das gesamte Spektrum der Photovoltaik ab. Nach längerem Wachstum brach der Umsatz 2019 um 15 Prozent auf 3,2 Milliarden US-Dollar ein. Der Jahresüberschuss verminderte sich sogar um gut ein Viertel auf 172 Millionen. Trotz der Corona-Rezession gelang 2020 die Trendwende. Der Umsatz stieg um 8,6 Prozent auf 3,5 Milliarden US-Dollar. Der Reingewinn verminderte sich hingegen um knapp 15 Prozent auf 147 Millionen US-Dollar.

Für **First Solar** schien es jahrelang nur aufwärts zu gehen. Doch in den 2010er Jahren verließ das Unternehmen die Fortune. Das Wachstum brach ein; Ende 2012 wurde das erst wenige Jahre zuvor eröffnete Werk in Frankfurt an der Oder wieder geschlossen. Die Krise hielt bis 2018 an. Dann aber gelang die Sanierung. Für 2019 meldete First Solar erstmals seit mehreren Jahren wieder ein kräftiges Wachstum; der Umsatz kletterte um 40 Prozent auf 3,1 Milliarden US-Dollar. 2020 fielen die Verkaufserlöse allerdings um rund 12 Prozent auf 2,7 Milliarden. Zugleich erzielte First Solar einen Rekordgewinn von 398 Millionen US-Dollar.

Worauf sich ein konservativer Anleger beschränken sollte

Unser kleiner Rundgang durch die internationale Solar- und Windindustrie hat gezeigt: Es gibt im Grunde nur eine Handvoll Unternehmen aus den erneuerbaren Energien, deren Aktien ein verantwortungsbewusster Privatanleger kaufen sollte. Die meisten anderen Firmen sind entweder zu klein, haben kein überzeugendes Geschäftsmodell oder werden hierzulande nicht an der Börse gehandelt.

Es ist freilich recht riskant, sein Geld ausschließlich in eine begrenzte Zahl von Aktien aus lediglich zwei Branchen zu investieren. Die Anlegerinnen sollten daher nur einen recht kleinen Anteil ihrer flüssigen Mittel in Windkraft- und Solarwerte investieren. Die erneuerbaren Energien werden aller Voraussicht nach auch in Zukunft kräftig prosperieren. Doch niemand kann mit Gewissheit sagen, in welchem Maße die vorgeschlagenen fünf Unternehmen von dem anhaltenden Boom profitieren werden. Das traurige Schicksal der deutschen Solarunternehmen zeigt, wie schnell Börsenstars vom Himmel fallen können.

Wie groß sollte nun der Anteil von Aktieninvests in erneuerbare Energien sein? Das hängt sehr stark von individuellen Umständen ab, also vor allem der Risikotragfähigkeit. Investoren, deren Fähigkeit und Bereitschaft, Risiken einzugehen, sehr gering entwickelt ist, sollten besser ganz auf Einzelinvestments in Aktien verzichten. Für diese Gruppe sähe eine Geldanlage, die sich strikt am Ziel des Klimaschutzes orientiert ist, folgendermaßen aus:

> Maximal ein Viertel der gesamten Gelder, die insgesamt zu investieren sind, sollten in Ökofonds angelegt werden. Drei vielerorts geschätzte Produkte wurden oben vorgestellt, nämlich der **GLS Aktienfonds,** der **GreenEffects** und der **Ökoworld Klima.** Um die Risiken zu diversifizieren, empfiehlt es sich, nicht nur einen einzelnen Fonds zu kaufen, sondern am besten alle drei gleichzeitig.

> Mindestens ein Drittel der zur Verfügung stehenden liquiden Mittel sollten in Green Bonds investiert werden. Auch hier ist es ratsam, die Investments aufzuteilen. Zwei besonders sichere Emittenten sind

die Förderbanken **KfW** und **NRW-Bank**, für die die staatlichen Eigentümer unbegrenzt bürgen. Die **Berlin Hyp** begibt Klima-Anleihen zum Teil als Pfandbriefe. Diese mit Immobilien besicherten Papiere sind ebenfalls sehr sicher.

> Ebenfalls gut ein Drittel sollte ein besonders vorsichtiger Anleger auf einem Tagesgeld- oder Sparkonto anlegen. Die **UmweltBank** verwendet die Einlagen der Kunden ganz überwiegend zur Finanzierung von Solar- und Windkraftprojekten. Bei der **GLS Bank** können die Kunden sich für die Anlagekategorie erneuerbare Energien entscheiden. Das Institut ist Mitglied der Einlagensicherung der Volksbanken; die Gefahr, dass die Einlagen aufgrund einer Pleite verloren gehen, ist vernachlässigbar gering.

Dieses Konzept enthält freilich zwei Elemente, die praktisch keine Zinsen oder sonstige Erträge bringen – nämlich Green Bonds auf der einen und Tagesgeld oder Spareinlagen auf der anderen Seite. Da aber die Inflation in Zukunft durchaus wieder anziehen könnte, dürfte der zu erwartende Kaufkraftverlust am realen Wert der Vermögen zehren.

Das Portfolio für mittlere Risikobereitschaft

Wenn freilich nur ein Viertel des gesamten liquiden Vermögens in Ertrag bringende Aktienfonds angelegt werden, reicht die Wertentwicklung womöglich nicht aus, um die Kaufkraftverluste aufzufangen. Ein Anleger mit mittelgroßer Risikotragfähigkeit darf etwas mehr wagen und seine Ersparnisse anders aufteilen:

> Mindestens ein Viertel der Ersparnisse sollte in Ökofonds investiert werden. Die drei empfohlenen Titel haben allerdings den Nachteil, dass das Portfolio aus Sicht eines nachhaltigen Anlegers nicht unbedingt in jeder Hinsicht überzeugen kann. Dies ist freilich bei den meisten anderen Ökofonds ebenso: Nur sehr selten ist ein Portfolio lupenrein auf Klimaschutz ausgelegt.
> Um diesen Mangel zumindest zum Teil auszugleichen, können Anle-

ger unmittelbar in Aktien von Unternehmen investieren, die sich mit erneuerbaren Energien befassen. Im Zentrum sollten die fünf vorgeschlagenen Windkraft- und Solarunternehmen stehen, die alle ein hohes Wachstum erzielen, profitabel sind und eine solide Bilanz aufweisen. Von **Siemens Gamesa** sollten die Anleger aufgrund der aktuell hohen Verluste und der konfliktbelasteten Geschäfte in Marokko jedoch die Finger lassen. Auf Fonds und Aktien können bei mittlerer Risikobereitschaft insgesamt rund 50 Prozent der gesamten Ersparnisse entfallen.

> Die übrige Hälfte des Geldvermögens wird in die sicheren Anlageklassen investiert, also in Klima-Anleihen und Tagesgeld beziehungsweise Sparkonten. Es wäre reichlich akademisch, auch hier wieder auf eine gleichmäßige Aufteilung zu achten. In punctis Rendite und Sicherheit unterscheiden sich Green Bonds praktisch nicht von Tagesgeld. Überdies sind die Papiere sicherer Emittenten wie der **KfW** oder der **NRW-Bank** hochliquide – sie können jederzeit an der Börse verkauft werden, falls Geld benötigt wird.

Freilich haben Green Bonds mitunter, bedingt durch die hohe Nachfrage, die die Kurse treibt, eine leicht negative Rendite. Bei Tagesgeld sind künftig Strafzinsen zu befürchten, mit denen die Banken die anschwellende Liquidität abwehren wollen, mit der sie nichts anfangen können. Die **Ethikbank** kassiert bereits negative Zinsen, sobald auf einem Tagesgeldkonto mehr als 100 000 Euro liegen.

Welche Wagnisse risikofreudige Investoren eingehen können

Dies sind beides Gründe, einen möglichst großen Teil der Investments in Ertrag bringende Wertpapiere anzulegen. Für Anleger, die ihr Vermögen nicht bloß erhalten, sondern nach Möglichkeit auch ein klein wenig mehren möchten, empfiehlt sich daher eine andere Aufteilung – vorausgesetzt, sie haben objektiv und subjektiv eine höhere Risikotragfähigkeit:

> Risikofreudige Anleger sollten rund die Hälfte ihres liquiden Vermögens in Fonds investieren. Da diese Anlageklasse nun einen sehr prominenten Platz im Portfolio einnimmt, ist es ratsam, nicht bloß die drei vorgestellten Klassiker der Ökofonds zu berücksichtigen. Mit dem höheren Anteil steigen die Risiken für das Gesamtportfolio; die Anleger sollten daher am besten weitere Fonds kaufen, um das Ausmaß möglicher Verluste zu verringern.

> Der Anteil des Vermögens, der in einzelne Aktien investiert wird, sollte strikt auf maximal ein Viertel reduziert werden. Da es nur eine begrenzte Anzahl von investierbaren Klimawerten gibt, werden sonst die Risiken zu hoch. Überdies sollte die Anlegerin ab und an prüfen, ob in den Fonds nicht die gleichen Titel enthalten sind, die sie bereits separat gekauft hat. Es dient nicht gerade der Risikodiversifizierung, die Aktien von Vestas oder First Solar zu kaufen, wenn die bereits in mehreren ebenfalls erworbenen Fonds stecken.

> Den Anteil der sicheren Anlageklassen kann ein risikofreudiger Investor auf maximal 25 Prozent begrenzen. Er muss sich bei dieser Komponente übrigens nicht auf Green Bonds und Spareinlagen beschränken. Die Risikoabsicherung, die mit diesen beiden Elementen erreicht werden soll, lässt sich auch auf andere Weise verwirklichen.

> Ein mögliches Instrument sind Mikrofinanzfonds, mit denen Kleinunternehmen in der Dritten Welt finanziert werden. Diese erstaunlich sicheren Papiere sind mit keiner anderen Anlageklasse korreliert; sie verlieren also nicht automatisch an Wert, wenn an der Börse ein Taifun Aktien und Aktienfonds durcheinanderwirbelt.

Soziale Bausteine für das Nachhaltigkeitsdepot

Nachhaltigkeit ist freilich weit mehr als Klimaschutz, der oft die Diskussion um ethisch-ökologische Geldanlage dominiert. Viele verantwortungsvolle Anleger fassen den Begriff erheblich weiter. Sie verstehen darunter gleichfalls Gesundheit, Bildung, Hilfe für Bedürftige sowie die Überwindung von Armut, Not und Hunger in den Entwicklungsländern. Auch diese fundamentalen Ziele, die für die Zukunft der Menschheit eine ebenso entscheidende Bedeutung haben wie der Schutz der Erdatmosphäre, können private Anlegerinnen und Sparer unterstützen. Allerdings bestehen hier nicht so viele Möglichkeiten wie beim Klimaschutz. Doch es gibt auch für andere Ziele wie Gesundheit, Soziales oder Entwicklungshilfe zumindest einzelne Finanzinstrumente, die jeder nutzen kann.

So können Anleger, die soziale Ziele unterstützen möchten, beispielsweise zu einer Kirchenbank wechseln. Die **Pax-Bank** in Köln stellt einen Gutteil der vergebenen Kredite für bezahlbaren Wohnraum bereit. Das Institut fördert nicht in erster Linie kommerzielle Immobilienunternehmen, sondern bevorzugt gemeinnützige Bauträger. Einen Schwerpunkt bilden Wohnbaugenossenschaften.

Auch **Triodos** und die **GLS Gemeinschaftsbank** sind in der Finanzierung von günstigen Mietwohnungen für Familien mit eher geringem Einkommen aktiv. Bei der GLS können die Kunden, wie bereits erwähnt, zwischen verschiedenen Kategorien wählen, wenn sie ein Sparkonto eröffnen. Zwei der sechs angebotenen Verwendungszwecke sind Soziales und Wohnen.

Ein zweites Instrument, mit denen private Anleger soziale Ziele unterstützen können, sind Social Bonds. Die **Bayerische Landesbodenanstalt (Bayern Labo)** fördert mit diesem Instrument den Bau von günstigen Mietwohnungen. Sie unterstützt ebenfalls junge Familien, die ein Wohnhaus bauen oder eine Eigentumswohnung erwerben möchten.

Der Bau von bezahlbarem Wohnraum steht ebenfalls auf der Agenda der **NRW-Bank**, die 2020 einen Social Bond mit einem Volumen von 1 Milliarde Euro begab. Die Mittel fließen allerdings auch in die Sanierung von Schulen. Unterstützt werden überdies Unternehmen, die mit den empfangenen Krediten die Beschäftigung sichern oder sogar erweitern wollen.

Fonds oder Aktien von Unternehmen, die sich ganz oder überwiegend sozialen Zwecken widmen, gibt es freilich nicht. Doch die wenigen vorhandenen Instrumente lassen sich als Bausteine betrachten, die in das Musterdepot für den Klimaschutz integriert werden. Die Green Bonds werden beispielsweise im Portfolio durch Social Bonds ersetzt beziehungsweise ergänzt.

Rezepte für Investments in Gesundheit

Wer mit seinen Ersparnissen das Gesundheitssystem in der Bundesrepublik unterstützten möchte, ist nicht schlecht beraten, wenn er zur **Evangelischen Bank** in Kassel oder zur **KD-Bank** in Dortmund geht. Die beiden protestantischen Banken gehören zu den wichtigsten Financiers von Krankenhäusern, Reha-Kliniken sowie Senioren- und Pflegeheimen. Sie fördern ebenfalls Kindergärten sowie Einrichtungen für hilfsbedürftige Frauen, Kinder und Jugendliche.

Weitgehend dasselbe Spektrum haben die Aktivitäten der Kreditinstitute, die der katholischen Kirche nahestehen. Es gibt jedoch einen markanten Unterschied: Die **Bank im Bistum Essen** und die **Pax-Bank** geben kein Geld für Hospitäler, die eine Schwangerschaftsunterbrechung anbieten. Abtreibung steht, ebenso wie künstliche Empfängnisverhütung, in der Römisch-Katholischen Kirche weiterhin auf dem Index.

Im Gegensatz zum Sozialwesen bestehen in der Gesundheitswirtschaft zahllose Möglichkeiten, in die Aktien börsennotierter Unternehmen zu investieren. Es sind gleich drei Branchen, die auf diesem Feld aktiv sind – die Lieferanten von Medizintechnik, die Betreiber von Krankenhäusern und die Hersteller von Arzneimitteln.

Kaum irgendwo können einzelne Unternehmen einen solchen gesellschaftlichen Impact auslösen wie in der Pharmazie. Der Impfstoff, den die Mainzer Firma **Biontech** in Rekordtempo entwickelte, wird voraussichtlich Millionen und Abermillionen Menschen vor einer Ansteckung mit Covid-19 bewahren. Vor dem Ausbruch der Corona-Pandemie war diese Firma, gegründet von zwei deutsch-türkischen Wissenschaftlern, ein in der Öffentlichkeit völlig unbekanntes Start-up.

Niemand konnte den Erfolg des Vakzins, das Biontech entwickelt hat, im Voraus vorhersagen. Ebenso gut hätte der Konkurrent Curevac aus Tübingen den Sieg davontragen können. Nach dem Durchbruch ist Biontech, die Firma wird an der New Yorker Computerbörse Nasdaq gehandelt, allerdings viel zu teuer, um dort noch zu investieren. Im Übrigen sind Vakzine gegen Seuchen weitgehend ein Einmal-Geschäft.

Sobald die Covid-19-Pandemie unter Kontrolle ist, dürfte der Bedarf am Corona-Impfstoff von Biontech drastisch sinken. Wer vom Megathema Gesundheit profitieren will, sollte mithin besser in einen einschlägigen Fonds investieren. Dort wird er freilich manch ein Unternehmen finden, das ein verantwortungsbewusster Anleger lieber nicht in seinem Depot sehen möchte – zum Beispiel Vertreter von Big Pharma. Große Arzneimittelhersteller wie **Pfizer**, Partner von Biontech bei der Vermarktung des Covid-19-Vakzins, haben aufgrund ihres aggressiven Wachstums, ihrer hohen Gewinne und ihrer zuweilen nicht unbedenklichen Medikamente keine allzu berauschenden Sympathiewerte bei kritischen Anlegern.

Nicht wenige Arzneimittelhersteller betreiben ebenfalls Aktivitäten, die bei Ethikbanken auf der Tabuliste stehen. So hat der Pharma- und Chemiekonzern **Bayer** aus Leverkusen 2018 das amerikanische Agrochemie-Unternehmen **Monsanto** übernommen, den weltweit größten Hersteller von gentechnisch manipuliertem Saatgut.

Von der Pandemie profitiert haben zudem einige Unternehmen aus der Medizintechnik. An erster Stelle steht hier die Firma **Draeger** aus Lübeck; sie ist der weltweit bedeutendste Hersteller von Beatmungsgeräten, mit denen auf Intensivstationen Covid-19-Patienten mit Sauerstoff versorgt werden können. Im Zuge der Pandemie erlebte die Aktie von Draeger einen scharfen Kursanstieg; rasch aber verebbte der Corona-Effekt wieder.

Unter nachhaltigen Anlegern dürften die Vorbehalte gegenüber der Medizintechnik ebenso groß sein wie gegenüber Big Pharma. Ein Unternehmen wie **Siemens Healthineers** liefert vor allem Großgeräte wie etwa Computertomographen. In einer solchen Röhre zu stecken, ist für viele Menschen beängstigend. Tatsächlich aber erlauben CT-Aufnahmen eine exaktere Planung von Krebsoperationen. Viele Patienten, die vor zwanzig Jahren an einem weit fortgeschrittenen Karzinom verstorben wären, können heute dauerhaft geheilt werden.

Die Kurse von Gesundheitsunternehmen entwickeln sich an den Aktienmärkten zum Teil sehr gut – und dies nicht erst seit Corona. Genau aus diesem Grund hat der Siemens-Konzern seine Medizintechnik in eine eigenständige Tochtergesellschaft ausgelagert, die im

März 2018 unter der Bezeichnung Siemens Healthineers an die Börse gebracht wurde. In den folgenden drei Jahren stieg der Börsenkurs kontinuierlich an; im ersten Quartal 2021 lag er ungefähr um 50 Prozent höher als bei der ersten Börsennotierung.

Nicht alle profitieren von Corona

Neben Medizintechnik und Pharmazie sind Krankenhäuser die dritte Teilbranche des Gesundheitswesens. Anders als manche Laien vielleicht annehmen, haben die Hospitäler im Allgemeinen keineswegs von Corona profitiert. Denn die Kliniken mussten für die Covid-19-Patienten in großem Umfang Betten freihalten. Viele planbare Operationen wurden verschoben.

Zugleich suchten weit weniger Menschen bei akuten Beschwerden die Notaufnahme eines Krankenhauses auf – sei es, dass sie befürchteten, die Klinik sei überlastet, sei es, dass sie Angst hatten, sich bei anderen Patienten das Corona-Virus einzufangen. Wenn nicht operiert wird und keine Patienten behandelt werden müssen, haben die Krankenhäuser weniger Einnahmen. Die Pandemie hat die wirtschaftliche Situation vieler Hospitäler eher belastet denn erleichtert.

Größter Gesundheitskonzern Deutschlands ist das hessische Unternehmen **Fresenius** mit der Tochtergesellschaft **Fresenius Medical Care (FMC)**; beide Firmen sind im DAX notiert. Die Unternehmensgruppe ist in allen Teilbranchen des Sektors tätig – von der Medizintechnik über die Patientenversorgung bis zur Pharmazie. Die Muttergesellschaft Fresenius produziert Dialysegeräte, die Fresenius Medical Care weltweit in Zehntausenden von Dialysezentren für Nierenkranke einsetzt.

Gleichfalls zum Fresenius-Konzern gehört die Klinikkette **Helios**, mit 35 000 Betten einer der größten Krankenhausbetreiber Deutschlands. Eine weitere Tochtergesellschaft namens **Kabi** ist ein, wenngleich recht kleiner, Produzent von Arzneimitteln. Die Fresenius-Gruppe wäre also auf den ersten Blick kein schlechter Kandidat, um in die zukunftssichere Branche Gesundheit zu investieren. Tatsächlich aber haben sich die Börsenkurse von Fresenius und Fresenius Medical Care in den vergangenen Jahren recht durchwachsen entwickelt. Langfristig jedoch ist das Gesundheitswesen ein besonders nachhaltig wachsender Wirtschaftszweig. Wer unter einer langfristigen Perspektive in Unternehmen aus Pharmazie, Medizintechnik und Gesundheitsversorgung investiert, dürfte nicht völlig falsch liegen. Er sollte allerdings, gerade unter ethischen Gesichtspunkten, genau hinschauen, in welche Unternehmen er investiert.

Stiefkinder Bildung und Entwicklungshilfe

Neben Gesundheit ist Bildung eines der Schlüsselthemen von morgen. Wir erleben derzeit den Übergang von der Industrie- zur Wissensgesellschaft. Die Transformation wird Wirtschaft und Gesellschaft ebenso tiefgreifend verändern wie die industriellen Revolutionen im 19. und 20. Jahrhundert. Doch leider gibt es für Anleger, die in dieses Zukunftsthema investieren möchte, derzeit kaum Möglichkeiten, gezielt in Bildung und Ausbildung zu investieren.

Nahezu ebenso dürftig sind die Möglichkeiten für private Anleger, in Entwicklungshilfe zu investieren. Die einzige Möglichkeit besteht in Mikrofinanzfonds, die über ihre Partner in den Entwicklungs- und Schwellenländern Bauern, Handwerker und Kleingewerbetreibende unterstützen, die bei regulären Banken keine Kredite erhalten.

Ein paar Worte zum Schluss

Auf den vorhergehenden Seiten standen zwei Aspekte nachhaltiger Investments im Mittelpunkt: Kapitalrendite und Investmentrisiken. Auf welche Weise können mit ökologischer Gelanlage möglichst gute Gewinne erzielt werden? Welche Risiken darf ein Anleger eingehen? Wie lassen sich Sicherheit und Rendite am besten miteinander in Einklang bringen?

So wichtig diese Gesichtspunkte sind – verantwortungsvolle Anleger müssen sich weitere Fragen stellen, die weit über Renditen und Risiken hinausgehen. Manche dieser Punkte sind in diesem Buch immer wieder angeklungen. Die wichtigsten sollen abschließend zusammengefasst und vertieft werden.

Was verstehe ich unter Nachhaltigkeit?

Im Lauf des Jahres 2022 tritt für die Banken eine neue Vorschrift in Kraft. Die Berater müssen Kunden, die nach einer guten Geldanlage suchen, künftig fragen, ob diese an nachhaltigen Investments interessiert sind. Doch was ist das überhaupt – Nachhaltigkeit?

Auf diese simple Frage gibt es keine einfache, verbindliche Antwort; dies ist schlicht unmöglich. Zahllose Philosophen, Theologen und Umweltexperten haben sich darüber den Kopf zerbrochen. Bereits vor Jahren wurde der Frankfurt-Hohenheimer Leitfaden zur ethischen Bewertung von Unternehmen formuliert. Die UNO hat 17 Grundsätze für nachhaltige Entwicklung definiert.

Im Rahmen des Green Deals, den die EU verabschieden will, haben die Brüsseler Bürokraten auf rund 400 Seiten bis in letzte Details beschrieben, welche unternehmerischen Aktivitäten als nachhaltig gelte. Da kracht dem Laien der Schädel.

Auch der Autor kann leider nicht weiterhelfen. Nachhaltigkeit ist ein sehr allgemeiner Begriff, der den langfristigen Fortbestand unseres Planeten, der Menschheit und der Gesellschaft umfasst. Dazu gehört natürlich der Schutz von Umwelt und Natur oder, theologisch gewendet, die Erhaltung der Schöpfung.

Doch es ist sehr viel mehr notwendig, damit wir auch künftig lebenswerte Verhältnisse haben. Friede zwischen den Nationen und Gerechtigkeit in der Gesellschaft gehören unverzichtbar dazu. Ebenso wichtig sind Bildung und Gesundheit.

Ein Kleinleger kann mit seinen Spargroschen unmöglich die ganze Welt retten. Er muss entscheiden, was aus seiner Sicht das Wichtigste ist – gute Schulen und Krankenhäuser, Bekämpfung des Treibhauseffekts, Unterstützung der sozial Benachteiligten in unserem Land oder Hilfe zur Selbsthilfe für die Armen in der Dritten Welt. Diese Entscheidung müssen mündige Menschen selbst treffen. Kein Ethikprofessor, Priester oder Finanzexperte kann ihnen die Verantwortung abnehmen.

Haben meine Investments überhaupt eine Wirkung?

Banken, Fondsgesellschaften, Industrieunternehmen und Regierungen buhlen heute um nachhaltige Investoren. Die Anleihen, Fonds und Sparpläne, die sie offerieren, sind regelmäßig grüner als grün. Für welche der unendlich vielen Möglichkeiten sollen sich die Anleger entscheiden?

Die Frage lässt sich auch anders stellen – und damit leichter beantworten: Wo werden die Ersparnisse von ganz gewöhnlichen Angestellten, Beamten und Selbständigen am ehesten benötigt? Die meisten Kreditinstitute, Industriekonzerne und Staaten brauchen keineswegs das Geld von Kleinsparern, um ihre sozialen und ökologischen Ziele zu erreichen.

Daimler würde auch ohne den Green Bond, den der Autohersteller 2020 begeben hat, an der Entwicklung von Elektroautos festhalten. Das Unternehmen steht unter dem Druck von Konkurrenten wie Tesla, von Kunden, die keine Verbrenner mehr wollen, und von Regierungen, die die Energiewende beschlossen haben.

Das Gleiche gilt für Großbanken, die sich gerne zu grünen Musterknaben aufschwingen möchten. Sie könnten mit grauen Anleihen ebenso viele Mittel an den Kapitalmärkten mobilisieren wie mit Green Bonds. Auch der Bund hat in erster Linie institutionelle Investoren im Auge, wenn er eine grüne Anleihe herausbringt.

Auf private Sparer angewiesen sind hingegen die Umwelt- und Ethikbanken. Sie können im Allgemeinen nicht die Kapitalmärkte anzapfen; Anleihen werden dort meist nur von großen, namhaften Emittenten akzeptiert. Auch den Interbankenmarkt und die EZB können GLS, Triodos oder die Pax-Bank normalerweise nicht nutzen, um sich Kapital zu beschaffen, mit denen sie Ökokredite finanzieren.

Vereinfacht besteht das Geschäftsmodell dieser Institute darin, dass sie Geld bei verantwortungsvollen Kleinanlegern einsammeln, um damit Kredite an nachhaltige Kleinbetriebe und gemeinnützige Organisationen zu vergeben. Nachhaltigkeitsbanken fördern Naturkostläden, Handwerksbetriebe, Wohnungsbaugenossenschaften, Waldorfschulen und Krankenhäuser. Mit solch »mickrigen« Investments gibt sich kaum eine der Großbanken ab, die jetzt unter grüner Flagge profitable Geschäfte machen wollen.

Welche unbeabsichtigten Nebenwirkungen sind zu bedenken?

Es gibt, wie wir gesehen haben, ganz unterschiedliche Instrumente, um Geld nachhaltig anzulegen. Sparkonten und Green Bonds gehören dazu, aber auch Aktien und Fonds. Ein besonders beliebtes Finanzprodukt sind grüne Indexfonds beziehungsweise Exchange Traded Funds (ETF), die einen Börsenindex wie etwa den DAX nachbilden. Dieses Verfahren ist denkbar einfach, es verursacht nur wenig Aufwand, ETF und Indexfonds werden daher zu sehr niedrigen Gebühren angeboten, mit denen kein klassischer Fonds mithalten kann.

Diese Finanzprodukte bilden meist auch den Kern des »Robo Advisory«, also der digitalen Geldanlage per Smartphone. Solche Angebote sind sehr bequem: Die Anleger müssen lediglich ein paar Fragen beantworten, dann gibt die App ihre Empfehlungen. Und die lauten gewöhnlich, bestimmte ETFs zu kaufen.

Dem Trend der Zeit folgend, bieten längst auch die Roboter ökologische Investments an. Hier stehen ebenfalls Indexfonds im Mittelpunkt. »Automatisch grün« investieren könnten die Anleger, wirbt einer der erfolgreichsten Anbieter von digitaler Vermögensverwaltung.

Wer sich für solche Angebote entscheidet, sollte freilich bedenken, dass er damit eine verhängnisvolle Entwicklung fördert: die Konzentration in der Finanzindustrie. Eine Handvoll von Anbietern beherrscht den Markt für graue und grüne ETF.

Allein BlackRock hat in Deutschland einen Marktanteil von rund 40 bis 50 Prozent. Überdies hat sich der New Yorker Finanzkonzern an Scalable beteiligt, einem der größten deutschen Anbieter von Robo Advisory. Den restlichen Markt teilen sich im Wesentlichen der amerikanische Finanzkonzern Vanguard, die DWS Group sowie die französischen Fondshäuser Amundi und Lyxor, die zu den Pariser Großbanken Crédit Agricole beziehungsweise Société Générale gehören.

Private Anlegerinnen, die sich für einen grünen ETF entscheiden, unterstützen damit die gigantischen Finanzriesen, die nach der Macht in der globalen Wirtschaft greifen. Verantwortungsvolle Sparer sollten besser in aktiv verwaltete Ökofonds investieren. Hier gehören kleine, erfahrene Anbieter wie die GLS Bank oder die Fondshäuser Ökoworld und GreenEffects zu den besten Anbietern – gemessen sowohl am Grad der Nachhaltigkeit als auch der langfristigen Rendite.

Fördert mein Fonds nachhaltige Unternehmensstrategien?

Finanzkonzerne wie BlackRock verfügen zwar über eine beispiellose Macht. Sie setzen ihren gewaltigen Einfluss jedoch nur sehr selektiv ein, um Strategie und Geschäftspolitik der Portfolio-Unternehmen zu beeinflussen. Denn dies hat stets einen gewissen Aufwand zur Folge; die Kosten schmälern jedoch die Gewinne.

BlackRock-Chef Larry Fink belässt es lieber bei symbolischen Aktionen, das kostet nichts, verbessert aber womöglich den nicht gerade strahlenden Ruf in der Öffentlichkeit. Regelmäßig bekommen die Chefs der Portfolio-Unternehmen Briefe von Fink, in denen sie dazu ermahnt werden, nachhaltiger zu wirtschaften. Folgen haben die salbungsvollen Episteln aus New York in der Regel keine.

Hingegen bittet der Konkurrent Union Investment, ein Zwerg im Vergleich zu BlackRock, Topmanager regelmäßig zum Gespräch. Pro Jahr führt die Frankfurter Fondsgesellschaft rund 700 Unterredungen mit Portfolio-Unternehmen, bei denen Nachhaltigkeit im Mittelpunkt steht. Einen solchen kritischen Dialog hat Union Investment beispielsweise mit Autoherstellern, Energiekonzernen und Produzenten von Konsumgütern gestartet.

An diesen Gesprächen beteiligen sich ebenfalls Umwelt- und Ethikbanken wie die GLS Bank, die Pax-Bank und die Evangelische Bank. Diese Institute sind ebenso wie Union Investment Teil des genossenschaftlichen Finanzverbundes, dessen Kern aus den deutschen Volks- und Raiffeisenbanken besteht.

Gemeinsam können diese Institute einiges bewirken. Sie haben die deutschen Autohersteller dazu gebracht, ihre Lieferketten zu überdenken. BMW & Co. wollen bei Rohstoffen wie Lithium und Kobalt künftig darauf achten, dass bei der Förderung ökologische und soziale Mindeststandards eingehalten werden.

Was kann jede und jeder selbst tun?

Nachhaltige Investments haben eine verführerische Tendenz. Sie verleiten Anleger mitunter dazu, es mit Ethik und Ökologie im Privatleben nicht allzu genau zu nehmen. Schließlich haben sie ja schon ihre Ersparnisse in Klimaschutz, Gesundheit oder Bildung investiert. Warum sollten sie da noch selbst möglichst achtsam mit den natürlichen Ressourcen umgehen?

Es erfordert einiges an Mühe und Zeit, ein Wohnhaus auf Klimaschutz umzurüsten, also zum Beispiel Solarpanele auf das Dach zu montieren. Die Produkte müssen sorgfältig ausgewählt werden, die Handwerker sorgen womöglich für Verdruss und Ärger, es muss sich jemand regelmäßig um die installierten Anlagen kümmern.

Da ist es doch viel bequemer, für das Geld Green Bonds der KfW zu kaufen, mit denen anderswo die Installation von Photovoltaikanlagen finanziert wird. Doch damit ist dem Klima nicht geholfen. Denn die KfW leidet keineswegs unter einem Mangel an liquiden Mitteln. Die Förderbank kann sich die Gelder, die sie für Solarkredite benötigt, jederzeit auf dem Kapitalmarkt besorgen, sei es mit grünen oder mit grauen Anleihen.

Wenn ein Hausbesitzer sich fragt, wie er seine Ersparnisse am besten nachhaltig investiert, dann sollte er als Erstes daran denken, sein Eigenheim auf Klimaschutz zu trimmen – sei es mit Isolierfenstern, einer Wärmepumpe oder dem Einbau einer Brennwertheizung. Damit tut er nachweislich etwas, um die Emission des Klimagiftes Kohlendioxid zu verringern. »Charity begins at home« lautet ein englisches Sprichwort.

Völlig widersinnig handelt ebenfalls ein Privatanleger, der aus einer Erbschaft eine Million Euro in Ökofonds investiert und gleichzeitig eine Luxuslimousine kauft, die drei Mal so viel Sprit frisst wie ein Kleinwagen. Damit macht er womöglich alle Einsparungen an CO_2-Emissionen wieder zunichte, die der Fonds mit seinen Investments erzielt. Nachhaltige Geldanlage ist kein Ablasshandel, kein Freibrief für verantwortungsloses persönliches Verhalten.